中國第一歷史檔案館編

宣統朝上諭檔

（一）

廣西師範大學出版社

責任編輯：朱榮所
封面設計：冰　寒

圖書在版編目（CIP）數據

宣統朝上諭檔／中國第一歷史檔案館編．—影印本．
桂林：廣西師範大學出版社，2008.6
ISBN 978-7-5633-7485-4

Ⅰ．宣…　Ⅱ．中…　Ⅲ．愛新覺羅·溥儀（1906～1967）—
上諭　Ⅳ．K252.063

中國版本圖書館 CIP 數據核字（2008）第 057753 號

廣西師範大學出版社出版發行
（廣西桂林市中華路 22 號　郵政編碼：541001
網址：http://www.bbtpress.com）
出版人：何林夏
全國新華書店經銷
北京市通州大中印刷廠印刷
（北京市通州區胡各莊鄉大營村　郵政編碼：100117）
開本：787 mm×1 092 mm　1/16
印張：97　　字數：1086 千字
2008 年 6 月第 1 版　　2008 年 6 月第 1 次印刷
定價：1800.00 元（全 3 册）

《宣統朝上諭檔》編輯委員會

主　任：徐藝圃　副主任：秦國經

委員（按姓氏筆畫為序）：牛平漢　胡忠良　徐藝圃

秦國經　唐益年

主編：唐益年　副主編：胡忠良

牛平漢

編輯：張桂素　王　玲　劉赫芳　張　敏

前言

『上諭檔』是中國第一歷史檔案館所藏清代軍機處匯抄上諭的綜合性檔册之一。上諭本是泛指皇帝的命令和指示，統稱諭旨。但也是清代皇帝發布日常政令的載體的總稱。它是清代最高級的下行文書之一，具有法律權威和行政約束的作用，是清王朝實行有效統治的得力工具。

爲了及時貫徹執行皇帝的命令指示，或爲了存檔備查，清代自中央到地方的許多機構和衙署，都有專門抄録諭旨的檔册，名稱各不相同。如在清廷中樞的内閣，有絲綸簿、外紀簿、上諭簿；在軍機處有寄信檔、明發檔、綸音檔、剿捕檔、諭旨檔等檔册。這些檔册，有的記諭，有的記旨，有的記公開的上諭，有的記機密的上諭，有的專記某一類的諭旨，都從各種不同的角度記載了皇帝的諭旨。但也正因爲各有分工，所以都只是記録了某些方面的上諭。軍機處的『上諭檔』，則是綜合性地記載皇帝諭旨的檔册，兼有上述各類檔册的内容。但若就某個專題内容來説，它又可能没有某些專檔詳盡。如就記載乾隆末年鎮壓林爽文起義一事而論，『上諭檔』没有『臺灣檔』詳細；就嘉慶中葉的林清起義一事而言，『上諭檔』没有『林清檔』詳盡。再如寄信諭旨，『上諭檔』内基本全載，但也有一些寄信諭旨，不見于『上諭檔』，而載在『寄信檔』内。這種情况在乾隆二十五年以前較爲普遍。

清代和我國歷代封建王朝一樣，以皇帝的名義頒發命令文書的種類很多，所謂制、詔、誥、敕等類皆是，其形制、質地、顔色及其使用範圍亦各不一樣。上諭，亦即諭旨，是屬于皇帝發布日常政令的命令性和指示性的專用文書（慈禧太后在垂簾聽政時頒布的政令稱爲『懿旨』）。但嚴格來説，『諭』和『旨』是有所區别的。據清人梁章鉅的《樞垣紀略》卷十三記載：『凡特降者，曰内閣奉上諭；因所奏請而降者曰奉旨』。换句話説：『諭』是皇帝主動發布的指示性命令；『旨』是皇帝對臣僚們向上請示的批覆性指示。在軍機處的『上諭檔』內，這兩種內容的上諭都有，它實際上是清代皇帝發布日常政令的總匯，集中體現了清代國家最高統治者的施政意志，具有極高的法律效能和行政約束力，是清王朝實行統治的有力工具。由此可知，『上諭檔』的內容十分重要，涉及的問題也非常廣泛。凡清王朝對當時國家政治、軍事、經濟、文化等各項重要事務的最后決策及終極處置情況，都載在『上諭檔』內。但自嘉慶朝以后，清廷鎮壓較大規模農民起義及有些對外戰爭（如鴉片戰爭等）的一些上諭，因另有『剿捕檔』等專檔記載，『上諭檔』內就不再詳細記載這類內容的諭和旨。

清王朝自順治朝以來，就使用上諭文書，但在雍正朝以前，并未設立固定辦理上諭文書的專職機構。爲了加强封建君主集權統治的需要，一個專門負責『掌書諭旨，綜軍國之要，以贊上治機務』的樞密機關——軍機處便應運而設。清代軍機處的出現，就是在雍正年間爲及時處理西北用兵之軍報而設，至宣統三年責任內閣設立才告結束，前后存世共有一百八十多年的歷史。其軍機大臣常日值班于禁廷，或相隨皇帝左右，或巡幸駐蹕行在，以待隨時召見。其特殊地位與作用，顯而易見。從初設時『籌辦軍務』的臨時性機構，到逐漸加重其事權，總攬軍國大計，『天下事無所不綜』的『用人行政樞紐』和『行政總匯』機關，直至成爲皇帝身邊辦理庶務、承寫密旨、傳達聖諭的特殊機構。

據《光緒會典》所載，軍機處的職掌任務可歸納爲：（一）由軍機大臣秉承皇帝之旨意擬寫發布諭旨，呈皇帝閱定后，凡公開宣布的交由內閣明發；凡速諭或密諭者，則由軍機大臣封寄。均抄録存檔，以備查閱。（二）單獨或會同有關衙門商議皇帝一時難于決斷的重大政治事務，將所議結果，或單獨密奏，或聯銜會奏皇帝決斷。（三）提出增補更替高中層文武官員，開列呈遞名單和缺單，提出鄉會試應差主考、監臨等官，以備皇帝審閱圈定人選。（四）審定重大疑難刑獄案件。（五）考查軍事用兵的錢糧兵備及行軍之山川道里，以備皇帝決策顧問。（六）考查重大典禮的歷史沿革及御制詩文的典故依據，以備皇帝施行選擇。（七）考核在京衙門部院匯奏事件辦理情況。（八）承辦修纂方略、紀略及滿漢文字的翻譯工作等。

從以上所述中不難發現，負責辦理擬寫傳達登録皇帝諭旨，是軍機處的首要職責。可以説軍機處的成立，對清帝諭旨的運轉産生了重要的影響。這主要表現在以下幾個方面：

其一，諭旨的辦理機構。在軍機處設立以前，并無固定辦理上諭文書的機構，没有嚴格的立卷歸檔制度，以致存留下來的上諭文書很少。當時的上諭文書，有的是由皇帝親自用朱筆撰寫，稱作朱諭（朱諭也有内閣大學士擬稿后，經皇帝同意而用朱筆謄抄者）；有的則是由南書房的侍臣撰擬，通過内閣頒發，或是直接發送有關部院。自雍正七年設立軍機處后，上諭文書除皇帝偶爾親筆起草的朱諭外，均專歸軍機處按照皇帝的意圖撰擬。起先是由軍機大臣親自起草，乾隆以后，逐漸改由軍機章京起草。其撰寫的過程是：凡臣公的奏折到達宫廷，經皇帝朱批『另有旨』或『即有旨』者，均交軍機大臣閱看，然后由皇帝召見軍機大臣，商討應發上諭的要點，稱爲『召對』。召對完畢，軍機大臣回到值房，或親自擬旨，或令軍機章京撰擬成稿，謄清后由軍機大臣送呈皇帝審閱，稱作『述旨』。有時皇帝也用朱筆略作修改，但一般不作改動，即發交軍機處封發。

其二，諭旨的頒發形式。在軍機處設立以前，諭旨的頒發下達，一般是經由内閣頒發或直接下達部院相關衙門及關系者本人。軍機處成立以后，頒發諭旨的途徑大體上分爲兩種：一是由軍機處送交内閣公布，稱作明發上諭。此類文書開頭第一句話都是某年某月某日『内閣奉上諭』或『内閣奉旨』。其内容大都是屬于國家重要政事，需要全體臣公甚至中外臣民所共知的，如有關宣戰、議和、大赦、巡幸、謁陵、經筵、蠲賑、高級官員的除授降革、重大案件的處理結果等。二是由軍機處直接密封寄發或轉達給有關衙門及個人的寄信『速諭』或『密諭』，因其寄自内廷，也稱『廷寄』。這是一種只限于少數或個别臣公所應知道而不適宜公開的機密諭旨。其内容大都是告誡臣公、指授兵略、查核政事、責問刑罰之失當等。因恐事機泄露，故不由内閣發抄公布，而以軍機大臣奉旨的名義，由軍機大臣用寄信的形式，轉達給應該接受和執行上諭的官員。這類上諭，一般均由『軍機大臣字寄』或『軍機大臣傳諭』某某人爲開頭，然后接書某年某月某日『奉上諭』或『奉旨』字樣，在將上諭内容轉述完畢之后，則以『欽此。遵旨寄信前來』或『欽此。遵旨傳諭前來。』爲結束。按照制度，這『寄信』與『傳諭』二詞的使用是有嚴格區别的，主要是根據接受上諭者官職的高低而定。《樞垣紀略》卷十三載有：『寄信，外間謂之廷寄。其式：行經略大將軍、欽差大臣、將軍、參贊大臣、都統、副都統、辦事大臣、領隊大臣、總督、巡撫、學政，曰軍機大臣字寄；其行監政、關差、藩臬，曰軍機大臣傳諭。』

凡寄信上諭，經皇帝審定批準后，即由軍機處裝入封函。封函書寫式樣也有一定規定：『字寄者，右書辦理軍機處封寄，左書某處某官開拆；傳諭者，居中大書辦理軍機處封，左邊下半書傳諭某處某官開拆。皆于封口寄年月日處鈐用辦理軍機處印。』（梁章鉅《樞垣紀略》卷十三）寄信上諭事關在京衙門或大臣者，一般由軍機處用交片直接封發送達（個別也有寄送者，如寄户部、順天府、步軍統領衙門、五城御史等）。事屬外省者，均由軍機處視事情之緩急，于封函上注明，或馬上飛遞、或四百里、或五百里、或六百里加緊。然后交兵部捷報處加封，由驛馳遞。

其三，諭旨的歸檔存儲。爲了存檔備查，按照清代的歸檔制度，不論明發、密發上諭，均應抄録存留歸檔。故軍機處在上諭原件封發之前，均抄録一份留存，其底稿、草稿之類，均由每日值班章京與領班章京會同檢齊焚銷。其發出之上諭原件，即歸接受諭令之官員遵照執行和保存，不再退回。但凡朱諭或上諭原件上有皇帝用朱筆親自改動或圈點、勾畫之處者，則于遵照執行之后，必須將原件退回宮中保存。不過，這類上諭爲數甚少。

軍機處每日所録存的上諭，按月裝訂成册，稱爲『現月檔』，再根據『現月檔』另抄副本一份，按春、夏、秋、冬四季分裝成册，稱爲『四季檔』。現月檔與四季檔，通稱爲『上諭檔』。清廷還規定要定期繕鈔修復『上諭檔』等保護措施（不論滿漢檔册，咸豐四年以前每五年辦理一次，此后每三年辦理一次），故能使這些檔案完整系統地保存下來。『上諭檔』是清廷中央所存留的唯一一份完整的備查本。清廷日后在檢查上諭執行情形及在其他事項處理過程中需要查考之時，均是根據這一份『上諭檔』。因此，它雖是抄本，仍具有與正本同樣的法律效力和史料價值。

上諭文書自清初使用以來，是清廷中央發布日常政令的主要手段和形式，直至清末光緒年間采用電報以后，上諭逐漸使用電報發布，遂有『電旨』、『電寄』等名目出現，在軍機處也相應形成了『電寄檔』。其實質與寄信上諭相同，只是發送手段與方式有所改變而已。但即使如此，也并沒有完全取代傳統的上諭文書，『上諭檔』亦繼續存在，直至清朝滅亡。

根據現存乾隆朝以后歷朝『上諭檔』的內容來看，其中不僅包括明發諭旨，寄信上諭及朱筆上諭等諭旨，而且還附抄有其他文種、其他內容的檔案文件。如歷次殿試及順天鄉試、宗室鄉試的欽命試題；重要案件人犯的供詞，如乾隆年間林爽文起義被鎮壓后，清廷追查柴大紀一案的審訊供詞，即附于上諭檔內；各式各樣的清單，如乾隆年間纂修《四庫全書》過程中的『禁毀書籍清單』、『文淵閣撤出各書清單』、『閱看書籍名單』、『記過處分名單』等，再如道光年間的『斬絞各犯清單』、『直省各屬户口民數清單』、『查辦教案人犯物件清單』、『河工漫口次數單』、『稅銀數目清單』，光緒年間的『王大臣年歲生日單』和『緣事遣戍文武各員案由單』等等，名目繁多，不一而足；上諭檔內還有大量的軍機處奏片，這是軍機處奉旨議覆各項事件的奏呈文書；軍機處致直省將軍督撫大員的咨文、軍機處致俄國薩納特衙門的咨文以及軍機處給有關機構及官員個人的移會、札文、函件等。這些大都是皇帝隨時交給軍機處辦理各類事件過程中所形成的文件，因爲事關欽命交辦，不僅皇帝隨時有查問的可能，軍機處也要隨時向皇帝覆奏辦理的進展情形及其結果，而且日后遇到類似事件，皇帝還可能查詢，而軍機處更要查照成例辦理。于是遂一并匯抄于上諭檔內，以便隨時查考。因此，『上諭檔』不僅是清廷日常政令的總匯，而且其中還包含了豐富的其他具體史實，益加說明了『上諭檔』的史料價值之不同一般，也由此可以更好地了解軍機處作用日益擴大的一般情況。

本書自首次出版以來，倍受廣大讀者厚愛，應廣大讀者的要求，今將歷年出版的上諭檔分朝年編輯成冊，由廣西師範大學出版社再次出版。

編者　二〇〇八年五月

凡例

一、本書所輯為中國第一歷史檔案館所藏清代光緒朝上諭檔，一年一册，按原檔影印編輯出版。

二、本書所輯上諭檔基本維持檔案形成的月日順序，以諭旨頒發先後為序，依次編排，一般調整祇在同日檔案文件之中進行。

三、本書對原檔諭旨時間的處理原則：(一)凡原檔標明頒發諭旨時間者，以頒諭時間為序編排；(二)凡未標明時間或時間有誤之諭旨，均進行必要的考證查出；(三)個別無法查考時間之諭旨，採用此前一件之時間。第(二)(三)項均在『校勘表』中註明。

四、本書對各類非諭旨性文件，不作時間考證。

五、本書對此類文件作了考證調整：原檔同日內之文件(包括奏摺、奏片、交片、咨文、名單、清單及所錄本日以前諭旨等)，凡內容上有內在聯係，但按原排列順序卻被相互隔離開的，經考證調整到一起。調整後諭旨在前，所屬附件在後。同一諭旨有兩件以上附件者，按其原有先後順序排列。另，對原檔册中存在的錯序、錯位、錯頁者，亦分別糾正和調整。凡調整件，均於『校勘表』註明。

六、本書對原檔考證調整的主要依據，是我館所藏清代當時形成的

『隨手登記檔』。

七、本書對同日內奏報的秋審朝審名單等附件，均視為單一件，依照原有順序歸併於同日相關諭旨之後，編一個文件順序號。

八、本書對於原檔中天頭處出現的『硃』、『硃圈』及諭旨左下方的『吏部摺』『禮部片』、『摘鈔交總理衙門』、『×月×日』等字樣，以及諭旨行文中間改動添加的各種字樣，均一律保留。

九、本書對原檔上後人打印的阿拉伯頁碼號、原檔夾縫處原標的漢字頁碼號、原檔天頭處所附的紙籤簽、地角處所圈劃的符號，在編輯過程中一律刪除。

十、本書對於原檔中存在的錯字、衍字、簡化字、異體字、古體字等，均不作改動和糾正。

十一、本書將編者經過調整、校勘、考證的結果，以『校勘表』形式說明之。『校勘表』自右往左豎寫，各著錄項自上而下依次登記：順序號、頁碼號、原檔頁碼號、校勘內容。校勘內容和使用符號：(一)無時間(或時間有誤)之諭旨，標明據『隨手登記檔』查到的時間；(二)某件諭旨時間暫未查出，標用此前一件之時間，以『*』標明；(三)凡經過調整順序的文件，一律註明『調整』字樣；(四)檔案原件殘破缺損者，均註『殘缺』；(五)墨迹霉變污染遮蓋一個字以上者，註明『污跡』字樣，並將所能辨識者的文字標出。

十二、本書所有文件統一編號，各冊序號獨立。

宣統朝上諭檔 第一册 目錄

宣統元年（己酉 公元一九〇九年）

正月

二月

閏二月

五月

六月

七月

八月

九月

十月

十一月

十二月

宣統朝上諭檔第一冊校勘表

序號	頁碼	原檔頁碼	校勘內容
九	四	二一	調整
一二	四	三一	調整
一三	五	三五	調整
一四	六	三三	調整
一五	七	二三	調整
二四	一三	五九	調整
八六	三七	一九九	調整
二一	五一	五一	調整
二三	五二	四九	二月初六日
五九	六四	一二九	調整
七四	六八	一七三	調整
七六	六九	一七七	調整
七八	六九	一七五	調整
八二	七〇	一六三	二月十八日
一〇〇	七九	二〇九	二月二十六日

序號	頁碼	原檔頁碼	校勘內容
一〇二	七七	二一五	二月二十七日
一〇三	七七	二一七	二月二十七日
一一〇	七九	二三五	調整
一〇	八四	三五	調整
一二	八四	四一	調整
一五	八五	二七	閏二月初三日
三一	九二	七五	調整
六一	一〇三	一四三	調整
六六	一〇五	一三三	調整
一〇三	一一九	二二一	閏二月二十二日
一二一	一二五	二六三	調整
一四五	一三三	三一九	調整
三	一四〇	一七	調整
二四	一四七	五七	三月初七日
三七	一五二	八五	三月十四日

序號	頁碼	原檔頁碼	校勘内容
三八	一五三	八七	三月十四日
三九	一五三	八九	三月十四日
四〇	一五三	九一	三月十四日
四一	一五三	九三	三月十四日
四二	一五四	九五	三月十四日
四三	一五四	九七	三月十四日
四四	一五四	九九	三月十四日
四五	一五四	一〇一	三月十四日
四七	一五五	一〇三	三月十四日
四八	一五五	一〇五	三月十四日
四九	一五五	一〇七	三月十四日
五〇	一五五	一〇九	三月十四日
五一	一五六	一一一	三月十四日
五二	一五六	一一五	三月十四日
五三	一五六	一一七	三月十四日
五四	一五六	一一九	三月十四日
五五	一五六	一二一	三月十四日
五六	一五七	一二三	三月十四日
五七	一五八	一二七	三月十四日

序號	頁碼	原檔頁碼	校勘内容
五八	一五八	一二九	三月十四日
五九	一五八	一三一	三月十四日
六〇	一五八	一三三	三月十四日
六一	一五八	一三五	三月十四日
六二	一五九	一三七	三月十四日
一二四	一八〇	二六五	三月二十七日
一二五	一八〇	二六七	三月二十七日
一三	一八八	三三	四月初五日調整
二四	一九一	五一	四月初七日
三四	一九五	七七	四月初九日調整
三五	一九五	七九	四月初九日
四六	一九八	九七	四月十一日調整
五〇	一九九	一一一	四月十三日調整
五二	二〇〇	一〇九	四月十四日調整
六〇	二〇三	一二七	四月十五日調整
九三	二一三	一九九	四月二十五日調整
一三	二二五	三三	五月初四日調整
一四	二二五	三五	五月初四日調整
二四	二二八	五一	調整

序號	頁碼	原檔頁碼	校勘內容
三四	一三一	七一	調整
五四	二三九	一二五	調整
五五	二三九	一一七	調整
五六	二三九	一一九	調整
六八	二四三	一四一	五月十七日
六九	二四四	一五一	調整
七二	二四五	一四九	調整
八一	二四八	一七五	調整
二二	二六〇	四七	調整
四四	二六六	九一	調整
七九	二七九	一六七	調整
八二	二八〇	一六九	調整
二一	三三三	一七一	七月初八日調整
四四	三三二	二一三	調整
五四	三三五	二三一	調整
六七	三三八	二五九	七月二十日調整
六八	三四〇	二五五	調整
一五	三五〇	三三	調整
六一	三六六	一三一	八月二十二日調整

序號	頁碼	原檔頁碼	校勘內容
六二	三六七	一三三	八月二十二日調整
六九	三六九	一四三	八月二十三日
七〇	三六九	一四五	八月二十三日
七一	三七〇	一四七	八月二十三日
七二	三七〇	一四九	八月二十三日
七三	三七〇	一五一	八月二十三日
七四	三七一	一五三	八月二十三日
七八	三七二	一六五	調整
八二	三七三	一七一	調整
九一	三七六	一八九	調整
九	三八三	一九	九月初三日
一三	三八四	三九	九月初五日調整
三七	三九五	八七	調整
三八	三九五	八八	調整
五六	四〇〇	一〇九	調整
三	四一三	九	十月初一日調整
五八	四三五	一二九	十月十四日調整
七〇	四三九	一四七	十月十六日
七六	四四〇	一六一	十月十七日調整

序號	頁碼	原檔頁碼	校勘內容
八二	四四二	一七七	十月十八日調整
八五	四四三	一七九	十月十八日
八六	四四四	一八一	十月十八日
八八	四四四	一八七	十月十九日調整
九〇	四四五	一八九	十月十九日調整
九	四五九	二三	十一月初六日調整
一二	四六〇	二七	十一月初六日調整
一三	四六〇	二五	十一月初六日
二〇	四六三	七五	十一月十二日
四六	四七一	一〇三	十一月十六日調整
二	四八八	七	十二月初一日調整
一〇	四九一	一九	十二月初四日
一一	四九一	二一	十二月初四日調整
二七	四九八	五一	十二月初七日
三一	四九九	五九	十二月初七日
三二	四九九	六一	十二月初七日
三三	四九九	六三	十二月初七日
三四	四九九	六五	十二月初七日
三五	四九九	六七	十二月初七日

序號	頁碼	原檔頁碼	校勘內容
三六	四九九	六九	十二月初七日
三七	五〇〇	七五	十二月初七日調整
五二	五〇六	一一三	十二月十一日調整
七〇	五一三	一四九	十二月十五日調整
一二七	五三四	二六五	十二月二十六日

1

鈐章

宣統元年正月初二日内閣奉

上諭外務部會辦大臣大學士那桐著補授軍機大
臣欽此

軍機大臣署名

臣奕
臣世
臣張
臣鹿
臣那

2

鈐章

宣統元年正月初二日内閣奉

上諭外務部尚書會辦大臣著梁敦彥補授鄒嘉來
著補授外務部右侍郎欽此

軍機大臣署名

臣奕
臣世
臣張

臣鹿
臣那

3

鈐章

宣統元年正月初二日内閣奉

上諭桂祥著加恩賞食入八分輔國公俸欽此

軍機大臣署名

臣奕
臣世
臣張
臣鹿
臣那

4

鈐章

宣統元年正月初二日内閣奉

上諭載澍著加恩賞給二品頂戴欽此

軍機大臣署名

臣奕
臣世
臣張

5

臣鹿
臣那

鈐章

宣統元年正月初二日内閣奉

上諭上年順天直隸各屬被災地方業經分別蠲緩糧租小民諒可不至失所惟念今春青黄不接之時民力未免拮据加恩着將被災歉收之武清等州縣廳各村莊應徵本年春賦地丁錢糧等項並原緩光緒三十四年及節年地丁錢糧等項分別緩至本年麥後及秋後啟徵其坐落武清天津二縣地方之津軍廳葦漁課納糧地畝並歸入該二縣災歉村莊一律辦理以紓民力該督即按照原奏開明詳細數目刊刻謄黄徧行曉諭務使實惠均霑毋任吏胥舞弊用副朝廷履端布闓嘉惠畿疆之至意該部即遵諭行欽此

軍機大臣署名

臣奕
臣世

6

臣張
臣鹿
臣那

鈐章

宣統元年正月初二日内閣奉

上諭端方等奏江甯等屬秋禾被災請將新舊錢糧分別蠲緩一摺江蘇江甯等屬上年入夏以後連被大雨湖河泛漲田禾多被淹浸復受風災收成歉薄若將新舊錢糧照常徵收民力實有未逮加恩着照所請所有上元等二十八州縣廳同淮安等四衛歸併各州縣經徵被災田地及未墾荒田營壘壓廢各田應徵三十四年地丁錢糧均着分別蠲緩其上元等州縣廳衛節年未完原緩遞緩各款均着分別展緩帶徵以紓民力該督撫即照所奏詳細開明區圖村莊頃畝數目刊刻謄黄徧行曉諭務使實惠均霑毋任吏胥舞弊用副朝廷軫念民艱至意餘着照所議辦理該部知道欽此

軍機大臣署名

臣奕
臣世
臣張
臣鹿
臣那

7

鈐章

宣統元年正月初二日內閣奉

上諭端方等奏蘇州等屬秋收歉薄請將應徵錢漕分別蠲減緩征一摺江蘇蘇州等屬上年入夏以來霪雨連綿江湖並漲田禾半被淹浸秋後又復亢晴通省收成均形歉薄若將應徵錢漕照常徵收民力實有未逮加恩著照所請所有長洲等二十八廳州縣拋荒坍廢等田銀米昭文等二縣被淹無收田丹徒縣被旱無收漕屯各田銀米崑山等二縣拋荒蘆價田條銀靖江縣被歉無收漕田銀米同蘆田課銀溧陽縣被淹被旱田下忙條銀及漕米一律蠲免崑山等縣歉收田條銀漕米各等項均著分別減免以紓民力餘著照所議辦理該督等即照所奏詳細開明區圖村莊頃畝及應行蠲免細數刊刻謄黃徧行曉諭務使實惠均霑毋令吏胥舞弊用副朝廷軫念民艱至意該部知道欽此

軍機大臣署名

臣奕
臣世
臣張
臣鹿

8

鈐章

宣統元年正月初三日內閣奉

上諭外務部左丞著張蔭棠補授所遺外務部右參議著周自齊補授仍署左參議欽此

軍機大臣署名

臣奕
臣世
臣張

臣鹿
臣那

9
外務部丞參名單
○署左丞張蔭棠
右丞梁如浩 現署奉天右參贊
署右丞吳宗濂
左參議楊樞 請假修墓
○署左參議周自齊
右參議張蔭棠
署右參議曹汝霖

鈐章

軍機大臣欽奉

10
諭旨
西陵梁格莊行宮正殿恭備
大行皇帝梓宮暫安所有該處工程著派承修
崇陵工程大臣迅速查勘修理欽此
軍機大臣署名

臣奕
臣世
臣張
臣鹿
臣那

正月初三日

原件交欽工大臣 抄交內務府

11
三月十三日
皇太后啟鑾
十四日恭謁
陵寢
十五日恭送
大行皇帝梓宮
十六日
皇太后迴鑾

12
光緒七年七月二十日內閣奉
上諭本年九月初九日朕奉

慈禧端佑康頤昭豫莊誠皇太后啟鑾恭送
孝貞顯皇后梓宮奉移
普祥峪
定東陵永遠奉安十三日恭奉
孝貞顯皇后梓宮暫安
隆恩殿十四日祇謁
昭西陵
孝陵
孝東陵
景陵
裕陵
定陵後敬詣
几筵前行饗奠禮畢祇謁
惠陵十六日敬詣
几筵前行遷奠禮十七日奉安禮成恭請
神牌還京
升祔
太廟二十日朕恭奉
慈禧端佑康頤昭豫莊誠皇太后還宮至恭請

神牌還京仍著毋庸另備御道所有應行典禮並一切
事宜著各該衙門及直隸總督敬謹預備欽此

13 光緒七年八月初九日內閣奉
上諭本年九月初九日朕奉
慈禧端佑康頤昭豫莊誠皇太后恭送
孝貞顯皇后梓宮奉移
普祥峪
定東陵永遠奉安業經降旨令各該衙門敬謹預備嗣
經大學士全慶尚書萬青藜志和毛昶熙翰林院
侍講學士鈕玉庚周德潤侍講高萬鵬國子監司
業王邦璽御史鄭溥元李士彬孫紀雲蕭韶丁鶴
年先後陳奏或稱
慈輿未可遠涉郊坰或謂朕亦未可暫離左右本日復
據王大臣等合詞籲懇僉稱
皇太后訓政勤勞實繫
宗社之重現在甫報大安尚未復元往返長途復加傷
感於
節勞調攝均非所宜又以朕依侍

慈闈事事仰蒙調護若暫疏定省必致昕夕
廑懷亦非頤養之道請遵康熙二年
聖祖仁皇帝成憲停止躬送等語情詞肫摯出於至誠
披覽之餘曷勝悽愴仰惟
皇太后聖躬甫臻康豫衝寒就道時歷旬餘誠非所以
資保衛而昭慎重謹據王大臣等所奏竭誠籲請
仰荷
垂鑒微忱俯允停止往返至朕受
孝貞顯皇后顧復深恩
昊天罔極值此
奉安大典不克盡哀盡禮此心何以自安茲奉
皇太后懿旨皇帝尚在沖齡銜哀遠出懸系實深諸王
大臣等所陳係仰體萬不得已之苦衷為此酌經從
權之請尚其以
付託為重勉循
成憲俯順羣情允如所請欽此
慈命諄切敢不祗遵敬念
靈轝在道永奠
山陵未獲躬親大事夙夜煢煢負疚何極將來諏吉舉

行恭謁典禮再行侍奉
皇太后敬詣
山陵虔申誠悃此次應派近支王恭代行禮及一切應
行典禮著各該衙門詳稽例案酌議具奏欽此
14 光緒七年八月二十二日內閣奉
上諭禮部奏請派近支王恭代行禮並將禮節開單
呈覽一摺九月初九日奉移
孝貞顯皇后梓宮啟行朕前詣東直門外大橋遮東恭
送後
蘆殿梓宮前行夕奠禮並沿途行朝夕奠禮
隆恩殿行饗奠禮著派惇親王奕誴恭代
隆恩殿行遷奠禮
梓宮升小轝奠酒行禮
梓宮安奉龍輴上奠酒行禮
梓宮屆奉安吉時奠酒行禮
梓宮永安禮成祭臺前奠酒行禮
隆恩殿行虞祭禮恭捧

神牌升
黃輿行禮著派恭親王奕訢恭代
梓宮至
大紅門迎向
祖陵恭代行禮著派惠郡王奕詳恭代
梓宮安奉
隆恩殿畢祭酒行禮著派莊親王載勛恭代
黃幄沿途朝夕祭行禮著派怡親王載敦恭代欽此

王大臣年歲生日單
和碩禮親王世鐸 年六十七歲七月初一日生
慶親王奕劻 年七十二歲二月二十九日生
恭親王溥偉 年三十歲十二月二十二日生
睿親王魁斌 年四十六歲八月十二日生
鄭親王昭煦 年十歲十月初六日生
豫親王懋林 年十八歲五月十七日生
肅親王善耆 年四十四歲八月二十七日生
莊親王載功 年五十一歲八月初六日生
怡親王毓麒 年十歲三月十九日生

多羅克勤郡王崧杰 年三十一歲十一月十一日生
順承郡王訥勒赫 年二十九歲五月初八日生
郡王銜多羅貝勒載洵 年二十五歲四月初七日生
載濤 年二十三歲五月十三日生
多羅貝勒載瀛 年五十一歲正月十二日生
載潤 年三十二歲七月十六日生
毓朗 年四十六歲七月二十六日生
貝勒銜固山貝子溥倫 年三十六歲十月初二日生
固山貝子溥伒 年十七歲七月十九日生
毓橚 年五十二歲五月十二日生
貝子銜奉恩鎮國公載澤 年四十二歲二月二十四日生
奉恩鎮國公溥霱 年三十一歲四月十八日生
溥植 年二十八歲五月十九日生
溥堃 年二十六歲五月二十二日生
溥佶 年二十二歲十一月三十日生
毓亨 年三十五歲七月二十四日生
毓敏 年三十二歲二月初一日生
毓岐 年二十七歲九月初一日生
毓璋 年二十一歲正月初六日生

全榮 年四十一歲十月初二日生

魁璋 年十六歲三月十九日生

奉恩輔國公載帛 年五十七歲十月初五日生

奎瑛 年五十四歲六月二十八日生

壽全 年四十九歲二月十二日生

意普 年四十二歲正月十七日生

溥葵 年三十七歲五月二十五日生

溥閎 年二十六歲六月十一日生

溥釗 年二十五歲四月二十一日生

毓炤 年二十七歲十二月初三日生

增培 年十七歲正月二十六日生

廣壽 年十九歲十二月二十六日生

大學士孫家鼐 年八十三歲三月十二日生

世續 年五十七歲四月十五日生

那桐 年五十三歲七月二十三日生

張之洞 年七十三歲八月初三日生

協辦大學士榮慶 年五十一歲十二月初八日生

鹿傳霖 年七十四歲七月十八日生

尚書陸潤庠 年六十九歲五月初四日生

溥良 年五十六歲十月二十二日生

鐵良 年四十七歲二月十八日生

戴鴻慈 年五十七歲正月初五日生

溥頲 年六十一歲四月十五日生

陳璧 年五十七歲六月十九日生

壽耆 年五十一歲十一月初六日生

呂海寰 年六十七歲六月初五日生

都察院都御史張英麟 年七十二歲四月十四日生

內務府大臣奎俊 年六十九歲三月十九日生

繼祿 年六十五歲六月初七日生

增崇 年四十五歲十一月初四日生

景灃 年五十七歲四月二十五日生

都統那彥圖 年四十三歲十一月十七日生

符珍 年五十六歲七月十一日生

成章 年七十一歲四月十九日生

芬車 年六十八歲二月二十七日生

桂祥 年六十六歲三月十八日生

壽蔭 年七十五歲十二月十七日生

奎順 年六十四歲十月二十日生

李殿林 年六十七歲六月二十日生日

色楞額 年六十三歲四月十四日生日

葛寶華 年六十六歲七月十八日生日

崇勳 年六十七歲七月初二日生日

博迪蘇 年三十九歲十月初三日生日

張德彝 年六十三歲十一月十一日生日

明啟 年七十歲六月二十日生日

總督徐世昌 年五十五歲九月十三日生日

楊士驤 年五十歲六月二十七日生日

端方 年四十九歲三月初十日生日

趙爾巽 年六十六歲五月二十三日生日

升允

錫良 年五十七歲正月二十一日生日

張人駿 年六十四歲正月二十九日生日

陳夔龍 年四十九歲五月初三日生日

松壽 年六十一歲十一月十二日生日

將軍長庚 年六十六歲九月十五日生日

瑞興 年七十歲十二月二十八日生日

堃岫 年六十七歲六月十二日生日

馬亮 年六十五歲六月初十日生日

文瑞 年六十七歲四月十一日生日

樸壽 年五十三歲四月二十四日生日

增祺 年六十一歲六月二十六日生日

台布

清銳

恩存

署將軍信勤 年四十歲六月初八日生日

都統廷杰 年六十九歲十一月二十日生日

誠勳

16

鈐章

宣統元年正月初四日內閣奉

上諭上年山東被災各州縣業經分別蠲緩錢漕小民諒可不至失所惟念今春青黃不接之時民力未免拮据加恩著將被災之濟甯等州縣各村莊應徵本年上忙錢漕租課等項均分別緩至本年麥後及秋後啟徵其坐落該州縣境內之寄莊竈

課與裁併衛所並永利等場均隨同民田一律辦理以紓民力該撫即按照單開詳細數目刊刻謄黄徧行曉諭務使實惠均霑毋任吏胥舞弊用副朝廷始和布澤惠愛羣黎之至意該部即遵諭行欽此

軍機大臣署名

臣奕
臣世
臣張
臣鹿
臣那

17

鈐章

宣統元年正月初四日内閣奉

上諭徐世昌等奏考察屬員分別獎懲一摺吉林賓州直隸廳同知李澍恩署延吉廳同知奉天興仁縣知縣陶彬伊通佐領保英阿連科既據該督等臚陳政績均著傳旨嘉獎五常廳同知田葆綬聽斷輕率尚無別項劣跡准補綏芬廳同知前署榆樹縣知縣廉慈馭下無方尚能實心任事署磐石縣知縣准補大通縣知縣劉贊宗素有能名因不洽輿情屢被控告均着開缺另補留吉試用知縣韓勳貌似有才操守難信候補知縣張維棟聲名狼藉劣跡顯著留吉補用知縣聶履中年少輕浮供差舞弊升用直隸州知州候補主事文哲琿縱容丁役通同作弊榆樹縣司獄巡檢郭元孝庸懦無識擅受民詞署五常廳司獄巡檢試用州同金渭源舉止輕率遇事生風署五常廳蘭彩橋巡檢本任長壽縣一面坡巡檢朱縉樞縱差勒索致釀人命署一面坡巡檢候補巡檢吳全鑑任役私押斃命有案長春府教授李喬年年老昏庸縱子聚賭烏拉協領全吉藉端攤派均着革職另片奏署雙城協領本任拉林協領連春署拉林協領本任雙城協領喜勝赫爾蘇邊門防禦倭西布筆帖式倭恆額吉林正藍旗佐領富常阿阿勒楚喀佐領鳳和或侵吞公款或尅扣兵餉或賄差賣缺或私刑濫法着一併革職歸案訊辦其貪劾苛派得贓

有據各員並著分別監追以示懲儆該部知道欽此

軍機大臣署名

臣奕 臣世 臣張 臣鹿 臣那

18

鈐章

軍機大臣欽奉

諭旨前經降旨桂祥賞食入八分輔國公俸著度支

部按照雙俸支給欽此

軍機大臣署名

臣奕 臣世 臣張 臣鹿 臣那

正月初四日

19

鈐章

軍機大臣欽奉

諭旨本日徐世昌等奏事附片餘紙有倒置書寫字

跡實屬疏忽著傳旨申飭欽此

軍機大臣署名

臣奕 臣世 臣張 臣鹿 臣那

正月初四日

20

鈐章

軍機大臣欽奉

諭旨載洵奏前赴

西陵梁格莊行宮查看工程一摺知道了欽此

軍機大臣署名

臣奕 臣世

臣張
臣鹿
臣那

正月初六日

21

鈐章

宣統元年正月初六日內閣奉

上諭本年三月十二日

大行皇帝梓宮奉移

山陵暫安朕本應親往恭送以盡哀忱茲奉

皇太后懿旨此次

大行皇帝梓宮係屬暫安皇帝尚在沖齡銜哀遠出實
非所宜屆時予當前往恭送用伸哀敬皇帝不必同
行欽此

慈命諄切敢不祗遵一俟數年後

陵寢工程告成再行諏吉舉行恭謁典禮此次應派近
支王公恭代行禮及一切應行禮節事宜著各該

衙門直隸總督敬謹預備欽此

軍機大臣署名

臣奕
臣世
臣張
臣鹿
臣那

22

鈐章

宣統元年正月初七日內閣奉

上諭三月十二日

大行皇帝梓宮奉移

西陵暫安所有經由道路著各該衙門及直隸總督敬
謹預備是日

皇太后恭送

梓宮禮畢於十三日啟鑾乘坐大車行抵梁格莊
行宮駐蹕勿庸另備
蹕路十四日恭謁各

陵十五日恭迎

大行皇帝梓宮暫安禮成十六日仍乘大車迴鑾其沿

迤地方一切應備事宜務從簡省所需經費著楊
士驤覈實撙節辦理准其作正開銷絲毫不許攤
派民間以免擾累欽此

軍機大臣署名

臣奕
臣世
臣張
臣鹿
臣那

23

鈐章

宣統元年正月初七日內閣奉

上諭前任吏部右侍郎溥頤由司員洊升卿貳補授
右翼總兵辦事慎勤克盡厥職前因患病准其開
缺茲聞溘逝軫惜殊深加恩著照侍郎例賜卹任
內一切處分悉予開復應得卹典該衙門察例具
奏欽此

軍機大臣署名

臣奕

24

光緒十八年四月十二日內閣奉

上諭前任戶部左侍郎續昌由司員擢任監司洊升
卿貳在總理各國事務衙門行走辦事慎勤克盡
厥職前因患病准其開缺茲聞溘逝軫惜殊深著
加恩照侍郎例賜卹任內一切處分悉予開復應
得卹典該衙門察例具奏欽此

臣世
臣張
臣鹿
臣那

25

鈐章

軍機大臣欽奉

諭旨據端方電稱浙江等省應解賠款未能按期匯
到請嚴催各省迅將應解賠款一律照向例提前
一月如數解清等語賠款關係要需若各省紛紛
效尤一屆還期從何應付著度支部電知各省迅
將應解賠款數目按期匯滬勿得遲誤欽此

軍機大臣署名

臣奕

臣世

臣張

臣鹿

臣那

正月初七日

原件交（同原電）度支部另鈔交外務部

26

鈐章

宣統元年正月初八日内閣奉

上諭龐鴻書奏特參庸劣不職各員請旨分別懲處一摺貴州候補知州張楏顢頇成性聽斷不明試用知州李大森恃才自用辦案草率甕安縣知縣曹履中性近苛暴不洽輿情即用知縣施汝欽蒙昧無識不諳治理普安縣新城縣丞張斯行行止不謹為人指摘安順府羊場塘巡檢雷世繼縱差釀事聲名甚劣普安縣典史王嘉謨違例擅受被控有案試用典史范用烜舉動乖張不知檢束均著即行革職鎮遠縣知縣余應雲迂緩無能事多廢弛開泰縣知縣王乃霖習染已深不知振作天柱縣柳霽縣丞李煒年老多病均著原品休致鎮甯州知州趙一鶴遇事因循多涉敷衍清鎮縣知縣李建章才具竭蹶不勝繁劇均著開缺另補餘著照所議辦理該部知道欽此

軍機大臣署名

臣奕（假）

臣世

臣張

臣鹿

臣那

27

滿頭班

花翎頭班三品章京英秀

花翎二品銜幫頭班四品章京文年

四品銜在任即選知府選缺後以道員補用章京郎中成俊

四品銜章京郎中榮元

在任即選道章京郎中鍾佩

先換頂戴在任即選知府章京員外郎麟祥

花翎三品銜章京侍讀裕銘

五品銜額外章京候補侍讀內閣中書海桂
額外章京法部候補員外郎伊密揚阿
漢頭班
花翎領班三品章京劉穀孫
花翎領班章京上行走候補五品京堂楊壽樞
幫領班四品章京胡彤恩
章京員外郎劉慶篤
花翎四品銜章京候補主事趙國良
章京候補主事張潤
章京主事宋子聯
章京候補主事許寶蘅
額外章京三品銜　記名繁缺知府陸軍部候補郎中楊芾
額外章京原工部候補主事曾文玉
花翎四品銜額外章京民政部郎中舒鴻貽
滿二班
花翎領班三品章京文徵
花翎幫領班四品章京聯綬
花翎三品銜選用知府章京郎中桂蔭
花翎三品頂戴章京郎中榮奎

花翎三品銜即選知府章京郎中常泰
章京候補主事鴻恩
章京候補主事興廉
章京員外郎星輅
額外章京法部錄事官松海
漢二班
領班三品章京易貞
幫領班四品章京趙廷珍
章京　記名繁缺知府郎中孫筠經
三品頂戴章京員外郎陳鴻翼
章京候補主事盧文明
章京候補主事邢維經
五品銜章京候補主事徐廣恩
三品頂戴章京員外郎萬雲路
章京主事雷延壽
額外章京　記名遇缺題奏翰林院編修楊渭
鈐章
軍機大臣欽奉

28

諭旨慶親王奕劻奏
菩陀峪
定東陵工程用過錢糧數目奏銷摺單各一件依議又
片奏本工所餘六分平餘銀兩繳還度支部等語
知道了又片奏本工出力人員可否獎敘等語著
准其分別保獎欽此

軍機大臣署名

臣奕
臣世
臣張
臣鹿
臣那

正月初九日

29 鈐章

宣統元年正月初十日內閣奉
上諭岑春蓂奏查明澧州南洲等州廳縣被水受旱
請分別蠲緩遞緩錢漕蘆課等項一摺湖南上年
夏秋間澧州等屬湖河泛漲低窪田畝悉被淹沒
濱湖隄垸間被沖潰高阜田禾入秋被旱收成均
形歉薄若將應徵錢漕蘆課等項照常徵收民力
實有未逮加恩著照所請所有澧州南洲安鄉等
州廳縣均著按照被災輕重情形將應徵錢漕蘆
課等項分別蠲緩遞緩以紓民力該撫即將所開
詳細數目刊刻謄黃徧行曉諭務使實惠及民毋
任吏胥舞弊用副朝廷軫念民艱之至意餘著照
所議辦理該部知道欽此

軍機大臣署名

臣奕
臣世
臣張（假）
臣鹿
臣那

30 鈐章

軍機大臣欽奉
諭旨載洵奏查勘
西陵梁格莊行宮工程情形繪圖呈覽一摺著迅速開

工妥慎修理圖留覽欽此

軍機大臣署名

臣奕
臣世
臣張假
臣鹿
臣那

正月初十日

31

鈐章

軍機大臣　字寄

直隸總督楊　泰甯鎮總兵布　宣統元年正
月十一日奉
上諭貝勒載洵奏守護
西陵綠營兵丁强半老弱疲輭不足以資防護一摺著
楊士驤布康按照所陳各節妥議具奏原摺著鈔
給閱看欽此遵
旨寄信前來

軍機大臣署名

臣奕
臣世
臣張假
臣鹿
臣那

原件交直督另鈔分寄交總兵布

32

鈐章

軍機大臣欽奉
諭旨禮部奏本月二十二日恭上
大行太皇太后尊謚禮節一摺所有穿孝百日之王大
臣王公百官自十九日至二十一日齋戒期内均
著青長袍褂帽綴纓穿孝百日之王大臣詣
几筵前仍服縞素二十二日恭閲
册
寶時穿孝百日之王大臣王公百官一律青長袍褂帽
綴纓詣
几筵前行禮時穿孝百日之王大臣王公百官一律青
長袍褂摘纓行三滿月禮時穿孝百日之王大

臣仍服縞素二十八日恭上
大行皇帝
廟號
尊謚典禮一切服色均敬依此行欽此
軍機大臣署名
臣奕 臣世 臣張 臣鹿 臣那
正月十二日

33
鈐章
軍機大臣欽奉
諭旨禮部奏本月二十二日恭上
大行太皇太后尊謚禮節一摺知道了欽此
軍機大臣署名
臣奕 臣世 臣張
臣鹿 臣那
正月十二日

34
鈐章
軍機大臣欽奉
諭旨本月二十二日恭上
大行太皇太后尊謚閱視
冊
寶及恭上
尊謚各典禮均由
監國攝政王代詣行禮欽此
軍機大臣署名
臣奕 臣世 臣張 臣鹿 臣那
正月十二日

35

鈐章

軍機大臣欽奉

諭旨陸軍部奏前統宿衛營提督姜桂題等應如何

獎勵一片姜桂題著交部從優議敘趙國賢著賞

戴花翎李進才著以提督記名欽此

軍機大臣署名

臣奕

臣世

臣張

臣鹿

臣那

正月十二日

36

鈐章

軍機大臣欽奉

諭旨載洵等奏謹擬修理

西陵梁格莊行宮各處工程辦法繪圖開單呈覽一摺

著依議圖留覽單併發欽此

軍機大臣署名

臣奕

37

鈐章

正月十三日

臣世

臣張

臣鹿

臣那

宣統元年正月十四日内閣奉

上諭陝西延綏鎮總兵員缺著張定邦補授欽此

軍機大臣署名

臣奕

臣世

臣張

臣鹿

臣那

38

鈐章

軍機大臣欽奉

諭旨度支部奏幣制重要宜策萬全請仍飭會議一

摺著交會議政務處妥議具奏欽此

軍機大臣署名

臣奕 臣世 臣張 臣鹿 臣那

正月十四日

39

鈐章

宣統元年正月十六日内閣奉

上諭二月初八日祭
社稷壇由
監國攝政王代詣行禮欽此

軍機大臣署名

臣奕 臣世 臣張 臣鹿 臣那

40

鈐章

宣統元年正月十六日内閣奉

上諭前因御史謝遠涵奏參陳璧虛糜國帑徇私納
賄各款當經派令大學士孫家鼐那桐秉公查辦
茲據查明覆奏陳璧於訂借洋款秘密分潤開設
糧行公行賄賂各節雖屬嘖有煩言究未指有確據
惟開支用款頗多糜費前後所調各員不免冒濫
等語方今時事艱難該尚書責任綦重自應整躬
率屬於用人理財力求實際現據查明各節實屬
有負委任郵傳部尚書陳璧著交部嚴加議處郵
傳部員外郎金恭壽候補小京官王守爵庸鄙委
瑣迹近營私均著即行革職民政部員外郎丁惟
忠以曾經被參奉
旨撤差人員未及數年復至今職較前尤招物議著即
行革職永不敘用餘著照所議辦理該部知道欽此

軍機大臣署名

臣奕 臣世 臣張

41

鈐章

軍機大臣欽奉

諭旨本月二十八日恭上

大行皇帝廟號尊謚閲視

册

寶及恭上

廟號

尊謚各典禮均由

監國攝政王代詣行禮欽此

軍機大臣署名

臣奕

臣世

臣張

臣鹿

臣那

正月十六日

42

鈐章

軍機大臣欽奉

諭旨御史吳緯炳奏置買奴婢惡習請嚴行禁革一摺著憲政編查館知道又奏尋常盜犯請一律照例解勘等語著法部議奏欽此

軍機大臣署名

臣奕

臣世

臣張

臣鹿

臣那

正月十六日

43

鈐章

軍機大臣欽奉

諭旨鑾儀衛奏

監國攝政王下鑾儀使一缺可否帶領引見抑或歸入驗放請旨摺著帶領引見欽此

軍機大臣署名

臣奕 臣世 臣張 臣鹿 臣那

正月十六日

44

鈐章

宣統元年正月十七日內閣奉

上諭禮部奏擬請舉行

升祔典禮一摺本年三月十二日

德宗景皇帝梓宮奉移

西陵梁格莊行宮暫安距永遠奉安之期為時尚遠若

俟永安

山陵後始行

升祔歲月稽遲殊無以妥

先靈而昭誠敬朕心實有未安

德宗景皇帝神牌即於

奉先殿神庫內擇吉恭製先行

升祔

奉先殿俟將來

山陵永遠奉安禮成後再行

升祔

太廟該衙門其詳查典禮敬謹遵行欽此

軍機大臣署名

臣奕 臣世 臣張 臣鹿 臣那

45

鈐章

宣統元年正月十七日內閣奉

上諭現在時事艱難需才佐治國家原不惜重祿以

勸士破格以用人乃近來京外各衙門於舉辦要

政奏調人員及請加經費往往未能綜覈名實或

以微員而膺不次之擢或以一人而兼多處之差

究之所薦者未必皆奇特之士所用者實不免奔

競之人近年新設衙門新建省分往往多坐此弊
冒濫虛糜實為惡習嗣後各部院堂官及各省督
撫奏調咨調各員均由吏部切實考核官階履歷
相符再准發往其所得薪金有多至數處者亦應
由該管長官切實裁汰至各衙門官員薪費并著
核實釐定毋得漫無限制用副朝廷循名覈實儆
廉稱事之至意欽此

軍機大臣署名

臣奕 臣世 臣張 臣鹿 臣那

46

鈐章

宣統元年正月十七日內閣奉
上諭湖北勸業道員缺著鄒履和補授欽此

軍機大臣署名

臣奕

臣世 臣張 臣鹿 臣那

47

鈐章

軍機大臣欽奉
諭旨
大行皇帝几筵前行三滿月禮由
監國攝政王代詣行禮欽此

軍機大臣署名

臣奕 臣世 臣張 臣鹿 臣那

正月十七日

48

鈐章

軍機大臣欽奉

諭旨

大行太皇太后几筵前行三滿月禮由

監國攝政王代詣行禮欽此

軍機大臣署名

正月十七日

臣奕
臣世
臣張
臣鹿
臣那

49

鈐章

軍機大臣欽奉

諭旨理藩部奏本年來京之蒙古王貝勒公等應於

何日何處跪安一摺著於二月初三日在養心殿

跪安欽此

軍機大臣署名

臣奕
臣世
臣張
臣鹿
臣那

正月十七日

50

鈐章

軍機大臣欽奉

諭旨理藩部片奏值班來京之蒙古王貝勒公等回

游牧請安之日所有恩賜食品貫跤技藝應否停

止等語著一律停止欽此

軍機大臣署名

臣奕
臣世
臣張
臣鹿
臣那

正月十七日

51

鈐章

軍機大臣欽奉

諭旨紹英等奏估修

菩陀峪

定東陵

神路營房工程錢糧數目摺單著依議欽此

軍機大臣署名

臣奕

臣世

臣張

臣鹿

臣那

正月十七日

52

鈐章

軍機大臣欽奉

諭旨紹英等片奏估修

菩陀峪

定東陵

神路營房工程應派監督等駐工所需盤川由平餘支發

等語著依議欽此

軍機大臣署名

臣奕

臣世

臣張

臣鹿

臣那

正月十七日

53

鈐章

軍機大臣　字寄

兩廣總督張　宣統元年正月十八日奉

上諭有人奏廣東鄉族有積世奴僕陋俗請飭查明

開放等語著張人駿按照所陳妥籌辦理原片著

鈔給閱看欽此遵

旨寄信前來

軍機大臣署名

54

鈐章

軍機大臣　字寄

兩廣總督張　宣統元年正月十八日奉

上諭有人奏廣東開賭貽害甚大請嚴禁以挽澆風一摺着張人駿按照所陳各節體察情形切實整頓原摺著鈔給閱看欽此遵

旨寄信前來

軍機大臣署名

臣奕

臣世

臣張

臣鹿

臣那

55

鈐章

軍機大臣欽奉

諭旨大理院奏接收旗地控案酌擬辦法開單呈覽一摺知道了欽此

軍機大臣署名

臣奕

臣世

臣張

臣鹿

臣那

正月十八日

56

鈐章

軍機大臣欽奉

諭旨給事中李灼華奏國文將廢中學就湮擬請暫復歲科兩試一摺又片奏學堂腐敗請量為變通以除積弊等語均著學部議奏欽此

軍機大臣署名

臣奕

正月十八日

臣世 臣張 臣鹿 臣那

57

欽章

宣統元年正月十八日内閣奉

上諭郵傳部尚書著李殿林暫行署理欽此

軍機大臣署名

臣奕 臣世 臣張 臣鹿 臣那

58

欽章

宣統元年正月十八日内閣奉

上諭吏部奏遵旨嚴議處分一摺郵傳部尚書陳璧

著照部議即行革職欽此

59

尚書等名單

協辦大學士尚書鹿傳霖

外務部尚書梁敦彦

吏部尚書陸潤庠

民政部尚書善耆

度支部尚書載澤

禮部尚書溥良

學部尚書榮慶

陸軍部尚書鐵良

法部尚書戴鴻慈

農工商部尚書溥頲

理藩部尚書壽耆

軍機大臣署名

臣奕 臣世 臣張 臣鹿 臣那

都察院都御史張英麟
尚書呂海寰

60
侍郎等名單
外務部左侍郎聯芳
右侍郎鄒嘉來
吏部左侍郎唐景崇
右侍郎于式枚差
民政部右侍郎趙秉鈞
度支部左侍郎紹英
右侍郎陳邦瑞
禮部左侍郎景厚
右侍郎郭曾炘
學部左侍郎嚴修
右侍郎寶熙
陸軍部左侍郎壽勳
右侍郎廕昌
法部左侍郎紹昌
右侍郎沈家本

農工商部左侍郎熙彥
右侍郎楊士琦
郵傳部左侍郎汪大燮差
右侍郎盛宣懷差
理藩部左侍郎達壽
右侍郎恩順
倉場侍郎桂春
林紹年
大理院卿定成

61
正月二十日引
見人員
領侍衛内大臣四人

62
鈐章
宣統元年正月十九日内閣奉
上諭郵傳部尚書著徐世昌補授欽此
軍機大臣署名
臣奕

臣世
臣張
臣鹿
臣那

63

鈐章

宣統元年正月十九日内閣奉

上諭錫良著授為欽差大臣調補東三省總督兼管

三省將軍事務雲貴總督著李經羲補授未到任

以前着沈秉堃暫行護理欽此

軍機大臣署名

臣奕
臣世
臣張
臣鹿
臣那

64

鈐章

宣統元年正月二十日奉

旨奎元存鍾均著加恩賞給委散秩大臣恩特和圖

偉功均著加恩賞給頭等侍衛在大門上行走欽此

軍機大臣署名

臣奕
臣世
臣張
臣鹿
臣那

65

鈐章

軍機大臣欽奉

諭旨

監國攝政王府第著派奎俊核實估修欽此

軍機大臣署名

臣奕
臣世
臣張
臣鹿
臣那

正月二十日

66

鈐章

軍機大臣欽奉

諭旨二月初一日

大行太皇太后几筵前

大行皇帝几筵前行百日禮均由

監國攝政王代詣行禮欽此

軍機大臣署名

臣奕

臣世

臣張

臣鹿

臣那

正月二十一日

67

鈐章

軍機大臣欽奉

諭旨吏部奏

大行皇帝梓宮奉移

山陵是否請派隨

駕之滿漢文職大臣一摺著毋庸請派餘著照所請辦

理欽此

軍機大臣署名

臣奕

臣世

臣張

臣鹿

臣那

正月二十一日

68

鈐章

軍機大臣欽奉

諭旨民政部奏整頓京師内外城警政酌改廳區開

單呈覽一摺依議欽此

軍機大臣署名

臣奕

臣世

臣張

臣鹿

正月二十一日

臣那

69

鈐章

宣統元年正月二十二日內閣奉

上諭科爾沁貝子銜輔國公博迪蘇著加恩賞戴雙

眼花翎欽此

軍機大臣署名

臣奕 臣世 臣張 臣鹿 臣那

70

鈐章

軍機大臣欽奉

諭旨載洵等奏

陵工重要擬遴派監修各員一摺又片奏調廣東高雷

陽道英俊派充監修請將該員暫緩開缺等語均

著依議欽此

軍機大臣署名

臣奕 臣世 臣張 臣鹿 臣那

正月二十二日

71

鈐章

軍機大臣欽奉

諭旨載洵等奏

崇陵工程恭照

惠陵規制前赴

西陵之金龍峪地方相度形勢察看規模一摺知道了

欽此

軍機大臣署名

臣奕 臣世 臣張

72

鈐章

軍機大臣欽奉

諭旨理藩部代奏喀爾喀圖什業圖汗達什呢瑪車
臣汗德木楚克多爾濟各差人於
梓宮前可否呈進貢物一摺著於本月二十四日呈進
又代奏喀爾喀圖什業圖汗部落署盟長鎮國公
察克都爾札布等差人於
梓宮前可否呈進貢物一摺著於本月二十四日呈進
欽此

軍機大臣署名

臣奕 臣世 臣張 臣鹿

正月二十三日

臣鹿 臣那

73

鈐章

軍機大臣欽奉

諭旨理藩部代奏喀爾喀圖什業圖汗達什呢瑪車
臣汗德木楚克多爾濟等差人請安可否准其呈
進貢物一摺又代奏喀爾喀圖什業圖汗部落署
盟長鎮國公察克都爾札布等差人請安可否准
其呈進貢物一摺均着准其呈進欽此

軍機大臣署名

臣奕 臣世 臣張 臣鹿 臣那

正月二十三日

臣那

74

鈐章

軍機大臣欽奉

正月二十三日

諭旨內閣侍讀學士占鳳奏預備立憲請從整飭學
務辦起一摺著學部議奏欽此
軍機大臣署名
臣奕 臣世 臣張 臣鹿 臣那
正月二十三日

75 鈐章
軍機大臣欽奉
諭旨載濤等奏遵擬禁衛軍訓練處人員職掌並營
制餉章開單列表呈覽一摺又奏刊刻關防並刊
發鈐記一片又奏請撥軍餉軍米一片又奏調溥
侗等充軍諮官各差一片均依議欽此
軍機大臣署名
臣奕 臣世
臣張 臣鹿 臣那
正月二十四日

76 大行皇帝尊謚於是日巳時閱視
本月二十八日恭上
冊
寶午時行恭上
尊謚典禮交內閣值年旗轉傳各衙門遵照可也
堂稿遞上 於下
交片交內閣

77 正月二十五日引
見人員
鑾儀衛四人

78 鈐章
軍機大臣欽奉

諭旨理藩部代奏喀爾喀圖什業圖汗達什呢瑪車
臣汗德木楚克多爾濟等各差人恭賀登極可否
准其呈進貢物一摺現在百日内著毋庸呈進欽此
軍機大臣署名
臣奕
臣世
臣張
臣鹿差
臣那
正月二十五日

79

鈐章
宣統元年正月二十六日内閣奉
上諭戴鴻慈等奏請飭催京外各衙門籤註新訂刑
律草案一摺法律為憲政始基亟應修改以備頒
布所有新訂刑律草案著京外各衙門照章籤註
分别咨送毋稍延緩以憑覈訂而昭畫一欽此
軍機大臣署名
臣奕

80

鈐章
軍機大臣欽奉
諭旨修訂法律大臣沈家本等奏籌辦事宜開單呈
覽一摺憲政編查館知道又片奏派員前往各省
調查等語著依議欽此
軍機大臣署名
臣世
臣張
臣鹿差
臣那
臣奕
臣世
臣張
臣鹿差
臣那
正月二十六日
原件交憲政館另鈔交修訂法律大臣

81

鈐章

軍機大臣欽奉
諭旨御史史履晉奏禁煙宜籌長策一摺著該衙門
知道欽此

軍機大臣署名
臣奕
臣世
臣張
臣鹿差
臣那

正月二十六日

原件交禁煙大臣另行交民政部

82

鈐章

宣統元年正月二十七日内閣奉
上諭前經憲政編查館奏定頒行分年籌備事宜本
年各省均應舉行諮議局選舉及籌辦各州縣地
方自治設立自治研究所並頒布資政院章程等
事積小高大乃能綱舉目張若階級不具則統匯
之區無從措手著各省督撫及管理地方之將軍
都統等督率所屬選用公正明慎之員紳一律依
限成立其範圍限制及擇人之權應盡之職均應
遵守頒行章程辦理不得延閣遲誤各省如有不
能如期舉辦或雖已設局而員紳違背定章及辦
法參差不齊者統由憲政編查館查催暨考核駁
正務須妥速完備俾可依限開辦資政院以副朝
廷勤求民隱期臻上理之至意欽此

軍機大臣署名
臣奕
臣世
臣張
臣鹿差
臣那

83

鈐章

宣統元年正月二十七日内閣奉
上諭前據修訂法律大臣奏呈刑律草案當經憲政
編查館分咨内外各衙門討論參考以期至當嗣

據學部及直隸兩廣安徽各督撫先後奏請將中國舊律與新律詳慎互校再行妥訂以維倫紀而保治安復經諭令修訂法律大臣會同法部詳慎斟酌修改刪併奏明辦理上年所頒立憲籌備事宜新刑律限本年核定來年頒布事關憲政不容稍事緩圖著修訂法律大臣會同法部迅遵前旨修改刪併剋日進呈以期不誤核定頒布之限惟是刑法之源本乎禮教中外各國禮教不同故刑法亦因之而異中國素重綱常故於干犯名義之條立法特為嚴重良以三綱五品闡自唐虞聖帝明王兢兢保守實為數千年相傳之國粹立國之大本今寰海大通國際每多交涉固不宜墨守故常致失通變宜民之意但祇可採彼所長益我所短凡我舊律義關倫常諸條不可率行變革庶以維天理民彝於不敝該大臣等務本此意以為修改宗旨是為至要至該大臣前奏請編訂現行刑律已由憲政編查館核議著一併從速編訂請旨頒行以示朝廷變通法律循序漸進之至意欽此

軍機大臣署名

臣奕
臣世
臣張
臣鹿差
臣那

84

鈐章

宣統元年正月二十七日內閣奉

上諭陸軍部右侍郎著姚錫光署理欽此

軍機大臣署名

臣奕
臣世
臣張
臣鹿差
臣那

85

鈐章

宣統元年正月二十七日內閣奉

上諭陸軍部左丞著朱彭壽署理許秉琦著署理右
丞左參議著慶蕃署理錫嘏著署理右參議欽此
軍機大臣署名
臣奕
臣世
臣張
臣鹿差
臣那

86
陸軍部左丞姚錫光
右丞朱彭壽
左參議許秉琦
右參議慶蕃

87
鈐章
軍機大臣欽奉
諭旨林紹年奏承修
昭西陵等處工程做法錢糧開單呈覽一摺又奏監督
辦事人等照案酌給公費一片均依議欽此

正月二十七日

軍機大臣署名
臣奕
臣世
臣張
臣鹿差
臣那

88
鈐章
軍機大臣欽奉
諭旨農工商部奏厦門貢燕擾累滋多一摺著閩浙
總督採辦准其作正開銷欽此
軍機大臣署名
臣奕
臣世
臣張
臣鹿差
臣那

正月二十七日

89

鈐章

軍機大臣欽奉

諭旨郵傳部會奏遵議西北鐵路條陳一摺依議欽此

軍機大臣署名

臣奕

臣世

臣張

臣鹿差

臣那

正月二十七日

90

鈐章

軍機大臣欽奉

諭旨裁缺大理寺少卿李擢英奏約陳時弊摺內理

財宜節糜費一條著會議政務處議奏欽此

軍機大臣署名

臣奕

臣世

臣張

臣鹿差

臣那

正月二十七日

91

鈐章

軍機大臣欽奉

諭旨給事中王金鎔奏敬陳管見摺內請紓民力一

條著度支部知道欽此

軍機大臣署名

臣奕

臣世

臣張

臣鹿

臣那

正月二十七日

92

鈐章

軍機大臣欽奉

諭旨御史俾壽片奏輪赴內廷之值班護衛官兵請酌

給津貼等語着稽察守衛大臣會同親軍前鋒護
軍營體察情形酌核議奏欽此
軍機大臣署名
臣奕
臣世
臣張
臣鹿
臣那
正月二十七日

侍郎等名單
外務部左侍郎聯芳
右侍郎鄒嘉來
吏部左侍郎唐景崇
署右侍郎瑞良
民政部署左侍郎烏珍
右侍郎趙秉鈞
度支部左侍郎紹英
右侍郎陳邦瑞

禮部左侍郎景厚
右侍郎郭曾炘
學部左侍郎嚴修
右侍郎寶熙
陸軍部左侍郎壽勳
法部左侍郎紹昌
署右侍郎王垿
農工商部左侍郎熙彦
右侍郎楊士琦
郵傳部署左侍郎吴郁生
署右侍郎沈雲沛
理藩部左侍郎達壽
右侍郎恩順
倉場侍郎桂春
林紹年
大理院正卿定成
内閣學士墨麒
麒德
瑞豐

毓隆
耆齡
那晉
楊佩璋
李聯芳

94

鈐章

宣統元年正月二十八日内閣奉
上諭貝勒載洵等奏
崇陵工程請擇吉動土等語著欽天監於本年二月十
五日以前選擇動土吉期具奏欽此

軍機大臣署名

臣奕
臣世
臣張
臣鹿
臣那

95

鈐章

軍機大臣欽奉
諭旨載洵等奏查勘
崇陵工程情形一摺知道了又奏查看
妃園寢地勢繪圖貼説一片知道了圖二件留覽
欽此

軍機大臣署名

臣奕
臣世
臣張
臣鹿
臣那

正月二十八日

96

鈐章

宣統元年正月二十八日内閣奉
上諭四川巡警道員缺著高增爵補授欽此

軍機大臣署名

臣奕 臣世 臣張 臣鹿 臣那

97

鈐章

宣統元年正月二十九日內閣奉

上諭肅親王善耆奏籌辦海軍基礎一摺所奏不為無見方今整頓海軍實為經國要圖著派肅親王善耆鎮國公載澤尚書鐵良提督薩鎮冰按照所陳各節妥慎籌畫先立海軍基礎並著慶親王奕劻隨時總核稽察以昭慎重俟規模大定再候諭旨鐵良任重事煩著開去專司訓練禁衛軍大臣之差俾得專心擘畫以固邦國欽此

軍機大臣署名

臣奕 假　臣世

臣張 臣鹿 臣那

98

鈐章

宣統元年正月二十九日內閣奉

上諭朱家寶奏查明屬員優劣據實舉劾一摺安徽安慶府知府豫咸蕪湖縣知縣沈寶琛調署亳州知州懷遠縣知縣李維源署理建德縣知縣試用直隸州知州張贊巽署理蒙城縣補用知縣王樹鼎署理壽州知州補用知縣馬宏圖署理靈璧縣試用知縣袁勵衡試用通判蔣汝中既據該撫臚陳政績均著傳旨嘉獎宿州知州張守誠捕務懈弛難期振奮署理合肥縣補用知縣鄭秉璘縱丁需索被控有據署理黟縣補用知縣羅賀瀛丁役弄權並有嗜好署理涇縣補用知縣包惠疇性耽安逸公務頹廢均著即行革職無為州知州彭名保治行平常不勝繁劇著開缺另補績谿縣知縣張廷權久病誤公事權旁落著以原品休致婺源

縣縣丞劉燧章聲名狼藉兼有嗜好太湖縣白沙
巡檢郭秉璋舉動乖謬兼有嗜好宿松縣小姑巡
檢焦延禧貪鄙嗜利物議沸騰宿州時村巡檢張
作霖利慾薰心罔恤名檢署理無為州土橋巡檢
試用巡檢李灤惠藉端科斂兼有嗜好前署祁門
縣大洪巡檢試用巡檢姚源輕佻喜事不洽輿情
均著即行革職餘著照所議辦理該部知道欽此

軍機大臣署名

臣奕假
臣世
臣張
臣鹿
臣那

99

鈐章

軍機大臣欽奉

諭旨内務府奏三月十二日

德宗景皇帝梓宫奉移

山陵暫安各衙門需用車輛自行發價僱覓其内廷傳

用車輛及本府各處需用車輛仍咨行順天府僱

覓一摺著依議欽此

軍機大臣署名

臣奕假
臣世
臣張
臣鹿
臣那

正月二十九日

100

鈐章

軍機大臣欽奉

諭旨欽天監奏謹擇

崇陵工程動土吉期二月初八日卯時吉一摺著承修

大臣謹遵辦理欽此

軍機大臣署名

臣奕　臣世　臣張　臣鹿　臣那

二月初一日

101

鈐章

軍機大臣欽奉

諭旨理藩部代奏喀喇沁郡王貢桑諾爾布呈請入

陸軍貴胄學堂聽講並請留京當差一摺貢桑諾

爾布著准其入陸軍貴胄學堂隨班聽講欽此

軍機大臣署名

二月初一日

臣奕　臣世　臣張　臣鹿　臣那

102

鈐章

軍機大臣欽奉

諭旨惲毓鼎等奏擬請改定學堂章程以杜流弊而

勵人才一摺著學部議奏欽此

軍機大臣署名

臣奕　臣世　臣張　臣鹿　臣那

二月初一日

103

鈐章

宣統元年二月初二日内閣奉
上諭鎮國公載澤奏請收回成命一摺海軍關繫重
要亟應籌辦以立始基該鎮國公向來辦事妥慎
籌畫精詳現筦度支總司財政著仍遵前旨實力
計畫以期早日觀成所請收回成命之處著毋庸
議欽此

軍機大臣署名

臣奕 臣世 臣張 臣鹿 臣那

104

鈐章

宣統元年二月初二日奉
旨著派大學士世續為監修總裁官大學士那桐張
之洞尚書陸潤庠溥良為總裁官侍郎唐景崇瑞
良郭曾炘熙彥署侍郎王垿内閣學士顒德為副
總裁官侍郎恩順為蒙古總裁官餘依議欽此

軍機大臣署名

臣奕 臣世 臣張 臣鹿 臣那

105

鈐章

軍機大臣欽奉
諭旨御史饒芝祥片奏實官移獎弊混滋深等語著
吏部度支部議奏欽此

軍機大臣署名

臣奕 臣世 臣張 臣鹿 臣那

鈐章署名原件交吏部

二月初二日

106

鈐章

軍機大臣欽奉

諭旨法部會奏查明京師審判人員被參各款一摺著依議欽此

軍機大臣署名

臣奕　臣世　臣張　臣鹿　臣那

二月初二日

107

鈐章

軍機大臣欽奉

諭旨所有光緒三十四年以前緣事降調革職及遣戍釋回已未錄用文武各廢員除業經病故及已復原官者無庸議外餘著該部查明原案開具簡明事由分繕清單呈覽欽此

軍機大臣署名

108

二月初二日

臣奕　臣世　臣張　臣鹿　臣那

鈐章

宣統元年二月初三日内閣奉

上諭都察院代奏學部參事江瀚條陳請清訟獄等語據稱自停止刑鞫以後殘酷之風雖減拖延之害愈深因證據未備兩造爭執遂以不了了之民閒受累無窮各省訟費名目繁多百端需索寃縱獲理家産已傾若如所陳情形實堪痛恨著京外問刑各衙門將一切弊端認真釐剔不得視此旨為具文倘再查有各項情弊定行嚴加懲處欽此

軍機大臣署名

臣奕　臣世

臣張
臣鹿
臣那

109

鈐章

軍機大臣欽奉

諭旨都察院代遞吏部員外郎黄允中條陳新設游觀有傷風俗呈一件着民政部嚴行查禁欽此

軍機大臣署名

臣奕
臣世
臣張
臣鹿
臣那

二月初三日

110

鈐章

軍機大臣欽奉

諭旨内務府奏國史館議敘人員請奬開單呈覽一摺着依議欽此

軍機大臣署名

臣奕
臣世
臣張
臣鹿
臣那

二月初三日

111

鈐章

宣統元年二月初四日内閣奉

上諭湖南長沙府知府員缺緊要着該撫於通省知府内揀員調補所遺員缺着戚朝卿補授欽此

軍機大臣署名

臣奕
臣世
臣張
臣鹿
臣那

112

鈐章

宣統元年二月初四日内閣奉

上諭張鳴岐奏舉劾屬員一摺廣西調署懷集縣事富川縣知縣金開祥署左州事興業縣知縣陳善濬卸署灌陽縣知縣捐升知府翁綬琪既據該撫臚陳政績均著傳旨嘉獎准補象州知州趙宗海學務廢弛尚明例案桂平縣知縣曾廣致緝捕不力才尚可造均著留省察看開缺另補武緣縣知縣倪育萬巧滑性成前在容縣署任諱匿盜案多起陸川縣知縣梁祖訓工於鑽營前在試署任内議罰違章用人不當試用知縣劉祖恩前署平南縣任内學務甚為廢弛捕務亦極玩視向武土州州判魯厚堃條理不清辦事竭蹶前在代理天保縣任内並有違章加收税契之事試用知州方中朐少條理辦事因循委充土思州彈壓委員並有玩視要案之事試用通判黄蔭福貌似有才心術險詐試用通判易祥麟在署來賓縣任内苛罰娶贓查有實據周羅司巡檢趙志逵違例擅受被控有案署下雷土州吏目候選巡檢戴式潛把持公款藉學漁利署五山司巡檢試用典史袁文煥沾濡嗜好不堪造就藤縣典史陶壽熊巧飾戒煙諸多不謹均著即行革職灌陽縣知縣魏志良試用道陳鳴惠補用直隸州知州汪文畬即用知縣李肇律候補知縣周翰試用知縣謝國南謝寶森區應庚沈秉惠補用知縣何寶符另補知縣續曾熊光瓚均屬才具平庸難資造就魏志良著開缺同陳鳴惠等十一員一併咨送回籍餘著照所議辦理該部知道欽此

軍機大臣署名

臣奕

臣世

臣張

臣鹿

臣那

113

鈐章

軍機大臣欽奉

諭旨民政部右丞劉彭年奏學堂辦理不善流弊滋

多亟宜釐頓變通一摺著學部議奏欽此

軍機大臣署名

臣奕（假）

臣世

臣張

臣鹿

臣那

二月初五日

114

軍機大臣欽奉

諭旨現在停止受賀溥錩奏接奉恩詔摺內有叩賀

鴻禧字樣殊屬不合着傳旨申飭欽此

二月初五日

未鈐章署名另鈔裝入封套內發還

115

軍機大臣欽奉

諭旨現在停止受賀提督王士珍率行呈遞賀摺殊

屬冒昧著傳旨申飭欽此

116

二月初五日

未鈐章署名另鈔裝入封套發還

宣統元年二月初五日

賞遺念

監國攝政王　本色貂皮冠一頂　黃緙絲天馬皮金龍袍一件　石青緞貂皮金龍褂一件　綠玉烟壺一件　碧玹珮一件

恭親王溥偉　本色貂皮冠一頂　黃緙絲青白肷金龍袍一件　石青江紬天馬皮金龍褂一件　白玉烟壺一件　玉佩一件

慶親王奕劻　本色貂皮冠一頂　黃緙絲天馬皮金龍袍一件　石青江紬貂皮金龍褂一件　綠玉烟壺一件　碧玹珮一件

載瀛　本色貂皮冠一頂　黃江紬青白肷金龍袍一件　石青江紬洋灰鼠金龍褂一件　玉烟壺一件　玉珮一件

載潤　如意冠一頂　黃緙絲天馬皮金龍袍一件　石青江紬洋灰鼠金龍褂一件　烟壺一件　玉佩一件

載洵　如意冠一頂　黃緙絲天馬皮金龍袍一件　石青江紬天馬皮金龍褂一件　玉烟壺一件　玉佩一件

載濤　如意冠一頂　黃江紬天馬皮金龍袍一件　石青緞天馬皮金龍褂一件　玉烟壺一件　玉佩一件

毓朗　如意冠一頂　黃緙絲灰鼠皮金龍袍一件　石青江紬灰鼠皮金龍褂一件　玉珮一件

載澍　如意冠一頂　黃直徑地紗金龍袍一件　石青江紬單褂一件　玉器一件

溥倫　如意冠一頂　黃緙絲洋灰金龍袍一件　石青灰鼠金龍褂　烟壺一件　玉器一件

載澤　熏貂冠一頂　黃緙絲洋灰鼠金龍袍一件　石青緙絲灰鼠皮金龍褂一件　烟壺一件　玉珮一件

溥侗　熏貂冠一頂　黃緙絲袨金龍袍一件　石青緙絲灰鼠皮金龍褂一件　烟壺一件　玉佩一件

載振　熏貂冠一頂　黃緙絲洋灰鼠金龍袍一件　石青緞灰鼠皮金龍褂一件　烟壺一件　玉佩一件

載搢　熏貂冠一頂　黃緙絲洋灰鼠金龍袍一件　石青緙絲洋灰鼠金龍褂一件　烟壺一件　玉佩一件

溥侗 如意冠一頂 黃芝麻地紗金龍袍一件 石青江紬銀鼠皮金龍褂一件 烟壺一件 玉佩一件

御前大臣那彥圖 青氊冠一頂 藍江紬羊皮袍一件 石青江紬灰鼠皮金龍褂一件 烟壺一件 玉佩一件

博迪蘇 青氊冠一頂 藍江紬羊皮袍一件 石青江紬棉金龍褂一件 烟壺一件 玉佩一件

軍機大臣世續 熏貂冠一頂 黃緙絲單金龍袍一件 石青緙絲棉金龍褂一件 烟壺一件 玉佩一件

張之洞 熏貂冠一頂 黃江紬單金龍袍一件 石青緙絲棉金龍褂一件 烟壺一件 玉佩一件

鹿傳霖 熏貂冠一頂 黃江紬單金龍袍一件 石青緞棉金龍褂一件 烟壺一件 玉佩一件

那桐 熏貂冠一頂 黃緙絲單金龍袍一件 石青緞棉金龍褂一件 烟壺一件 玉佩一件

禮親王世鐸 青氊冠一頂 絳色江紬灰鼠皮袍一件 石青江紬棉金龍褂一件 烟壺一件 玉佩一件

睿親王魁斌 青氊冠頂 藍江紬灰鼠皮袍一件 石青緙絲棉金龍褂一件 烟壺一件 玉珮一件

克勤郡王崧杰 青氊冠頂 駝色江紬銀鼠皮袍一件 石青江紬袷金龍褂一件 玉珮一件

莊親王載功 青氊冠頂 藍江紬銀鼠皮袍一件 石青緙絲袷金龍褂一件 玉珮一件

順承郡王訥勒赫 青氊冠一頂 藍江紬銀鼠皮袍一件 玉珮一件 石青江紬袷金龍褂一件 烟壺一件

肅親王善耆 青氊冠一頂 絳色江紬灰鼠皮袍一件 石青江紬袷金龍褂一件 烟壺一件 玉珮一件

總管內務府大臣奎俊 黑羊皮冠一頂 藍江紬羊皮袍一件 石青緞袷金龍褂一件 玉珮一件

繼祿 黑羊皮冠一頂 藍江紬灰鼠皮袍一件 石青緙絲袷金龍褂一件 玉珮一件

增崇 黑羊皮冠一頂 絳色江紬灰鼠皮袍一件 石青江紬袷金龍褂一件 玉珮一件

景澧 黑羊皮冠一頂 絳色江紬銀鼠皮袍一件 石青緞袷金龍褂一件 玉珮一件

大學士孫家鼐 天鵝絨冠一頂 藍江紬青頦皮袍一件 石青緞袷金龍褂一件 烟壺一件 玉珮一件

協辦大學士榮慶 天鵝絨冠一頂 絳色江紬羊皮袍一件 石青緞袷金龍褂一件 烟壺一件 玉珮一件

尚書陸潤庠 天鵝絨冠一頂 藍江紬羊皮袍一件 石青江紬羊皮褂一件 烟壺一件 珮一件

溥良 青氊冠一頂 藍江紬羊皮袍一件 石青江紬羊皮褂一件 烟壺一件 玉珮一件

鐵良 黑羊皮冠一頂 絳色江紬羊皮袍一件 石青江紬羊皮褂一件 烟壺一件 玉珮一件

戴鴻慈 青氊冠一頂 絳色江紬羊皮袍一件 石青江紬羊皮褂一件 烟壺一件 玉珮一件

溥頲 青氊冠一頂 藍江紬羊皮袍一件 石青緞羊皮褂一件 烟壺一件 玉珮一件

外務部尚書梁敦彥 青氊冠一頂 藍江紬羊皮袍一件 石青緞羊皮褂一件 烟壺一件 珮一件

壽耆 青氊冠一頂 灰色江紬羊皮袍一件 石青緞羊皮褂一件 烟壺一件 玉珮一件

都察院都御史張英麟 黑羊皮冠一頂 駝色江紬羊皮袍一件 石青緞羊皮褂一件

南書房行走朱益藩 黑羊皮冠頂 藍江紬羊皮袍一件 石青江紬青白肷皮褂一件

吳士鑑 黑羊皮冠一頂 絳色江紬羊皮袍一件 石青緞青頦皮褂一件

鄭沅 黑羊皮冠一頂 絳色江紬羊皮袍一件 石青江紬洋灰鼠皮褂一件

袁勵準 黑羊皮冠一頂 藍江紬羊皮袍一件 石青緞青頦皮褂一件

御前行走阿穆爾靈圭 黑羊皮冠一頂 絳色江紬棉袍一件 石青江紬棉褂一件 烟壺一件

蘇珠克圖巴圖爾 黑羊皮冠一頂 藍江綢棉袍一件 石青江綢棉褂一件 珮一件

熙凌阿 黑羊皮冠一頂 灰色氊棉袍一件 石青江綢棉褂一件 珮一件

御前侍衛桂祥 熏貂冠一頂 黃緙絲天馬皮金龍袍一件 石青緙絲天馬皮金龍褂一件 烟壺一件 珮一件

達賚 熏貂冠一頂 絳色氊棉袍一件 石青江綢棉褂一件 珮一件

芬車 熏貂冠一頂 藍色氊棉袍一件 石青江綢棉褂一件 珮一件

色楞額 熏貂冠一頂 藍色氊棉袍一件 石青江綢棉褂一件 珮一件

善豫 熏貂皮冠一頂 藍色邅棉袍一件 石青江綢棉褂一件 珮一件

伊立布 熏貂皮冠一頂 灰色邅棉袍一件 石青江綢棉褂一件 珮一件

良泰 熏貂冠一頂 藍江綢棉袍一件 石青江綢棉褂一件 珮一件

鄰統固倫額駙符珍 熏貂皮冠一頂 絳色江綢棉袍一件 石青江綢棉褂一件 珮一件

阿勒坦鄂齊爾 熏貂冠一頂 絳色邅棉袍一件 石青江綢棉褂一件 珮一件

棍布札布 熏貂冠一頂 絳色江綢棉袍一件 石青江綢棉褂一件 玉珮一件

麟光 熏貂冠一頂 藍江綢棉袍一件 石青江綢棉褂一件 玉珮一件 烟壺一件

溥倬 熏貂冠一頂 藍江綢棉袍一件 石青江綢棉褂一件 玉珮一件

松椿 熏貂冠一頂 藍江綢棉袍一件 石青邅棉褂一件 玉珮一件

琦瑙 熏貂冠一頂 絳色江綢棉袍一件 石青邅棉褂一件 玉珮一件

直隸總督楊士驤 熏貂冠一頂 灰色江綢棉袍一件 石青邅棉褂一件 烟壺一件 珮一件

兩江總督端方 熏貂冠一頂 藍江綢棉袍一件 石青邅棉褂一件 烟壺一件 珮一件

東三省總督錫良 熏貂冠一頂 絳色江綢棉袍一件 石青邅棉褂一件 烟壺一件 玉珮一件

郵傳部尚書徐世昌 青邅冠一頂 絳色江綢棉袍一件 石青邅棉褂一件 烟壺一件 玉珮一件

以上共六十六名

117 宣統元年二月初五日

賞遺念

世續 綠玉珮一件 白玉烟壺一件

張之洞 綠玉珮一件 白玉烟壺一件

鹿傳霖 綠玉珮一件 白玉小烟壺一件

那桐 綠玉珮一件 白玉烟壺一件

載洵 白玉珮一件 綠玉烟壺一件

載濤 白玉珮一件 綠玉烟壺一件

載潤 白玉珮一件 瑪瑙烟壺一件

載瀛 白玉彆子一件 瑪瑙小烟壺一件

溥偉 翡翠珮一件 金珀小烟壺一件

溥倫 白玉珮一件 綠玉烟壺一件

禮親王 綠玉珮一件 白玉烟壺一件

睿親王 白玉珮一件 玻璃烟壺一件

莊親王 白玉小彆子一件 玻璃烟壺一件

順承郡王 白玉珮一件 金珀烟壺一件

肅親王 綠玉珮一件 玻璃烟壺一件

載澤 綠玉珮一件 瑪瑙烟壺一件

那彥圖 綠玉珮一件 白玉烟壺一件

博迪蘇 綠玉珮一件 白玉烟壺一件

桂祥 白玉珮一件

載振 綠玉珮一件 白玉烟壺一件

載援　白玉珮一件　瑪瑙烟壺一件
溥侗　白玉珮一件　玻璃烟壺一件
溥倬　白玉小彆子一件　金珀小烟壺一件
溥佶　白玉彆子一件　玻璃烟壺一件
孫家鼐　白玉珮一件　白玉烟壺一件
麟光　白玉珮一件
陸潤庠　白玉珮一件

118
鈐章
軍機大臣欽奉
諭旨載洵等奏請先撥經費一揭內將
崇陵暨
行宮工程經費並未分別聲敘殊欠明晰所請一百
萬兩應專歸
崇陵工程之用其
行宮工程應用經費數目著即核實奏明請旨以昭慎重
欽此

軍機大臣署名
臣奕（假）
臣世
臣張
臣鹿
臣那
二月初六日

119
交吏部此次驗看開缺陝西同州府知府英琦奉
旨著以同知用欽此相應傳知
貴部欽遵可也此交
二月初六日

120
開缺陝西同州府知府英琦
旨著以簡缺知府用
硃圈○旨著以同知用
旨著回原衙門行走

121

鈐章

軍機大臣欽奉

諭旨貝勒載洵等片奏赴

陵查勘工程應知照郵傳部預備專車並分別給予憑

照等語著依議又奏開用關防日期知道了欽此

軍機大臣署名

臣奕假　臣世　臣張　臣鹿　臣那

122

鈐章

軍機大臣欽奉

諭旨有人奏中國船政路政極有關繫請澈底查明

一摺著度支部郵傳部知道欽此

軍機大臣署名

臣奕假　臣世

二月初七日

臣張　臣鹿差　臣那

123

鈐章

軍機大臣欽奉

諭旨御史張世培奏京師警廳裁併宜核實辦理一

摺著民政部按照該部原奏辦法核實整頓具奏

該御史原摺著民政部知道欽此

軍機大臣署名

臣奕假　臣世　臣張　臣鹿差　臣那

二月初七日

124

鈐章

軍機大臣欽奉

諭旨御史葉芾棠奏舉劾失實擬請明定處分一摺

著會議政務處吏部議奏欽此

軍機大臣署名

臣奕假　臣世　臣張　臣鹿差　臣那

二月初七日

125

鈐章

軍機大臣欽奉

諭旨郵傳部內務府會奏

皇太后前詣

西陵請預定登車尖站處所一摺著於三月十三日卯

初在西直門外車站預備以高碑店為尖站欽此

軍機大臣署名

臣奕假　臣世　臣張　臣鹿差　臣那

二月初八日

126

鈐章

軍機大臣欽奉

諭旨郵傳部內務府會片奏恭備

皇太后御車應用物件及平治軌道修整橋梁經費請

由各路行車項下核實支發等語著依議欽此

軍機大臣署名

臣奕假　臣世　臣張　臣鹿差

二月初八日

臣那

127

鈐章

軍機大臣欽奉

諭旨郵傳部奏覆陳勘查四川川漢路綫股資大概

情形摺又片奏查明湖北川漢鐵路資本情形等

語又片奏擬派郎中顔德慶先赴川省商議開工

等語均知道了欽此

軍機大臣署名

臣奕假 臣世 臣張 臣鹿差 臣那

二月初八日

128

鈐章

軍機大臣欽奉

諭旨郵傳部奏遵照奏案察看司員核減津貼一摺

又片奏請將汪嘉棠等督辦上海電政局各差撤

銷並酌留一員名為總辦汪嘉棠應令銷差仍回

原省候補等語均知道了欽此

軍機大臣署名

臣奕假 臣世 臣張 臣鹿差 臣那

二月初八日

129

鈐章

軍機大臣欽奉

諭旨農工商部奏請速定國籍法一摺著修訂法律

大臣會同外務部迅速妥議具奏又片奏巡歷南

洋海圻海容二船由部派員偕同前往等語知道

了欽此

原件交農工商部另摘抄同
摺交外務部修律大臣

軍機大臣署名

臣奕 假
臣世
臣張
臣鹿 差
臣那

二月初八日

130

滿頭班
花翎二品銜領班三品章京英秀
花翎二品銜幫領班四品章京文年
四品銜在任即選知府選缺後以道員補用章京郎中成俊
三品銜章京郎中榮元
在任即選道章京郎中鍾佩
先換頂戴在任即選知府章京員外郎麟祥
花翎三品銜章京侍讀裕銘
五品銜章京候補侍讀中書海桂
額外章京法部候補員外郎伊密揚阿

漢頭班
花翎領班三品章京劉穀孫
花翎領班章京上行走候補五品京堂楊壽樞
幫領班四品章京胡彤恩
章京員外郎劉慶篤
花翎四品銜章京候補主事趙國良
章京候補主事張潤
章京主事宋子聯
章京候補主事許寶蘅
額外章京三品銜記名繁缺知府陸軍部候補郎中楊芾
額外章京原工部候補主事曾文玉
花翎四品銜額外章京民政部郎中舒鴻貽
滿二班
花翎領班三品章京文徵

131

鈐章

軍機大臣 字寄

理藩部 直隸總督楊 宣統元年二月初九日奉

上諭翰林院侍讀榮光奏喇嘛橫行兇惡藐法妄為

請飭查辦一摺著理藩部會同楊士驤按照所奏
各節查明具奏原摺著鈔給閱看欽此遵
旨寄信前來

原件交理藩部另鈔寄去

軍機大臣署名

臣奕（假）　臣世　臣張　臣鹿　臣那

132

花翎幫領班四品章京聯綬
花翎三品頂戴章京郎中榮奎
花翎三品銜即選知府章京郎中常泰
章京候補主事鴻恩
章京候補主事興廉
章京員外郎星輅
額外章京法部錄事官松海
漢二班
二品銜領班三品章京易貞
幫領班四品章京趙延珍
章京　記名繁缺知府郎中孫筍經
三品頂戴章京員外郎陳鴻冀
章京候補主事盧文明
章京候補主事邢維經
五品銜章京候補主事徐廣思
三品頂戴章京員外郎萬雲路
章京主事雷延壽
額外章京　記名遇缺題奏翰林院編修楊渭

133

鈐章

宣統元年二月初九日內閣奉
上諭廣西太平思順道員缺著李開侁補授欽此

軍機大臣署名

臣奕（假）　臣世　臣張　臣鹿　臣那

134

鈐章

軍機大臣欽奉

諭旨貝勒載洵等奏

崇陵工程遵吉動土敬取

吉土尊藏一摺知道了欽此

軍機大臣署名

臣奕假

臣世

臣張

臣鹿

臣那

二月初九日

135

鈐章

軍機大臣欽奉

諭旨内閣奏請勘修尊藏

實錄紅本大庫工程一摺著派鹿傳霖查勘修理欽此

軍機大臣署名

臣奕假

136

鈐章

軍機大臣欽奉

諭旨理藩部奏酌擬簡放副將軍章程請旨遵行一

摺著依議欽此

軍機大臣署名

臣奕假

臣世

臣張

臣鹿

臣那

二月初九日

二月初九日

臣世

臣張

臣鹿

臣那

137

鈐章

軍機大臣欽奉

諭旨景澧奏請更名景豐一摺知道了欽此

軍機大臣署名

臣奕假
臣世
臣張
臣鹿
臣那

二月初九日

138

軍機大臣欽奉

諭旨現在停止受賀長庚等呈遞賀摺殊屬冒昧著

傳旨申飭欽此

二月初九日

另抄知會附原封交來

139

鈐章

軍機大臣欽奉

諭旨上駟院奏恭備

西陵差務調用馬匹駝隻一摺著依議欽此

軍機大臣署名

臣奕
臣世
臣張
臣鹿
臣那

二月初十日

140

鈐章

宣統元年二月十一日内閣奉

上諭甘肅甯夏鎮總兵員缺著馬安良調補巴里坤

鎮總兵著馬福祥補授欽此

軍機大臣署名

臣奕
臣世
臣張
臣鹿
臣那

141

鈐章

軍機大臣欽奉

諭旨御史徐定超奏重整海軍首在得人請飭設機
器學堂精求製造一摺著籌辦海軍王大臣知道
欽此

軍機大臣署名

二月十一日

臣奕 臣世 臣張 臣鹿 臣那

142

鈐章

軍機大臣欽奉

諭旨御史徐定超奏請減運煤車費一片著郵傳部
知道欽此

軍機大臣署名

臣奕

二月十一日

臣世 臣張 臣鹿 臣那

143

鈐章

軍機大臣欽奉

諭旨副都御史陳名侃奏順直賑捐收數久不達部
報銷永平七屬鹽務入款並未歸公等語著度支
部查明具奏欽此

軍機大臣署名

二月十一日

臣奕 臣世 臣張 臣鹿 臣那

144

鈐章

軍機大臣欽奉

諭旨御史徐定超奏保薦人才三期以後報到人數無多請加體恤等語著吏部查明嗣後如有二三人到京即時請派考驗大臣欽此

軍機大臣署名

臣奕

臣世

臣張

臣鹿

臣那

二月十一日

145

鈐章

軍機大臣欽奉

諭旨副都御史陳名侃奏外交重要亟宜整頓使事一摺著外務部知道欽此

軍機大臣署名

臣奕

146

敬啟者各省貢獻上年曾經奉

旨概行停止三年之後再候諭旨等因在案現在

朝廷敦崇節儉深念物力艱難三年之後除各省例進方物外其自行進獻貢物概行停止此係遵

旨傳知之件希即

欽遵爲荷此布敬請

勛安

軍機處公啟

二月十一日

臣世

臣張

臣鹿

臣那

147

鈐章

軍機大臣欽奉

諭旨吏部奏酌擬考核調用人員切實辦法開單呈覽一摺著依議欽此

148

鈐章

軍機大臣欽奉

諭旨吏部奏請推廣部屬甄分辦法以疏通壅滯廣

勵材能畫一體制稍杜奔競一摺著依議欽此

軍機大臣署名

臣奕 臣世 臣張 臣鹿 臣那

二月十二日

軍機大臣署名

臣奕 臣世 臣張 臣鹿 臣那

二月十二日

149

鈐章

軍機大臣欽奉

諭旨内閣侍讀學士甘大璋奏憲政禮學法律三館

亟宜貫通一摺著禮部法部會同集議後咨商憲

政編查館再行覆核欽此

軍機大臣署名

臣奕 臣世 臣張 臣鹿 臣那

二月十二日

150

鈐章

軍機大臣欽奉

諭旨

孝欽顯皇后几筵前行四滿月禮由

監國攝政王代詣行禮欽此

軍機大臣署名

151

鈐章

軍機大臣欽奉

二月十三日

臣奕
臣世
臣張
臣鹿
臣那假

諭旨

德宗景皇帝几筵前行四滿月禮由

監國攝政王代詣行禮欽此

軍機大臣署名

臣奕
臣世
臣張
臣鹿
臣那假

二月十三日

152

鈐章

軍機大臣欽奉

諭旨都察院奏代遞裁缺大理寺少卿李椎英等請

將太康縣重修明臣張維世張鏷專祠仍復祀典

由地方官春秋致祭並將具裔孫張祥麒等附祀

呈一件著照所請該部知道欽此

軍機大臣署名

臣奕
臣世
臣張
臣鹿
臣那假

二月十三日

153

軍機大臣欽奉

諭旨現在停止受賀錫恆奏接奉恩詔捐內有叩賀

天禧字樣殊屬不合著傳旨申飭欽此

二月十三日

未鈐章署名另鈔裝入封套發道

154

鈐章

宣統元年二月十五日内閣奉
上諭國家預備憲政變法維新疊奉
先朝明諭分年預備切實施行朕御極後復行申諭依
限籌辦毋得延緩今特將朝廷一定實行預備立
憲維新圖治之宗旨再行明白宣示總之國是已
定期在必成嗣後内外大小臣工皆當共體此意
翊贊新猷具有言責諸臣亦當慎體朕殷殷求言
之至意於一切新政得失利病剴切敷陳俾臻上
理儻敢私心揣摹意存嘗試摭拾腐敗浮言淆亂
聰明亦有應得之咎也將此通諭知之欽此

軍機大臣署名

臣奕 臣世 臣張 臣鹿 臣那假

155

鈐章

軍機大臣欽奉

諭旨内閣侍讀學士延昌奏豫籌八旗生計各摺片
著該衙門議奏欽此

鈐章署名原件交學部

軍機大臣署名

臣奕 臣世 臣張 臣鹿 臣那假

二月十六日

156

鈐章

軍機大臣欽奉

諭旨陸軍部奏核議江西南贛剿匪奬案聲明定章
請旨一摺著照二十年吏部定章文武分計各以
十員為限欽此

軍機大臣署名

臣奕 臣世 臣張

二月十六日

臣鹿

臣那 假

157

鈐章

軍機大臣欽奉

諭旨此次驗放之卓異官知府用在任候補直隸州知州直隸清苑縣知縣黃國瑄著以知府在任即補欽此

軍機大臣署名

臣奕 臣世 臣張 臣鹿 臣那

158

卓異官知府用在任候補直隸州知州直隸清苑縣知縣黃國瑄

二月十六日

硃○旨著以知府在任即補

159

鈐章

軍機大臣欽奉

諭旨此次驗放之卓異官候選道前直隸雄縣知縣謝愷著以道員即選欽此

軍機大臣署名

臣奕 臣世 臣張 臣鹿 臣那

160

卓異官候選道前直隸雄縣知縣謝愷

二月十六日

硃○旨著以道員即選

161

鈐章

軍機大臣 字寄

東三省總督錫 宣統元年二月十七日奉

上諭奉天昌圖府知府查富璣吉林新城府知府陳

作彦著錫良到任後留心察看該員等究竟能否
勝任再行出具考語據實具奏欽此遵
旨寄信前來

軍機大臣署名

臣奕 臣世 臣張 臣鹿 臣那假

162

鈐章

宣統元年二月十七日内閣奉

上諭安徽皖南鎮總兵吳繼培甘肅河州鎮總兵羅
平安均著開缺四川按察使和爾賡額著開缺另
候簡用福建興泉永道劉慶汾吉林依蘭府知府
王嘉禾江西瑞州府知府吳祖椿雲南楚雄府知
府尹肇熙貴州思南府知府余雲煥均著開缺送
部引見裁缺江西督糧道錫恩著送部引見欽此

軍機大臣署名

臣奕 臣世 臣張 臣鹿 臣那假

163

鈐章

宣統元年二月十七日内閣奉

上諭直隸熱河道員缺著王秉恩補授欽此

軍機大臣署名

臣奕 臣世 臣張 臣鹿 臣那

164

鈐章

宣統元年二月十七日内閣奉

上諭四川署提學使方旭著開去署缺以道員仍留

四川補用欽此

軍機大臣署名

臣奕
臣世
臣張
臣鹿
臣那假

165

鈐章

宣統元年二月十七日内閣奉

上諭前據御史常徽奏參兩淮運司趙濱彥威權自擅縱勇殃民各節當經諭令陳夔龍確查兹據查明覆奏趙濱彥平日辦事尚屬認真惟整頓緝私稍形操切著交部察議兩淮緝私水師左營管帶拔補把總張文注左營左哨哨官儘先把總邵春榮著一併革職新軍營管帶前督帶水師三營候選通判李祖培著端方切實察看餘著照所議辦理該部知道欽此

軍機大臣署名

臣奕

166

鈐章

軍機大臣欽奉

諭旨法部奏請將律學館教習前安徽安慶府知府方連軫開復原官一片著吏部覈議具奏欽此

軍機大臣署名

臣世
臣張
臣鹿
臣那假

167

鈐章

軍機大臣欽奉

二月十七日

臣奕
臣世
臣張
臣鹿
臣那假

諭旨法部奏律學館第一次畢業考試學員開單呈
覽一摺著依議欽此

軍機大臣署名

臣奕　臣世　臣張　臣鹿　臣那假

二月十七日

168

鈐章

軍機大臣欽奉

諭旨呈進經史國朝掌故各國歷史講義著仍派榮
慶陸潤庠張英麟唐景崇寶熙朱益藩添派熙彥
喬樹枬劉廷琛吳士鑑周自齊勞乃宣趙炳麟譚
學衡輪班撰擬並著孫家鼐張之洞總司核定進
呈欽此

軍機大臣署名

臣奕

臣世　臣張　臣鹿　臣那假

二月十七日

169

硃

農工商部左侍郎熙彥
學部左丞喬樹枬
大學堂總監督劉廷琛
翰林院侍讀吳士鑑
外務部右參議周自齊
大理院民科推丞王式通
四品京堂勞乃宣
掌京畿道監察御史趙炳麟
翰林院編修郭立山
學部員外郎陳曾壽
海軍處副使譚學衡

170

鈐章

宣統元年二月十八日內閣奉

上諭那桐現在穿孝外務部會辦大臣著世續署理
欽此
軍機大臣署名
臣奕
臣世
臣張
臣鹿
臣那假

171
鈐章
宣統元年二月十八日内閣奉
上諭趙啟霖著以道員用署理四川提學使欽此
軍機大臣署名
臣奕
臣世
臣張
臣鹿
臣那假

172
鈐章
宣統元年二月十八日内閣奉
上諭四川按察使著江毓昌補授欽此
軍機大臣署名
臣奕
臣世
臣張
臣鹿
臣那假

173
四川按察使請
旨簡放

174
鈐章
宣統元年二月十八日内閣奉
上諭福建興泉永道員缺著郭道直補授欽此
軍機大臣署名
臣奕
臣世

175

福建興泉永道員缺請

旨簡放

臣張
臣鹿
臣那假

176

鈐章

宣統元年二月十八日奉

上諭安徽皖南鎮總兵員缺著王文煥補授欽此

軍機大臣署名

臣奕
臣世
臣張
臣鹿
臣那假

177

安徽皖南鎮總兵甘肅河州鎮總兵各員缺請

旨簡放

178

鈐章

宣統元年二月十八日内閣奉

上諭甘肅河州鎮總兵員缺著何宗蓮補授欽此

軍機大臣署名

臣奕
臣世
臣張
臣鹿
臣那假

179

鈐章

軍機大臣欽奉

諭旨郵傳部奏報銷光緒三十三年至三十四年鐵路辦公經費收支款目開單呈覽一摺又奏報銷三十四年分收支經費數目開單呈覽一摺又片奏各路盈虧大概情形列表呈覽均著度支部知道單表併發欽此

軍機大臣署名

臣奕

臣世
臣張
臣鹿
臣那假

180

鈐章

軍機大臣欽奉

諭旨郵傳部奏覈銷贖電收支款目開單呈覽一摺
著度支部知道單併發欽此

軍機大臣署名

臣奕
臣世
臣張
臣鹿
臣那假

二月十八日

181

鈐章

軍機大臣欽奉

諭旨郵傳部奏彙陳光緒三十二年九月起至三十
四年年終鐵路收撥借用各款開單呈覽一摺著
度支部知道單併發欽此

軍機大臣署名

臣奕
臣世
臣張
臣鹿
臣那假

二月十八日

182

鈐章

軍機大臣欽奉

諭旨沈家本奏法律學堂收支款目開單奏銷一摺
著照所請該部知道單併發欽此

軍機大臣署名

臣奕
臣世
臣張

二月十八日

臣鹿

臣那假

183

鈐章

軍機大臣欽奉

諭旨農工商部奏請將該部款項送交度支部庫收

存一摺着依議欽此

軍機大臣署名

臣奕 臣世 臣張 臣鹿 臣那假

二月十八日

184

鈐章

軍機大臣 字寄

各直省督撫 宣統元年二月十九日奉

上諭御史李浚奏禁止苛捐苛罰責成府州考察所

屬及門丁報捐官職作為委員一摺着各省督撫

按照所陳各節認真整頓分別考覈查禁原摺着

鈔給閱看欽此遵

旨寄信前來

軍機大臣署名

臣奕 臣世 臣張 臣鹿 臣那假

鈐章署名原件寄直督鈔寄各直省督撫

185

鈐章

宣統元年二月十九日內閣奉

上諭廣州漢軍副都統莊健奏因病懇請開缺一摺

莊健着准其開缺回京當差欽此

軍機大臣署名

臣奕

186

鈐章

軍機大臣欽奉

諭旨郵傳部左參議李稷勳奏弊蠹亟宜廓清新政

亟待修舉請及時整飭以求實效一摺着會議政

務處議奏欽此

二月十九日

臣世 臣張 臣鹿 臣那假

軍機大臣署名

二月十九日

臣奕 臣世 臣張 臣鹿 臣那假

187

鈐章

宣統元年二月十九日奉

旨春祿著調補廣州漢軍副都統所遺鑲黃旗蒙古

副都統著廣綺補授欽此

軍機大臣署名

臣奕 臣世 臣張 臣鹿 臣那假

由滿屋繕旨

188

鈐章

軍機大臣欽奉

諭旨民政部奏

德宗景皇帝梓宮奉移

西陵梁格莊暫安沿途支搭

蘆殿估計實需錢糧數目請由度支部給發一摺著依

議又片奏

西陵梁格莊行宮内外支搭平臺戳橋等項擬派員前
往勘估等語知道了欽此
軍機大臣署名
臣奕 臣世 臣張 臣鹿 臣那假

二月二十日

189

鈐章

軍機大臣欽奉
諭旨憲政編查館奏遵辦統計政要擬從民政財政
入手編訂表式酌舉例要開單呈覽一摺著依議
欽此
軍機大臣署名
臣奕 臣世 臣張

臣鹿 臣那

二月二十日

190

鈐章

軍機大臣欽奉
諭旨法部奏交審要案節目繁重謹陳訊供情形請
飭信勤就近確切詳查迅速咨部一摺著依議欽此
軍機大臣署名
臣奕 臣世 臣張 臣鹿 臣那假

二月二十日

191

鈐章

宣統元年二月二十二日内閣奉
上諭河南南汝光道員缺著于滄瀾補授欽此

192

鈐章

軍機大臣欽奉

諭旨三月十二日

德宗景皇帝梓宮奉移梁格莊

行宮暫安是日

觀德殿梓宮前由

監國攝政王代詣奠酒行禮欽此

軍機大臣署名

臣奕 臣世 臣張 臣鹿

軍機大臣署名

臣奕 臣世 臣張 臣鹿 臣那假

193

鈐章

軍機大臣欽奉

諭旨

德宗景皇帝梓宮奉移梁格莊

行宮暫安沿途行朝奠禮夕奠禮著派禮親王世鐸

恭代暫安次日行饗奠禮著派睿親王魁斌恭代

欽此

軍機大臣署名

二月二十二日

臣奕 臣世 臣張 臣鹿 臣那假

二月二十二日

臣那假

194

鈐章

軍機大臣欽奉

諭旨此次查驗詢問保薦人才著仍派榮慶梁敦彥瑞良嚴修俞廉三欽此

軍機大臣署名

臣奕

臣世

臣張

臣鹿

臣那假

二月二十二日

195

榮慶

梁敦彥

瑞良

嚴修

俞廉三

196

鈐章

軍機大臣欽奉

諭旨都察院代遞廣東京官禮部簿正沈宗畸等以已革江西試用知府黎廷輔等被參冤抑懇恩開復原官銜翎呈一件著照所請該部知道欽此

軍機大臣署名

臣奕

臣世

臣張

臣鹿

臣那假

二月二十三日

197

鈐章

宣統元年二月二十四日内閣奉

上諭禁煙一事乃今日自強實政教養大端於衛生足民興地利塞漏卮各節皆有極大關係萬國屬目贊助同般特是禁吸禁種及籌款抵補洋土藥稅釐三事相為表裏儻一端辦理不力則其二端

不免牽制觀望恐限滿仍難收效比年以來雖疊經禁煙大臣暨各省督撫將沾染嗜好各官查驗參處然玩違欺飾者仍復實繁有徒至各省種煙地畝初定章程本限十年遞減嗣據雲南四川山西直隸黑龍江等省奏請該省於一年內全行禁種任事頗屬奮往惟究竟各省禁種是否一律認真地方官能否於禁種鴉片之外勸種有益衣食各項植物俾令小民樂從至此項稅釐關繫軍餉大宗近據度支部奏請酌加各省鹽價以為抵補此項稅釐之策當經允行惟鹽斤加價合計不過四五百萬不敷尚多朝廷求治維殷既憤國民積弱之難振復慮友邦期望之難副言念及此宵旰憂焦特此再行申諭禁吸一事文武職官責之禁煙大臣及京外各衙門長官務須認真糾察不得徇情避怨各營兵夫各學堂師生責之該管長官尤須立即嚴行禁絕至於商民人等責之民政部暨各省督撫順天府尹及管理地方之將軍都統等亦須多訪良方設局施藥勵其廉恥酌限東西各國辦法設法減癮由少而無期於比戶可封而後已其禁種一事亦責之各省督撫順天府尹及管理地方之將軍都統等酌量本省情形督飭所屬認真禁拔相其土宜改務為良定當考其成績優予獎擢並由民政部查核其抵補稅釐一事責之度支部悉心擘畫此時籌款誠艱要當權其利害輕重多方籌集迅速舉行各省督撫如有抵補良策亦著奏陳備采俾查禁者不至瞻顧進款因循寡效國家財用雖絀豈恃此酖酒漏脯以救飢渴而不為吾民除此巨害耶似此各分權限各專責成不得互相推諉務須各盡乃職相助為理以蠲成朝廷利用厚生之盛治京外各衙門接奉此旨後各將該衙門如何辦法自行切實覆奏

欽此

軍機大臣署名

臣奕　臣世　臣張　臣鹿　臣那 假

198

鈐章

軍機大臣欽奉

諭旨此次驗看之開缺廣西太平思順道馮相榮著

發往廣西以道員補用欽此

軍機大臣署名

臣奕 臣世 臣張 臣鹿 臣那假

199

開缺廣西太平思順道馮相榮

硃○旨著發往廣西以道員補用

200

鈐章

宣統元年二月二十七日內閣奉

上諭雲貴總督李經羲著加恩在紫禁城內騎馬欽此

軍機大臣署名

臣奕

臣世 臣張 臣鹿 臣那假

201

軍機大臣欽奉

諭旨孫家鼐等奏謹擬進呈講義事宜開單呈覽一

摺著按照圖出各書另行分認撰擬講義於閏二月

初一日起進呈欽此

軍機大臣署名

臣奕 臣世 臣張 臣鹿 臣那假

202

鈐章

軍機大臣欽奉

諭旨御史徐定超奏司法官制關繫憲政始基擬請

詳加釐正一摺著會議政務處憲政編查館議奏

欽此

軍機大臣署名

臣奕　臣世　臣張　臣鹿　臣那假

203

鈐章

宣統元年二月二十八日内閣奉

上諭廣西提督著龍濟光補授欽此

軍機大臣署名

臣奕　臣世　臣張　臣鹿　臣那假

204

鈐章

軍機大臣欽奉

諭旨郵傳部奏覆陳查勘西潼鐵路路綫股資大概

情形一摺又片奏新易鐵路改歸京漢鐵路管轄

等語均知道了欽此

軍機大臣署名

臣奕　臣世　臣張　臣鹿　臣那假

二月二十八日

205

鈐章

軍機大臣欽奉

諭旨農工商部奏議覆御史王履康奏請振興絲業

飭由上海商會籌擬章程一摺著依議欽此

軍機大臣署名

臣奕

二月二十八日

臣世 臣張 臣鹿 臣那假

206

鈐章

宣統元年二月二十九日內閣奉

上諭廣西左江道員缺著紀堪謹補授欽此

軍機大臣署名

臣奕假 臣世 臣張 臣鹿 臣那假

207

廣西左江道員缺請

旨簡放

208

鈐章

宣統元年二月三十日內閣奉

上諭廣西桂林府知府員缺緊要著該撫於通省知府內揀員調補所遺員缺著敦崇補授欽此

軍機大臣署名

臣奕 臣世 臣張 臣鹿 臣那假

209

廣西桂林府遺缺知府員缺請

旨簡放

210

鈐章

宣統元年二月三十日內閣奉

上諭度支部奏酌擬清理財政處各項章程一摺清理財政為預備立憲第一要政各省監理官又為清理財政第一關鍵所有正監理官著該部自丞參以下開單請簡俾昭慎重其副監理官著即由

該部奏派餘依議單併發欽此

軍機大臣署名

臣奕 臣世 臣張 臣鹿 臣那假

211

欽奉

軍機大臣欽奉

諭旨貝勒載洵等奏謹將

崇陵規模燙樣全分呈覽一摺又片奏請飭欽天監於

閏二月內敬謹選擇興工吉期等語均著依議欽此

軍機大臣署名

臣奕 臣世 臣張 臣鹿 臣那假

二月三十日

212

鈐章

軍機大臣欽奉
諭旨領侍衛內大臣奏一品廕生榮齡或作為三等
侍衛抑或作為四等侍衛請旨一摺榮齡著作為
三等侍衛欽此

軍機大臣署名
臣奕
臣世
臣張
臣鹿
臣那假

閏二月初一日

213

鈐章

宣統元年閏二月初二日內閣奉
上諭三載考績為國家激揚大典內外滿漢諸臣有
能共濟時艱勞勩最著者尤宜特加甄敘其年庸
衰病者亦難曲予優容茲當京察屆期吏部開單
奏請朕詳加披閱軍機大臣總理外務部事務慶
親王奕劻謹慎忠純勳勞懋著竭誠籌畫悉協機
宜著交宗人府從優議敘大學士世續張之洞協
辦大學士尚書鹿傳霖大學士那桐同心襄贊共
矢慎勤均著交部議敘大學士孫家鼐老成厚重
眾望交孚新授東三省總督錫良力任艱鉅勞怨
不辭直隸總督楊士驤宣勤繼軸籌畫精詳兩江
總督端方規模宏遠應變有方山東巡撫袁樹勛
籌辦新政任事實心均著交部議敘民政部右侍
郎趙秉鈞聲名平常著原品休致餘著照舊供職
欽此

軍機大臣署名
臣奕
臣世
臣張
臣鹿
臣那假

214

鈐章

宣統元年閏二月初二日內閣奉

上諭民政部左侍郎著烏珍補授林紹年著調補民
政部右侍郎欽此

軍機大臣署名

臣奕
臣世
臣張
臣鹿
臣那假

215

鈐章

軍機大臣欽奉

諭旨清明令節致祭

奉先殿後殿著派貝勒載潤恭代行禮欽此

軍機大臣署名

臣奕
臣世
臣張
臣鹿

臣那假

閏二月初二日

216

鈐章

軍機大臣欽奉

諭旨吏部奏遵議兩淮鹽運使趙濱彥處分降一級
調用公罪可否准其抵銷一摺著准其抵銷欽此

軍機大臣署名

臣奕
臣世
臣張
臣鹿
臣那假

閏二月初二日

217

鈐章

軍機大臣欽奉

諭旨吏部奏恭遇恩詔應否給廕各官開單請旨一
摺其曾任實缺應給廕者著准其給廕餘均毋庸

給廕欽此

軍機大臣署名

臣奕 臣世 臣張 臣鹿 臣那假

閏二月初二日

218

鈐章

軍機大臣欽奉

諭旨呂海寰等奏濟南黄河橋空加寛派員核實勘
估一摺著該大臣等隨時體察情形妥愼辦理又
奏改派直隸公司總理協理各員一片又奏援案
請將回籍籌商路事各員免扣資俸一片均知道
了欽此

軍機大臣署名

臣奕 臣世 臣張

臣鹿 臣那假

閏二月初二日

219

查本處光緒三十二年奏定新章額設章京滿
十六員漢十八員均開去底缺以原官充補新
傳人員試看一年奏留候補者再三年期滿作
為實官
京察年分仿照奏事官之例每六員保送一等一
員又查吏部則例内載
京察按各衙門額缺多寡事務繁簡分別定額各
等語是保送
京察向例均按額缺計算本處章京設有定額與
各衙門司員設有定缺事同一律惟該章京等
補額本非一時補官即有先後綜計滿漢章京
三十四員斷無全數補齊實官之一日若以實
缺人數不敷之故不能照額保送一等則該章
京等有曾補實官行走多年者反致向隅殊不
足以資鼓勵擬懇

恩每遇
京察年分准照奏定額缺不論實缺候補合併計
算每六員内遴選實官合例者保送一等一員
如蒙
俞允由臣等咨送各該衙門照章辦理至上年因事
務較煩奏准添傳漢章京二員嗣後可否作為
定額臣等未敢擅便請
旨遵行謹
奏
宣統元年閏二月初二日奉
旨依議欽此

220
鈐章
宣統元年閏二月初三日内閣奉
上諭倉場侍郎著俞廉三補授欽此
軍機大臣署名
臣奕
臣世

221
候補侍郎名單
○侍郎用俞廉三
臣張
臣鹿
臣那假

222
鈐章
宣統元年閏二月初三日内閣奉
上諭左翼總兵著鶴春署理欽此
軍機大臣署名
臣奕
臣世
臣張
臣鹿
臣那假

223
左右翼翼尉名單
○左翼翼尉鶴春
右翼翼尉德瑞

224

鈐章

軍機大臣欽奉

諭旨欽天監奏選擇

崇陵興工吉期一摺著於閏二月十七日敬謹興工欽此

軍機大臣署名

臣奕　臣世　臣張　臣鹿　臣那假

閏二月初三日

225

鈐章

軍機大臣欽奉

諭旨都察院奏代遞吏部員外郎黄允中條陳立憲期近學務有關憲政敬擬管見呈一件著學部知道欽此

軍機大臣署名

臣奕

226

鈐章

軍機大臣欽奉

諭旨都察院奏代遞稟生趙榮章等移墾實邊條陳一件著農工商部知道欽此

軍機大臣署名

臣奕　臣世　臣張　臣鹿　臣那假

閏二月初三日

臣世　臣張　臣鹿　臣那假

227

鈐章

宣統元年閏二月初三日内閣奉

228

上諭都察院奏現屆舉行京察之期謹將聲名平常
未孚衆望之員據實糸劾一摺給事中李灼華李
雲南道御史俾壽掌浙江道御史常徽均著回原
衙門行走欽此

軍機大臣署名

臣奕
臣世
臣張
臣鹿
臣那 假

應調侍郎名單
外務部右侍郎鄒嘉來
吏部左侍郎唐景崇
右侍郎于式枚 現在出差
度支部右侍郎陳邦瑞
禮部右侍郎郭曾炘
學部左侍郎嚴修
法部右侍郎沈家本 現充修訂法律大臣

229

農工商部右侍郎楊士琦
郵傳部左侍郎汪大燮 現在出差
右侍郎盛宣懷 現在出差

應升侍郎名單
内閣學士楊佩璋
李聯芳
吴郁生 現署郵傳部左侍郎
王垿 現署法部右侍郎
都察院副都御史陳名侃
宗人府府丞朱益藩
大理院少卿劉若曾
翰林院學士許澤新

230

副都統名單
希朗阿
秦綬章
祥普
秀吉

兜欽
景恩
全福
伊立布
敬昌
英信
善豫 假
誠全
祥年
塔克什訥
文泰
廣綺
善雄
溥倬
王英楷
吉陞
達賚
瑞啟
恆順

承祜
棍布札布
常山
玉璋
岳樑
豐陞阿 假
段祺瑞
卓凌阿
都凌阿 假
蘇嚕岱
慶綿
豐深
希璋
顧璜
馮國璋
志鈞
連魁
訥欽泰
額勒春

文璞
良泰

231

鈐章

宣統元年閏二月初四日内閣奉

上諭國家設官分職各有應盡責任現在朝廷預備
立憲屢降諭旨不啻三令五申然所望於贊助新
猷實爲内外諸臣是賴近觀内外諸臣中公忠體
國勤勞將事者固不乏人然涉於推委敷衍者仍
所難免自此宣諭以後内則責成各該部院衙門
堂官外則責成各省督撫大吏舉凡應辦要政及
一切關於預備立憲各事宜皆當次第籌畫督率
所屬官員認真辦理上以副朝廷倚畀之隆下以
慰薄海蒼生之望如能各盡其職定必優加賞賚
儻敢敷衍因循空言塞責放棄責任上以諉過於
朝廷下以累及於民庶朕惟治以應得之咎決不
姑從寬貸也將此通行曉諭知之欽此

軍機大臣署名

臣奕

臣世
臣張
臣鹿
臣那 假

232

鈐章

宣統元年閏二月初四日内閣奉

上諭禮部議奏滿漢服制一摺現當預備立憲滿漢
服制一事尤爲倫紀攸關自應統歸畫一嗣後内
外各衙門丁憂人員無論滿漢一律離任終制其
有責任重要關繫大局勢難暫離不能不從權奪
情者應聽候特旨遵行至一切喪服事宜着禮學
館詳細編訂奏明辦理另片奏丁憂之漢員在外
投効滿員在部當差應如何定章請飭吏部詳議
具奏等語著會議政務處會同吏部議奏欽此

軍機大臣署名

臣奕
臣世
臣張

臣鹿
臣那假

233

鈐章

宣統元年閏二月初四日内閣奉

上諭昨日吳士鑑所進西洋通史講義尚屬可觀嗣
後進講諸臣務當於各書中有關一切新政憲法
之處詳慎採擇剴切敷陳俾有益於朕殷殷求治
變法維新之至意斷不可摭拾空言謬論無補時
艱為要欽此

軍機大臣署名

臣奕
臣世
臣張
臣鹿
臣那假

234

鈐章

宣統元年閏二月初四日内閣奉

上諭昨據都察院奏劾李灼華等一摺已照所請懲
處矣朝廷為言路中揚清激濁具有深衷嗣後凡
有言責諸臣仍當慎體朕意於一切新政得失利
病吾民疾苦皆須剴切敷陳屏除邪說當以李灼
華等為戒勿蹈故轍用副朝廷虛懷納諫期裨萬
幾之至意欽此

軍機大臣署名

臣奕
臣世
臣張
臣鹿
臣那假

235

鈐章

軍機大臣欽奉

諭旨本月十五日

孝欽顯皇后几筵前

德宗景皇帝几筵前行清明致祭禮均由

監國攝政王代詣行禮欽此

軍機大臣署名

臣奕

臣世

臣張

臣鹿

臣那假

閏二月初四日

236

鈐章

軍機大臣欽奉

諭旨禮部奏禮學開館酌擬凡例開單進呈并擬派

提調一摺著依議又片奏請特簡大員會同該部

總理禮學館事宜兼綜纂訂等語著派前內閣學

士陳寶琛欽此

軍機大臣署名

臣奕

臣世

臣張

臣鹿

臣那假

閏二月初四日

237

鈐章

軍機大臣欽奉

諭旨會議政務處奏遵議幣制重要宜策萬全請飭部

設局調查一摺又奏議覆陳夔龍奏改定幣制先

事籌慮請飭部一併籌辦一片均著依議欽此

軍機大臣署名

臣奕假

臣世

臣張

臣鹿

臣那假

閏二月初五日

238

鈐章

宣統元年閏二月初五日奉

旨蘇州織造仍著械興接管毋庸更換欽此

軍機大臣署名

臣奕假

臣世

臣張
臣鹿
臣那假

239

鈐章

宣統元年閏二月初六日内閣奉

上諭大學士那桐所司一切職任均屬重要關繫大局現在丁憂穿孝均著改為署任俟百日孝滿後即行照常入直并進署辦事該大學士務當移孝作忠勉圖報稱欽此

軍機大臣署名

臣奕
臣世
臣張
臣鹿
臣那假

240

鈐章

宣統元年閏二月初六日内閣奉

上諭步軍統領貝勒毓朗農工商部左侍郎熙彥均係丁憂尚未服闋惟毓朗所任步軍統領管轄地面關繫重要熙彥係開辦農工商部在事之員情形熟悉均著改為署任照常進署辦事欽此

軍機大臣署名

臣奕
臣世
臣張
臣鹿
臣那假

241

鈐章

宣統元年閏二月初六日内閣奉

上諭署江北提督王士珍署歸化城副都統三多均係丁憂尚未服闋著仍留署任欽此

軍機大臣署名

臣奕
臣世
臣張

242

步軍統領貝勒毓朗
軍機大臣大學士那
農工商部左侍郎熙彦
内閣學士壂麒
署江北提督王士珍
歸化城副都統三多

臣鹿
臣那假

243

鈐章
宣統元年閏二月初六日内閣奉
上諭此次驗看之辦學期滿翰林院庶吉士馬蔭榮
林世燾均著授職編修欽此
軍機大臣署名
臣奕
臣世
臣張
臣鹿
臣那假

244

鈐章
宣統元年閏二月初六日奉
旨此次補行驗看之游學畢業生顧德鄰著賞給法
政科進士欽此
軍機大臣署名
臣奕
臣世
臣張
臣鹿
臣那假

245

軍機處交宗人府轉傳慶親王年高爵尊輩分
較長免其在
文華殿班見相應轉傳遵照可也
閏二月初六日

246

宗人府開送近支王屬尊者單
慶親王奕

247

宗人府開送近支王貝勒等清單
莊親王載功現年五十一歲
貝勒載潤現年三十二歲
貝子銜奉恩鎮國公載澤現年四十二歲
貝子銜鎮國將軍載振現年三十四歲

248

欽章

宣統元年閏二月初七日内閣奉

上諭前雲南巡撫督辦雲南礦務大臣唐炯起家牧令於咸豐同治年間在四川貴州等省守城勦匪歷著戰功並經丁寶楨奏派創辦四川官運鹽務歲增鉅款洊擢雲南巡撫因事革職朝廷念其前勞派令督辦礦務復因病准其開去差使並賞還巡撫銜上年重逢鄉舉賞加太子少保銜兹聞溘逝軫惜殊深著加恩照巡撫例賜卹一切處分悉予開復應得卹典該衙門察例具奏欽此

軍機大臣署名

臣奕假

249

欽章

軍機大臣欽奉

諭旨貝勒載濤等奏擬訂禁衛軍服色章記繪具圖式清單呈覽一摺又奏繪擬禁衛軍標旗及馬隊旗式呈覽一摺又奏繪擬訓練大臣徽章及射擊徽章式樣呈覽一摺又片奏製發官員夫役軍衣等語均著依議圖單併發又片奏開用關防日期知道了欽此

軍機大臣署名

臣奕假
臣世
臣張
臣鹿
臣那假
臣世
臣張
臣鹿

臣那假

閏二月初七日

250

鈐章

軍機大臣欽奉

諭旨憲政編查館奏議覆國籍條例開單呈覽一摺

著依議欽此

軍機大臣署名

臣奕假

臣世

臣張

臣鹿

臣那假

閏二月初七日

251

鈐章

軍機大臣欽奉

諭旨步軍統領衙門奏請暫留升任總兵王文煥一

摺著准其暫留該部知道欽此

軍機大臣署名

臣奕假

臣世

臣張

臣鹿

臣那假

閏二月初七日

252

光緒二十八年八月初九日内閣奉

上諭前任山東巡撫張汝梅由軍功起家洊膺疆寄

講求吏治籌辦賑撫頗著勞勣茲聞溘逝軫惜良

深加恩著開復降級處分照巡撫例賜卹應得卹

典該衙門察例具奏欽此

253

光緒十九年二月二十三日内閣奉

上諭吳大澂奏大員在籍病故代遞遺疏一摺原任

山東巡撫陳士杰於咸豐年間在湖南本籍帶勇

防堵屢著戰功嗣由監司洊擢封圻克勤厥職旋

奉旨來京候簡賞假回籍茲聞溘逝軫惜殊深陳

士杰著加恩照巡撫例賜卹任内一切處分悉予
開復應得卹典該衙門察例具奏欽此

254

鈐章

宣統元年閏二月初八日内閣奉
上諭榮慶等奏查驗續經報到薦舉各員分別加考
開單呈覽一摺所有開復原銜前湖南候補道全
還著查驗大臣榮慶等帶領引見前署江西提學
使汪詒書調補江西吉南贛寧道俞明頤存記海
關道留直補用道李德順升用道廣西平樂府知
府徐宗蔭著自本月初十日起按照名次先後每
日二員呈遞膳牌伺候召見如是日未經召見仍
於次日預備欽此

軍機大臣署名

臣奕
臣世
臣張
臣鹿
臣那假

255

鈐章

宣統元年閏二月初八日内閣奉
上諭墨麒奏懇請開缺終制一摺内閣學士墨麒著
准其開缺終制欽此

軍機大臣署名

臣奕
臣世
臣張
臣鹿
臣那假

256

鈐章

軍機大臣欽奉
諭旨農工商部奏華商創用新法試鍊純銻擬請暫
准酌減稅項並給予專辦年限一摺著依議欽此

軍機大臣署名

臣奕
臣世
臣張

臣鹿
臣那假

閏二月初八日

257

鈐章

軍機大臣欽奉

諭旨郵傳部奏酌擬鐵路接聯營業辦法一摺知道
了欽此

軍機大臣署名

臣奕
臣世
臣張
臣鹿
臣那假

閏二月初八日

258

鈐章

軍機大臣欽奉

諭旨御史石長信奏請改各省兵備道為兵備使司
監督該省營務一摺著會議政務處議奏欽此

軍機大臣署名

臣奕
臣世
臣張
臣鹿
臣那假

閏二月初八日

259

鈐章

軍機大臣欽奉

諭旨御史石長信奏輸助海軍優加爵賞請飭部釐
訂等差章程一摺著度支部議奏欽此

軍機大臣署名

臣奕
臣世
臣張
臣鹿
臣那假

閏二月初八日

260

鈐章

軍機大臣欽奉

諭旨御史石長信片奏舉貢考取小京官升轉壅滯

可否酌減到部年限請飭部妥定章程等語著吏

部議奏欽此

軍機大臣署名

臣奕

臣世

臣張

臣鹿

臣那假

閏二月初八日

261

滿頭班

花翎二品銜領班三品章京英秀

花翎二品銜幫領班四品章京文年

四品銜在任即選知府選缺後以道員補用章京郎中成俊

三品銜章京郎中榮元

在任即選道章京郎中鍾佩

先換頂戴在任即選知府章京員外郎麟祥

花翎三品銜章京侍讀裕銘

五品銜章京候補侍讀中書海桂

額外章京法部候補員外郎伊密揚阿

漢頭班

花翎領班三品章京劉穀孫

花翎領班章京上行走候補五品京堂楊壽樞

幫領班四品章京胡彤恩

三品銜章京員外郎劉慶篤

花領四品銜章京候補主事趙國良

章京候補主事張潤

章京主事宋子睞

章京候補主事許保蘅

額外章京三品銜　記名繁缺知府陸軍部候補郎中楊芾

額外章京原工部候補主事曾文玉

花領四品銜額外章京民政部郎中舒鴻貽

滿二班

花翎二品銜領班三品章京文徵

花翎幫領班四品章京文綬
花翎三品頂戴章京郎中榮奎
花翎三品銜即選知府章京郎中常泰
章京候補主事鴻恩
章京候補主事興廉
四品銜章京員外郎星輅
章京錄事官松海
漢二班
二品銜領班三品章京易貞
幫領班四品章京趙廷珍
三品銜章京　記名繁缺知府郎中孫筍經
三品頂戴章京員外郎陳鴻翼
章京候補主事盧文明
章京候補主事邢維經
五品銜章京候補主事徐廣恩
三品頂戴章京員外郎萬雲路
章京主事雷延壽
額外章京　記名遇缺題翰林院編修楊渭

262

鈐章

宣統元年閏二月初九日内閣奉

上諭占鳳奏懇請開缺終制一摺内閣侍讀學士占

鳳著准其開缺終制欽此

軍機大臣署名

臣奕

臣世

臣張

臣鹿

臣那　假

263

鈐章

軍機大臣欽奉

諭旨御史史履晉奏唐山礦務一片著外務部知道

欽此

軍機大臣署名

臣奕

臣世

臣張

264

臣鹿
臣那假
閏二月初九日
鈐章
軍機大臣欽奉
諭旨內務府奏遵議熱河苑丞松慶千總福明處分
議以降一級留任公罪可否准其抵銷一摺著不
准抵銷欽此
軍機大臣署名
臣奕
臣世
臣張
臣鹿
臣那假

265

閏二月初九日
臣奕劻等跪
奏為恭摺奏

聞事竊查軍機處歷年所有漢字
諭旨寄信及議覆等項冊檔前於咸豐四年奏明每
屆三年繕辦一次自光緒三十一年辦理以後
上年復屆繕辦之期曾經奏請繕錄並聲明將
出力之供事隨案擬保奏准在案臣等遵即查
照成例傳內閣中書十六員分冊繕寫並揀派
章京總司校勘計自光緒三十一年正月起至
光緒三十三年十二月止共現月檔三十七冊
逐日登記簿十二冊電寄檔十二冊引
見檔六冊早事檔十二冊並將積年舊檔一律補綴
齊全查歷屆辦理清漢檔冊告竣均經奏蒙
賞給議敘在案所有此次承辦各員及在館供事等
可否比照歷屆告竣之例酌給獎敘出自
天恩如蒙
俞允即由臣等查明各該員功課及供事分別等第
咨部辦理所有軍機處漢檔告竣緣由恭摺具
陳伏乞
皇上聖鑒謹
奏

宣統元年閏二月初九日奉
旨依議欽此

臣奕劻
臣世續
臣張之洞
臣鹿傳霖
臣那桐假

臣奕劻等跪
奏為循例酌保章京懇請獎勵恭摺仰祈
聖鑒事查向例軍機處行走章京每屆三年擇其當
差尤為勤奮者滿漢各酌保數員請
旨諒予鼓勵歷經遵辦在案又奏定新章再遇修檔
年分章京等以
封典虛銜請獎等語茲查光緒三十二年保奏之後
至今已逾三年臣等留心察看查照定章於滿
漢章京內擇其資序在前及辦事勤奮者數員
公同酌擬四品銜在任即選知府選缺後以道
員補用郎中成俊在任即選道郎中鍾佩均請
加三品銜候補主事鴻恩興廉那維經徐廣恩
均請加四品銜三品頂戴員外郎萬雲路請俟
得四品後加二品銜主事宋子聯請加四品銜
以上所保員數與歷屆成案及奏定新章相符
合無仰懇
天恩俯准照所請獎勵以昭激勸所有循例酌保章
京緣由理合恭摺具陳伏乞
皇上聖鑒謹
奏

宣統元年閏二月初九日奉
旨依議欽此

臣奕劻
臣世續
臣張之洞
臣鹿傳霖
臣那桐假

再查歷屆繕辦漢字檔案告竣所有派出總司
校對之章京及尤為出力之供事均經懇請鼓
勵奉
旨允准在案此次派出總校之章京趙國良等總司
校對頗為詳慎平日行走亦皆奮勉自應參酌
定章量予鼓勵合無仰懇
天恩准將花翎四品銜候補主事趙國良俟得四品後
賞加二品銜候補主事張潤盧文明均
賞加四品銜並請將尤為出力承辦之供事候選從
九品王汝金以河工州判分省歸候補班補用
俟補缺後在任以通判補用並加五品銜候選
未入流劉長蘇以縣丞分省歸候補班補用俟
補缺後在任以知縣補用並加五品銜候選鹽
經歷魯士貞以布經歷分省歸候補班補用俟
補缺後以鹽提舉在任候補先換頂戴候選從
九品程維周以鹽大使分省歸候補班補用俟
補缺後在任以知縣補用並加五品銜候選未
入流韓嘉楨以鹽大使分省歸候補班補用俟
補缺後在任以知縣候補並加五品銜供事王

庭葳以縣丞分省歸候補班補用俟補缺後在
任以知縣補用並加五品銜供事汪師度以縣
丞分省歸候補班補用俟補缺後在任以知縣
候補並加五品銜選用從九品成鴻澤以鹽大
使分省歸候補班補用俟得缺後在任以知縣
補用並加五品銜候選未入流田庚辛以縣丞
分省歸候補班補用俟補缺後在任以知縣補
用並加五品銜候選縣丞葉桐以知縣分省歸
候補班補用俟補缺後在任以直隸州知州補
用先換頂戴鹽提舉銜候選縣丞楊灼以知縣
分省歸候補班補用俟補缺後在任以直隸州
知州補用候選未入流劉釗以鹽大使分省歸
候補班補用俟補缺後在任以知縣候補候選
縣丞楊慶祺以知縣分省歸候補班補用俟補
缺後以直隸州知州補用先換頂戴候選縣丞
徐廣鎔以知縣分省歸候補班補用俟補缺後
在任以直隸州知州候補先換頂戴候選縣丞
孫寶璋以知縣分省歸候補班補用俟補缺後
以直隸州知州在任候補先換頂戴候選從九

品吴先培以鹽大使分省歸侯補班補用侯補
缺後在任以知縣補用候選布理問黃錫疇以
知州分省歸侯補班補用侯補缺後在任以直
隸州知州補用候選縣丞楚寶卿以知縣分省
歸侯補班補用並加五品銜以示鼓勵謹附片
具陳伏乞
聖鑒謹
奏
宣統元年閏二月初九日奉
旨依議欽此

268

鈐章

軍機大臣　字寄
各省將軍都統督撫　宣統元年閏二月初十日奉
上諭有人奏請豁免州縣攤款等語各省攤款一項
實足為地方官之累著各督撫查明司道府各衙
門攤捐款項分別是否重要政務必需之款應否
裁除詳晰妥酌奏明辦理武營攤款並著各將軍
都統督撫一併酌辦原摺著鈔給閱看欽此遵
旨寄信前來
軍機大臣署名
臣奕　臣世　臣張　臣鹿　臣那 假

269

鈐章

宣統元年閏二月初十日內閣奉
上諭良揆奏懇請開缺終制一摺禮部左參議良揆
著准其開缺終制欽此
軍機大臣署名
臣奕　臣世　臣張　臣鹿　臣那 假

270

鈐章

軍機大臣欽奉

諭旨署法部右侍郎王垿奏恭查

西陵各項工程分别緩急擇要興修估計錢糧數目開

單呈覽一摺着依議又片奏查驗行制樹株等語

知道了欽此

軍機大臣署名

臣奕

臣世

臣張

臣鹿

臣那假

閏二月初十日

271

鈐章

軍機大臣欽奉

諭旨理藩部奏滿洲郎中三壽聲名平常據實糸劾請休

致一摺着依議欽此

軍機大臣署名

臣奕

272

保薦人才員名單

前署江西提學使汪詒書

擬請

旨交軍機處存記

調補江西吉南贛甯道俞明頤

擬請

旨着以應升之缺交軍機處存記

存記海關道留直補用道李德順

擬請

旨著仍以海關道記名簡放

升用道廣西平樂府知府徐宗蔭

擬請

閏二月初十日

臣世

臣張

臣鹿

臣那

旨著在任以道員記名簡放
開復原銜前湖南候補道金還
擬請
旨著以知府補用
補用直隸州知州前河南候補知縣陳文藻
擬請
旨著以直隸州知州仍發往河南遇缺即補

273

鈐章

宣統元年閏二月十二日內閣奉
上諭續經報到保薦人才經派榮慶等查驗詢問茲已一律召見引見完竣所有開單之前署江西提學使汪貽書著交軍機處存記調補江西吉南贛甯道俞明頤著以應升之缺交軍機處存記存記海關道留直補用道李德順著仍以海關道記名簡放升用道廣西平樂府知府徐宗蔭著在任以道員記名簡放開復原銜前湖南候補道金還著以知府補用補行引見之補用直隸州知州前河南候補知縣陳文藻著以直隸州知州仍發往河南遇缺即補欽此

軍機大臣署名

臣奕 臣世 臣張 臣鹿假 臣那假

274

鈐章

宣統元年閏二月十二日內閣奉
上諭聯魁奏府廳州縣興學考成分別舉劾一摺所有實心興學之新疆焉耆府知府張銑前署烏什廳同知溫宿府知府彭緒瞻均著交部從優議敘其興學不力之前莎車府知府降補通判甘曜湘前代理英吉沙爾廳同知候補通判劉傑甯遠縣知縣李方學前署伽師縣知縣孚遠縣知縣王懋勳前署于闐縣知縣准補哈密廳通判安允升均著即行革職餘著照所議辦理該部知道欽此

軍機大臣署名

臣奕

臣世
臣張
臣鹿假
臣那假

275

鈐章

軍機大臣欽奉

諭旨貝勒載濤等奏請飭擬名勳章一摺著外務部陸軍部會議政務處議奏又片奏請飭訂親王以下奉恩將軍以上按級分定爵章等語著訓練禁衛軍大臣詳慎妥擬具奏又片奏鑲黃旗蒙古都統内務府大臣增崇報効購辦鎗枝銀一萬兩可否賞收等語此項報効銀兩准予賞收增崇著賞加尚書銜欽此

軍機大臣署名

臣奕
臣世
臣張
臣鹿假

臣那假

276

閏二月十二日

鈐章

軍機大臣欽奉

諭旨吏部奏新授雲貴總督李經羲可否給廕一片著准其給廕欽此

軍機大臣署名

臣奕
臣世
臣張
臣鹿假
臣那假

閏二月十二日

277

見人員

閏二月十二日引

查驗大臣帶領二人

278

閏二月十二日查驗大臣帶領引

見

開復原銜前湖南候補道金還

查驗第三期補行引

見

補用直隸州知州前河南候補知縣陳文藻

279

鈐章

軍機大臣　字寄

兩廣總督張　廣西巡撫張　宣統元年閏二月

十二日奉

上諭有人奏廣西臬司王芝祥破壞憲政袒庇私人

寃殺無辜誣陷善類一摺又片奏署廣西右江道沈

秉炎縱兵演戲聚賭右江鎮李國治煙癮甚深劉

匪疲玩等語著張人駿張鳴岐按照所參各節切

確查辦據實具奏毋稍迴護原摺片均鈔給閱看

欽此遵

旨寄信前來

軍機大臣署名

臣奕

280

鈐章

軍機大臣　字寄

廣西巡撫張　宣統元年閏二月十三日奉

上諭有人奏廣西練新軍裁防營必預策萬全而杜

後患一摺著張鳴岐將練新裁舊事宜妥慎籌辦

毋稍率忽又片奏廣西鐵路經費為先請將籌款

用人及勘路修路各辦法逐年預算列表具奏等

語並著該撫體察情形詳籌切實辦法隨時具奏

原摺片均鈔給閱看欽此遵

旨寄信前來

軍機大臣署名

臣奕

臣世

臣張

臣世

臣張

臣鹿

臣那　假

281

鈐章

軍機大臣欽奉

諭旨都察院奏降選府經縣丞前廣東試用知府徐書祥呈稱被參冤抑當經咨查兩廣總督張人駿覆稱經前督岑春煊委令該員勸加潮商報效該員以商情力難包認請歸官辦岑春煊遂以該員巧滑敷衍參處現查此項報効仍由官設局抽收該員從前請歸官辦尚非敷衍搪塞被參實係冤抑等語徐書祥著准其開復欽此

軍機大臣署名

臣奕
臣世
臣張
臣鹿
臣那假

閏二月十三日

282

鈐章

軍機大臣欽奉

諭旨民政部奏遵擬自治研究所章程繕單呈覽一摺著憲政編查館覈覆具奏單併發欽此

軍機大臣署名

臣奕
臣世
臣張
臣鹿
臣那假

閏二月十三日

283

鈐章

軍機大臣　字寄

江蘇巡撫陳　宣統元年閏二月十四日奉

上諭有人奏疆臣聲名狼藉事迹均有證據請派查辦一摺著陳啟泰按照所參各款秉公查明據實覆奏毋稍徇隱原摺著鈔給閱看欽此遵

旨寄信前來

軍機大臣署名

臣奕
臣世
臣張
臣鹿
臣那假

284

鈐章

宣統元年閏二月十四日內閣奉

上諭度支部奏請派充清理財政各省正監理官免開底缺分別派員署理一摺劉世珩管象頤程利川方碩輔王清穆均賞加三品卿銜其餘派出各員均賞加四品卿銜一律十六日起每日三員預備召見現在外省者均著迅速來京預備召見單併發欽此

軍機大臣署名

臣奕
臣世
臣張
臣鹿
臣那假

285

鈐章

軍機大臣欽奉

諭旨度支部奏印花票製成請頒發各省試辦一摺又片奏議覆前安徽巡撫馮煦奏印花稅驟難舉辦御史石鏡潢奏印花稅恐多窒礙各摺或原奏似為過慮或尚未悉印花辦法請毋庸置議等語均著依議欽此

軍機大臣署名

臣奕
臣世
臣張
臣鹿
臣那假

閏二月十四日

286

鈐章

軍機大臣欽奉

諭旨御史江春霖奏直隸唐山路礦學堂革退學生
太多請飭查辦一片著學部會同郵傳部查明具
奏欽此

軍機大臣署名

原件交學部另鈔郵傳部

臣奕
臣世
臣張
臣鹿
臣那假

閏二月十四日

287

鈐章

宣統元年閏二月十五日內閣奉
上諭禮部奏請簡左參議一摺禮部左參議著曹廣
權轉補李擢英著補授禮部右參議欽此

軍機大臣署名

臣奕
臣世
臣張

臣鹿
臣那假

288

鈐章

軍機大臣欽奉
諭旨學部奏請定游學畢業生廷試日期一摺著於
四月初十日考試欽此

軍機大臣署名

臣奕
臣世
臣張
臣鹿
臣那假

閏二月十五日

289

鈐章

宣統元年閏二月十六日內閣奉
上諭此次驗看進士館游學畢業及補習畢業各學
員所有考列優等之翰林院庶吉士程叔琳著授

職檢討並賞加侍講銜翰林院庶吉士王慶麟鴻
志高毓溯均著授職編修並賞加侍講銜欽此
軍機大臣署名
臣奕
臣世
臣張
臣鹿
臣那假

290

鈐章
軍機大臣欽奉
諭旨
德宗景皇帝几筵前行閏滿月禮由
監國攝政王代詣行禮欽此
軍機大臣署名
臣奕
臣世
臣張
臣鹿

臣那假

閏二月十六日

291

鈐章
軍機大臣欽奉
諭旨
孝欽顯皇后几筵前行閏滿月禮由
監國攝政王代詣行禮欽此
軍機大臣署名
臣奕
臣世
臣張
臣鹿
臣那假

閏二月十六日

292

鈐章
軍機大臣欽奉
諭旨派往

西陵梁格莊
暫安殿各項值班王公大臣侍衛等著照單開每班賞
給津貼數目由度支部按班發給欽此
軍機大臣署名
臣奕
臣世
臣張
臣鹿
臣那假
閏二月十六日

293
恭辦喪禮王大臣　五十兩
代
御前大臣　五十兩
王公　五十兩
御前侍衛　五十兩
乾清門侍衛　各三十兩
散秩大臣　三十兩
副都統　三十兩
大門章京侍衛　各二十兩

294
鈐章
軍機大臣欽奉
諭旨此次驗看州縣事實列入最優等前山東臨邑
縣知縣試用道陳恩畬著以道員仍留原省儘先
補用欽此
軍機大臣署名
臣奕
臣世
臣張
臣鹿
臣那假
閏二月十六日

295
鈐章
軍機大臣欽奉
諭旨陸軍部奏欽奉恩詔查辦軍臺廢員開單請旨
一摺除柳大年桂陞李增誨劉榮瑁葉茂青呂國
銘余鼎銘朱光點譚炳棨存誠吉祥等均毋庸查
辦外福源羅人鑄均著加恩釋回易澄礄潘效蘇

周開曙張樹焱均着加恩釋回仍呈繳臺費陳尚
新魏漢文均着加恩減免二年李滋森曹本煌有
泰劉耀坤瑞洵譚湧發均着加恩減免一年屆期
即行釋回以示朕法外施恩至意餘依議欽此

軍機大臣署名

臣奕
臣世
臣張
臣鹿
臣那假

閏二月十六日

296

鈐章

宣統元年閏二月十六日内閣奉
上諭欽天監右監副常海奏請開缺終制一摺欽天
監職司推測係屬專官常海著改爲署任毋庸開
缺欽此

軍機大臣署名

臣奕
臣世
臣張
臣鹿
臣那假

297

鈐章

宣統元年閏二月十七日奉
旨杭州織造仍着彬格接管欽此

軍機大臣署名

臣奕
臣世
臣張
臣鹿假
臣那假

298

鈐章

軍機大臣欽奉
諭旨御史徐定超奏軍港要區請旨飭勘一摺著籌
辦海軍王大臣議奏欽此

軍機大臣署名
臣奕
臣世
臣張
臣鹿 差
臣那 假

閏二月十七日

299

鈐章

宣統元年閏二月十八日内閣奉

上諭憲政編查館奏遵設貴胄法政學堂擬訂章程並籌撥經費開單呈覽各摺片現正預備立憲需才孔亟凡宗室外藩王公滿漢世爵若不預為培植其何以儲政才而裨治本應即設立貴胄法政學堂以廣造就著派貝勒毓朗充貴胄法政學堂總理農工商部左侍郎熙彥翰林院學士錫鈞充貴胄法政學堂監督務宜認真經理毋負委任至宗室王公暨其子弟實為滿漢及外藩世臣之表率如有及歲尚未入學與入學後半途退學或不恪守學規等事該總理等尤宜破除情面勸懲一切照章辦理勿稍寬假至陸軍貴胄學堂最關緊要仍須認真勸勉廣儲干城總期安勉兼施用副朝廷興學教胄文武兼資之至意餘依議單片併發欽此

軍機大臣署名
臣奕
臣世
臣張
臣鹿 差
臣那 假

300

鈐章

宣統元年閏二月十八日内閣奉

上諭榮慶奏病請續假並請派員署缺一摺協辦大學士學部尚書翰林院掌院學士榮慶著賞假一箇月安心調理所任各缺均毋庸派員署理欽此

軍機大臣署名
臣奕
臣世
臣張

臣鹿差
臣那假

301

鈐章

軍機大臣欽奉

諭旨郵傳部奏遵將應辦要政分別按年籌備開單
呈覽一摺憲政編查館知道又片奏洛潼西潼等
路籌擬辦法等語著依議欽此

軍機大臣署名

臣奕
臣世
臣張
臣鹿差
臣那假

閏二月十八日

302

鈐章

軍機大臣欽奉

諭旨農工商部奏釐訂籌備事宜分年列表呈覽一
摺憲政編查館知道欽此

軍機大臣署名

臣奕
臣世
臣張
臣鹿差
臣那假

閏二月十八日

303

鈐章

軍機大臣欽奉

諭旨李殿林奏查勘度支部内倉並唐古忒學等項
工程估計錢糧數目一摺又片奏内倉第十一厰
亦應修葺估計工料數目等語均著依議欽此

軍機大臣署名

臣奕
臣世
臣張
臣鹿差

臣那假

閏二月十八日

304

鈐章

宣統元年閏二月十九日内閣奉

上諭徐世昌奏特參謬妄庸劣及素有嗜好各員請
分別懲處一摺卸署吉林濱江關道杜學瀛顢頇
自私罔知政體吉林候補道宋春鰲假公濟私前
辦吉長鐵路糜款甚多黑龍江呼蘭府知府李鴻
桂引援求進志趨卑污吉林候補道松毓淆惑衆
聽把持學務破壞政權奉天安東縣知縣吳光國
玩視學務不洽輿情署奉天開原縣知縣保清心
地糊塗擅用刑訊准補開原縣典史許鴻藻派充
幫審聽斷粗率均著即行革職花翎知府銜綸昌
串結匪類到處招摇著革去職銜盤山廳通判柴
樸馭下不嚴難期振作寧遠州知州馬鴻階庸懦
無能不勝衝要海城縣知縣曹祖培辦事草率難
膺繁劇廣寧縣知縣宋廷標才具平庸不諳新政
寬甸縣知縣秋桐豫才欠開展人地不宜柳河縣
知縣張晉辦事竭蹶聲名平常均著開缺另補正
紅旗滿洲佐領德吉正藍旗漢軍佐領承恩鑲黄
旗漢軍驍騎校洪福祥正藍旗漢軍驍騎校楊春
和錦州正紅旗驍騎校寶麟鳳凰城驍騎校緒彬
復州驍騎校純謙遼陽鑲黄旗防禦兆麟候補防
禦聯喜宗室營筆帖式寶崑均屬嗜好甚深有意
規避著一併即行革職餘著照所議辦理該部知
道欽此

軍機大臣署名

臣奕
臣世
臣張
臣鹿
臣那假

305

鈐章

宣統元年閏二月十九日内閣奉

上諭吉林交涉使著鄧邦述補授度支使著陳玉麟
補授勸業道著徐鼎康補授欽此

軍機大臣署名

臣奕 臣世 臣張 臣鹿 臣那假

306

鈐章

宣統元年閏二月十九日内閣奉

上諭黑龍江提法使着秋桐豫補授民政使着倪嗣

沖補授度支使着誒國楫補授欽此

軍機大臣署名

臣奕 臣世 臣張 臣鹿 臣那假

307

鈐章

軍機大臣欽奉

諭旨貝勒載洵等奏恭修

崇陵工程遵吉開工一摺又片奏

金龍峪吉地金星寶蓋誌椿交

西陵承辦事務衙門敬謹收存等語均敬悉欽此

軍機大臣署名

臣奕 臣世 臣張 臣鹿 臣那假

閏二月十九日

308

鈐章

宣統元年閏二月二十日内閣奉

上諭禮部奏恭鑄

祺皇貴太妃鍍金銀寶請發銀兩並造模呈覽各

一摺首一字均繕寫錯誤實屬疏忽禮部堂司各

官均著交部議處欽此

軍機大臣署名

臣奕

臣世

臣張假

臣鹿

臣那假

309

鈐章

宣統元年閏二月二十日内閣奉

上諭增韞奏查明浙江各屬田禾被災請將應徵地
漕等項分別蠲緩一摺上年浙江杭州等屬田禾
自夏徂秋被水旱風蟲受傷復遭山洪暴發致成
災歉及歷年沙淤石積尚未墾復各田地塘若將
應徵地漕照常徵收民力實有未逮加恩著照所
請所有仁和等一十二縣成災十分各田地仁和
等二十五州縣及嘉湖衛之嘉所歉收各田地與
富陽等十三縣及衛所沙淤石積各田地塘應徵
光緒三十四年分地丁等項正耗錢糧漕白等項
米石暨學租銀兩分別蠲免緩徵其被災各縣蠲
免銀米各災戶已輸在官者准其流抵次年新賦
至秋收減色之臨安等廳縣及杭嚴嘉湖台州衛
州各衛所與被災歉各州縣所未完各年舊欠暨
原緩帶徵地漕屯餉各銀米均著遞緩一年徵收
以紓民力該撫即按照單開各廳州縣衛所田地
塘項畝分數應蠲應緩銀錢米石各細數刊刻謄
黃徧行曉諭務使實惠均霑毋任吏胥舞弊用副
朝廷軫念民艱至意餘著照所議辦理該部知道
單二件併發欽此

軍機大臣署名

臣奕

臣世

臣張假

臣鹿

臣那

310

鈐章

軍機大臣欽奉

諭旨署理外務部會辦大臣大學士世續著賞給一
等第三寶星欽此

軍機大臣署名

臣奕

臣世

臣張假

臣鹿

臣那假

閏二月二十日

311

鈐章

軍機大臣欽奉

諭旨李經羲奏滇省財政極困新舊軍需無出懇請

飭部合籌的款一摺雲南防務重要新軍經費為

不可緩之需著度支部陸軍部合力妥籌迅予照

數分撥的款以資接濟而固邊疆欽此

軍機大臣署名

臣奕

臣世

臣張假

臣鹿

臣那假

閏二月二十日

312

鈐章

宣統元年閏二月二十一日內閣奉

上諭貝勒載濤等面奏創立禁衛軍一切事宜實屬

繁重難以兼顧要差懇請酌減差務等語載濤毓

朗著准其開去總司稽查守衛事宜之差嗣後尤

當專心擘畫妥籌訓練禁衛軍事宜期於早覩厥

成毋稍鬆懈著改派科爾沁博多勒噶台親王阿

穆爾靈圭貝勒載潤總司稽查守衛事宜會同原

派之尚書鐵良認真整頓毋得廢弛欽此

軍機大臣署名

臣奕假

臣世

臣張

臣鹿

臣那假

313

鈐章

軍機大臣欽奉

諭旨貝勒載濤等奏請調撥鎗礮一摺着依議又片

奏揀員接辦軍需科監督等語知道了欽此

軍機大臣署名

臣奕

臣世

臣張

臣鹿

臣那 假

閏二月二十一日

314

鈐章

軍機大臣欽奉

諭旨鑾儀衛着改為鑾輿衛鑾儀使着改為鑾輿使

治儀正着改為治宜正整儀尉着改為整宜尉内

務府掌儀司着改為掌禮司欽此

軍機大臣署名

臣奕

臣世

臣張

臣鹿

臣那 假

315

鈐章

宣統元年閏二月二十二日奉

旨榮勳着補授内閣學士兼禮部侍郎銜欽此

軍機大臣署名

臣奕

臣世

臣張

臣鹿

臣那 假

316

辦理軍機處為補送事查本處前送之

京察一等履歷册内漢章京考語下漏注稱職字

樣相應將滿漢一等章京另行造具履歷清册

一分封送

貴部院給事中道以憑覈辦至前送之一等册希即查照

撤銷可也須至咨者

右　咨　計清册一本

吏　部

都察院

給事中

京畿道

宣統元年閏二月　二十二　日

317

鈐章

軍機大臣　字寄

兩廣總督張　宣統元年閏二月二十三日奉

上諭都察院奏查明已革調任東莞縣知縣劉德恆

被參冤抑請旨遵行一摺着兩廣總督張人駿再

行確切查明據實具奏欽此遵

旨寄信前來

軍機大臣署名

臣　奕

臣　世

臣　張假

臣　鹿

臣　那假

318

鈐章

軍機大臣欽奉

諭旨民政部奏妥擬逐年籌備未盡事宜繕單呈覽

一摺着憲政編查館知道欽此

軍機大臣署名

臣　奕

臣　世

臣　張假

臣　鹿

臣　那假

閏二月二十三日

319

鈐章

軍機大臣欽奉

諭旨民政部奏遴選大員請派充該部丞參上行走

一摺不入八分輔國公銜鎮國將軍溥侗着在民

政部丞參上行走欽此
軍機大臣署名
臣奕
臣世
臣張假
臣鹿
臣那假
閏二月二十三日

320
鈐章
軍機大臣欽奉
諭旨民政部奏警政重要懇留大員以裏治理一摺
榮勳現已補授內閣學士兼禮部侍郎銜品級較
崇所請留兼內城巡警總廳廳丞著毋庸議欽此
軍機大臣署名
臣奕
臣世
臣張假
臣鹿
臣那假
閏二月二十三日

321
鈐章
宣統元年閏二月二十三日內閣奉
上諭民政部內城巡警總廳廳丞著章宗祥補授欽此
軍機大臣署名
臣奕
臣世
臣張假
臣鹿
臣那假

322
閏二月二十四日引
見人員
理藩部一人

323
鈐章
軍機大臣　字寄
兩廣總督張　廣西巡撫張　宣統元年閏二

月二十四日奉
上諭有人奏交查事件覆奏延遲一摺廣西知府阮
志觀等被叅各款前經諭令張人駿張鳴岐確查
迄今年餘未據覆奏著該督等仍照所叅各員諸
款迅即查明據實具奏毋稍徇隱遲延原摺抄給
閱看欽此遵
旨寄信前來
軍機大臣署名
臣奕 臣世 臣張 臣鹿 臣那假
鈐章署名交兩廣總督

324

鈐章
軍機大臣欽奉
諭旨恭親王溥偉等奏續擬禁煙辦法以期畫一開
單呈覽一摺又奏開單飭催各省未到禁煙册表
一片均著依議欽此
軍機大臣署名
臣奕 臣世 臣張 臣鹿 臣那假
閏二月二十四日

325

鈐章
軍機大臣欽奉
諭旨度支部奏派充各省副監理官開單呈覽一摺
又奏江西在任候補道九江府知府孫毓駿請開
缺仍以江西候補道充正監理官一片又奏奉天
吉林黑龍江江甯蘇州兩淮鹽務擬各派副監理
官一員一片均著依議欽此
軍機大臣署名
臣奕 臣世

臣張
臣鹿
臣那假

閏二月二十四日

326

鈐章

軍機大臣欽奉
諭飭理藩部奏籌備藩屬憲政本年應辦事宜分別緩急擇要推行一摺著憲政編查館知道欽此
軍機大臣署名

臣奕
臣世
臣張
臣鹿
臣那假

閏二月二十四日

327

鈐章

軍機大臣　字寄

兩江總督端　宣統元年閏二月二十五日奉
上諭陳啟泰奏蘇松太道蔡乃煌膜視公款藐玩綱紀一摺其中究竟係何情形著端方按照所指各節確切查明據實具奏毋稍迴護原摺著鈔給閱看欽此遵
旨寄信前來
軍機大臣署名

臣奕
臣世假
臣張
臣鹿
臣那

328

鈐章

宣統元年閏二月二十五日內閣奉
上諭廣西左江鎮總兵員缺著陸榮廷調補李國治著署理右江鎮總兵欽此
軍機大臣署名

臣奕

臣世 假
臣張
臣鹿
臣那 假

鈐章

329

宣統元年閏二月二十五日內閣奉
上諭趙爾巽奏舉劾屬吏一摺四川巡警道高增爵
川東道陳遹聲署重慶府知府本任邛州直隸州
知州耿葆煃潼川府知府吳保齡保甯府知府瑞
麟調署瀘州直隸州本任眉州直隸州知州鍾壽
康署打箭爐廳同知王典章署漢州知州廷繼署
華陽縣知縣試用知縣鈕傳善南部縣知縣史久
龍富順縣知縣熊廷權卸署富順縣本任南江縣
知縣王棪署合江縣知縣薛宜璜名山縣知縣唐
嗣祿新都縣知縣鄧隆以上各員既據該督臚陳政
績均著傳旨嘉獎卸署巫山縣本任新都縣知縣
李恩榮庸闇無能貽害地方卸署安縣本任隆昌

縣知縣伍生輝任情玩忽釀患厲民巴州知州趙
萬春不諳治理訾議甚多梓潼縣知縣洗希濂不
恤民艱營利廢事慶符縣知縣蕭澤寰縱容家丁
不恤人言夾江縣知縣熊振翽治理甚拙利心未
除候補直隸州知州姚汝芳前署城口廳通判不
理詞訟紳民交怨均著即行革職綦江縣知縣李
桂芳志氣衰頹毫無展布著勒令休致打箭爐廳
同知武文源敷衍無實酉陽直隸州知州申麟治
盜無能雙流縣知縣鄭毓珉才短性執珙縣知縣
陳其訓輿論不孚峨眉縣知縣蕭茂芬疏慵怠忽
墊江縣知縣張六翮榮縣知縣趙惟新銅梁縣知
知縣李景晉榮經縣知縣彭文翰永川縣知縣俞寶奎
榮昌縣知縣趙詠清等六員俱難勝繁劇人地不
宜以上十一員均著開缺另補片奏綏甯協副
將唐珊峰禦夷無方用人乖謬難勝閫寄崇化營
都司李孔周才力庸邁心術難問均著即行革職
馬邊右營守備劉德昭峩邊右營守備何學章
年力就衰聲名平常均著勒令休致又片奏戒煙
不力各員據實糾參等語保甯府教授喻鎮藩邛

州學正戴綸喆龍安府訓導唐棣華彰明縣訓導
王式彝試用巡檢陳祖望試用典史任慶瑞補用
縣丞張貞吉均著即行革職彰明縣知縣姚良椿
戒煙不力居官尚無廢事著暫行革職調省查看
餘著照所議辦理該部知道欽此

軍機大臣署名

臣奕
臣世假
臣張
臣鹿
臣那假

330

鈐章

宣統元年閏二月二十五日内閣奉
上諭禮部奏甘肅固原州回民李生潮年逾百歲覈
與乾隆年間趙元寅之案相符而年復較多應如
何優加賞賚聲明請旨一摺李生潮著照例旌表
並於例賞外加恩多賞一倍再行加賞御書扁額
一方用昭嘉惠耆民至意欽此

軍機大臣署名

臣奕
臣世假
臣張
臣鹿
臣那假

331

鈐章

宣統元年閏二月二十五日内閣奉
上諭江西九江府知府員缺著璞良補授欽此

軍機大臣署名

臣奕
臣世假
臣張
臣鹿
臣那假

332

江西九江府知府員缺請
旨簡放

333

鈐章

軍機大臣欽奉

諭旨三月十一日

德宗景皇帝几筵前行祖奠禮由

監國攝政王代詣行禮欽此

軍機大臣署名

臣奕 臣世假 臣張 臣鹿 臣那

閏二月二十五日

334

鈐章

軍機大臣欽奉

諭旨學部奏遴員派充分科大學監督一摺著依議

欽此

軍機大臣署名

臣奕

臣世假 臣張 臣鹿 臣那假

閏二月二十五日

335

鈐章

宣統元年閏二月二十六日內閣奉

上諭欽差大臣東三省總督兼管三省將軍事務錫

良著加恩在紫禁城內騎馬欽此

軍機大臣署名

臣奕 臣世 臣張 臣鹿 臣那假

336

鈐章

宣統元年閏二月二十六日內閣奉

上諭鹿鴻書奏武員庸妄溺職請旨懲處一摺貴州普安營游擊姚承恩聲名甚劣被控有案擅用非刑衆論不服署平越營游擊凱里營都司崔恩仲貪鄙無恥用親隨頂充兵額並有缺糧情事撤任後復與署中軍守備儘先補用守備黃大元滋鬧黃大元亦縱兵爭毆大玷官常長壩營游擊譚玉和缺額不補發餉婪索私開押當出佃官屋以上四員均屬武營敗類著一併革職該部知道欽此

軍機大臣署名

臣奕 臣世 臣張 臣鹿 臣那假

閏二月二十六日

337

鈐章

軍機大臣欽奉

諭旨理藩部片奏科爾沁親王色旺端嚕布呈請叩謁

孝欽顯皇后

德宗景皇帝

梓宮等語著准其前往叩謁欽此

軍機大臣署名

臣奕 臣世 臣張 臣鹿 臣那假

閏二月二十六日

338

鈐章

軍機大臣欽奉

諭旨陸軍部奏陸軍第五第六鎮三年期滿請旨派員校閱一摺著派姚錫光認真校閱欽此

軍機大臣署名

臣奕 臣世 臣張

臣鹿
臣那假
閏二月二十六日

339
鈐章
軍機大臣欽奉
諭旨陸軍部片奏請飭寬籌軍費等語著陸軍部會同度支部隨時酌度情形實力妥籌辦理欽此
軍機大臣署名
臣奕
臣世
臣張
臣鹿
臣那
閏二月二十六日

340
鈐章
軍機大臣欽奉
諭旨陸軍部片奏接管前兵部太僕寺事宜擬酌核劃分歸併等語均著依議欽此
軍機大臣署名
臣奕
臣世
臣張
臣鹿
臣那假
閏二月二十六日

341
鈐章
軍機大臣欽奉
諭旨陸軍部奏遵議憲政預備陸軍應籌事宜分年酌擬綱要開單呈覽一摺憲政編查館知道欽此
軍機大臣署名
臣奕
臣世
臣張
臣鹿
臣那
閏二月二十六日

342

鈐章

軍機大臣欽奉

諭旨陸軍部奏陸軍重要事項請飭毋庸發鈔一片

著依議欽此

軍機大臣署名

臣奕 臣世 臣張 臣鹿 臣那假

閏二月二十六日

343

鈐章

軍機大臣欽奉

諭旨順天府奏第一年籌備憲政事宜一摺憲政編

查館知道欽此

軍機大臣署名

臣奕 臣世

臣張 臣鹿 臣那

閏二月二十六日

344

鈐章

軍機大臣欽奉

諭旨御史石長信奏請製造諸工量予實職一摺著

該部議奏又片奏請整頓船政等語著籌辦海軍

王大臣知道欽此

摘鈔向鈔摺交吏部陸軍部郵傳部農工商

軍機大臣署名

臣奕 臣世 臣張 臣鹿 臣那假

閏二月二十六日

345

鈐章

軍機大臣 字寄

安徽巡撫朱　宣統元年閏二月二十七日奉
上諭有人奏疆臣聲名狼藉事迹均有證據請派查
辦一摺著朱家寶按照所叅各款秉公查明據實
覆奏毋稍徇隱原摺著鈔給閱看欽此遵
旨寄信前來

軍機大臣署名

臣奕　臣世　臣張　臣鹿　臣那假

346

鈐章

軍機大臣欽奉
諭旨吏部奏妥擬籌備事宜按年開列繕單呈覽一
摺著憲政編查館知道欽此

軍機大臣署名

臣奕　臣世　臣張　臣鹿　臣那假

閏二月二十七日

347

鈐章

軍機大臣欽奉
諭旨法部奏統籌司法行政事宜就九年應有辦法
分期開單呈覽一摺著憲政編查館知道欽此

軍機大臣署名

臣奕　臣世　臣張　臣鹿　臣那假

閏二月二十七日

348

鈐章

軍機大臣欽奉

諭旨民政部奏請派員承修堆撥民房内外紅椿圍牆等工一摺著該管大臣妥速修理欽此

軍機大臣署名

臣奕

臣世

臣張

臣鹿

臣那假

閏二月二十八日

349

鈐章

軍機大臣欽奉

諭旨度支部奏陳明辦過第一年籌備事宜並現在籌辦情形一摺著憲政編查館知道餘依議又奏調農工商部員外郎楊壽枏在參議上行走一片著依議欽此

軍機大臣署名

臣奕

臣世

350

鈐章

軍機大臣欽奉

諭旨學部奏應行籌備事宜按年開具簡明清單呈覽一摺著憲政編查館知道欽此

軍機大臣署名

臣奕

臣世

臣張

臣鹿

臣那假

閏二月二十八日

351

鈐章

軍機大臣欽奉

閏二月二十八日

臣奕

臣世

臣張

臣鹿

臣那假

諭旨農工商部奏籌辦畫一度量權衡事宜並設立
製造用器工廠大概情形一摺著依議欽此

軍機大臣署名

臣奕 臣世 臣張 臣鹿 臣那假

閏二月二十八日

352

鈐章

軍機大臣欽奉

諭旨郵傳部奏應否將尚書侍郎開單請派隨扈
御車一摺既經該部派出李焜瀛等隨行即著該員等
敬謹豫備以昭慎重毋庸開單請派欽此

軍機大臣署名

臣奕 臣世 臣張

臣鹿 臣那假

閏二月二十八日

353

鈐章

軍機大臣欽奉

諭旨郵傳部奏上海高等實業學堂擬請擴充專科
預籌經費一摺著依議又奏海淀公所房地劃歸
禁衛軍應用一片知道了欽此

軍機大臣署名

臣奕 臣世 臣張 臣鹿 臣那假

閏二月二十八日

354

鈐章

軍機大臣欽奉

355

諭旨翰林院侍讀汪鳳藻奏懇辭分科大學監督一
摺所請著毋庸議欽此
軍機大臣署名
臣奕
臣世
臣張
臣鹿
臣那 假
閏二月二十八日

辦理軍機處為咨覆事前准
貴部咨稱本處領班三品章京易貞嫡長子樹
鵠已有官職應以嫡長孫承蔭等因前來查本
處章京易貞現有嫡長孫一人因長房胞姪用
澍早故無嗣以嫡長孫孚頫承繼大宗前文漏
未聲敘相應片覆
貴部查照辦理可也
右片行
吏部
宣統元年閏二月二十八日

356

辦理軍機處為咨覆事准
貴府咨稱本年
京察所有三四品京堂各官均由吏部定期帶領引
見如奉
旨照舊供職者應由本府府丞領銜
呈遞聯銜謝
恩摺件等因前來相應將本處滿漢三四品章京銜
名開單咨送
貴府查照辦理可也須至咨者
右咨 計粘單一件
宗人府
宣統元年閏二月　日
計開
花翎二品銜領班三品章京文徵
花翎二品銜領班三品章京英秀
二品銜領班三品章京易貞
花翎領班三品章京劉穀孫
花翎二品銜幫領班四品章京文年
花翎幫領班四品章京聯綬

帮頒班四品章京胡彤恩
帮頒班四品章京趙廷珍

357
鈐章
軍機大臣　字寄
東三省總督錫　宣統元年閏二月二十九日奉
上諭徐世昌奏瀝陳東省危迫情形並已辦籌辦各事
宜一摺原摺着鈔給錫良閱看欽此遵
旨寄信前來
軍機大臣署名
臣奕
臣世
臣張
臣鹿
臣那假

358
鈐章
軍機大臣欽奉
諭旨加上

列聖
列后尊謚告祭
太廟由
監國攝政王代詣行禮欽此
軍機大臣署名
臣奕
臣世
臣張
臣鹿
臣那假
閏二月二十九日

359
鈐章
軍機大臣欽奉
諭旨加上
列聖
列后尊謚告祭
奉先殿着派慶親王奕劻恭代行禮欽此
軍機大臣署名

閏二月二十九日

臣奕
臣世
臣張
臣鹿
臣那假

360

鈐章

軍機大臣欽奉

諭旨貝勒載洵等奏擬往查驗
西陵梁格莊行宮工程並將鋪陳一切請飭內務府備
辦一摺又奏派農工商部郎中柏鋭等充監修一
片又奏請將調充監修之英俊開去廣東高雷陽
道底缺在農工商部參議上行走一片均著依議
欽此

軍機大臣署名

臣奕
臣世
臣張

臣鹿
臣那假

閏二月二十九日

361

鈐章

軍機大臣欽奉

諭旨內閣侍讀學士延昌奏變通翰林院舊制一摺
著會議政務處議奏欽此

軍機大臣署名

臣奕
臣世
臣張
臣鹿
臣那假

閏二月二十九日

362

鈐章

軍機大臣欽奉

諭旨禮部奏籌備立憲事宜酌擬辦法一摺著憲政
編查館知道欽此

軍機大臣署名

臣奕

臣世

臣張

臣鹿

臣那假

閏二月二十九日

鈐章

宣統元年三月初一日内閣奉
上諭慶親王奕劻奏遵保恭修
普陀峪
定東陵工程出力人員開單呈覽各摺片
普陀峪
定東陵工程自光緒二十一年開工以來歷經十餘載
該承修王大臣督率各員悉心經理備著勤勞自
應量予恩施承修大臣慶親王奕劻著交宗人府
從優議敘監督鐵良著交部從優議敘紹英榮勳
者齡均著賞給頭品頂戴在工出力人員單開之
内務府郎中繼祥著以三院卿儘先題奏護軍參
領三旗虎槍領祥麟右翼翼尉德瑞均著以副都
統記名簡放在任即選知府度支部郎中孚恆著
俟得知府後在任以道員候補並賞加二品銜内
務府候補員外郎德崑著免補員外郎以郎中遇
缺即補内務府員外郎德麟著俟升郎中後在任
以三院卿儘先題奏記名繁缺知府禮部員外郎
德祐著仍以知府記名簡放並賞加三品頂戴内

務府郎中連璧著開缺以副都統記名簡放陸軍
部署右丞左參議許秉琦著以應升之缺開列在
前並隨帶加一級前内閣侍讀學士占鳳著以副
都統記名簡放吏部郎中鍾崙著以應升之缺升
用特用道奎其汶著仍以道員交軍機處存記並
賞加二品銜陸軍部候補員外郎主事隆凱著在
任仍以本部員外郎遇缺先前即補並賞加三品
頂戴郵傳部員外郎光裕著在任以知府即選並
賞加三品銜委散秩大臣承恩公榮泉著交部從
優議敘分省補用道何炳瑩著以副都統記名簡
放度支部郎中李毓芬著在任以應升之缺開列
在前俟升缺後賞加二品銜内務府郎中希賢著
在任以道員儘先即選並賞加二品銜花翎二品
頂戴已革郎中文錦著開復原銜翎枝禮部員外
郎存志著賞戴花翎都察院筆帖式存義著在任
以理事同知儘先帶領引見並先換頂戴即選布
理問趙保三著以知州分省補用並賞加四品銜
吏部主事盛昆著在任以本部員外郎無論宗室
滿洲缺出遇缺先前即補即補主事宗人府筆帖

式文桐著以主事分部遇缺即補內務府候補員外郎延年著俟補缺後以郎中計三缺補用都察院候補都事孟壽康著以員外郎分部遇缺儘先即補內務府七品筆帖式堃輔著在任以內管領儘先前升用並賞加副護軍參領銜禮部即補主事筆帖式榮福著免補主事以本部員外郎遇缺即補前禮部左參議良揆著以副都統記名簡放知縣用候選教諭張兆鈞著以知縣分省歸候補班補用並賞加四品銜內務府郎中繼銘著在任以三院卿儘先題奏吏部郎中榮厚著俟升缺後在任以應升之缺開列在前並賞加二品銜湖北候補道衡永著以副都統記名簡放記名繁缺知府陸軍部郎中崇福著俟得知府後以道員在任候補並賞加二品銜理藩部候補主事瑞麟著免補主事以本部員外郎遇缺即補議敘筆帖式毓鋆著以主事分部遇缺即補法部員外郎續麟著在任以本部郎中儘先即補並賞加四品銜郵傳部左丞李焜瀛著賞加二品銜並隨帶加一級江蘇候補知府陸宗游著以道員仍歸原省補用並

賞加二品銜候補四品京堂宗室占鰲著俟補缺後以應升之缺開列在前並賞加二品銜法部學習郎中崔步騏著作為學習期滿以本部郎中無論題序遇缺儘先補用宗人府筆帖式宗室毓彩著免補本班以主事分部補用員外郎銜候選主事世忠著以員外郎分部遇缺即補四品宗室寶泰著以筆帖式歸宗人府遇缺儘先即補陸軍部候補員外郎錫元著免補員外郎以本部郎中遇缺先前即補謄錄官毓琨著賞加五品銜分省補用知縣房漢章著俟補知縣後以直隸州知州補用雜工監督監修辦事官兩江總督端方等十八員均著交部從優議敘

裕陵郎中郎選知府文蔭著俟得知府後在任以道員用

定東陵郎中麟祥著以知府在任選用

孝陵員外郎博爾庄武著加三品銜直隸補用知縣寶信著免補本班以直隸州知州仍留原省補用道員用直隸候補知府陶式鋆著免補知府仍以道員儘先補用把總陳金貴都國盛盧承祐均著免補千總以守備儘先補用額外外委陳瑞卿著免

補經制外委以把總儘先即補直隸補用參將嵩
振全著以副將仍留原省儘先補用並賞加總兵
銜把總崔保棠著以千總補用遊擊張鵬舉著在
任以參將升用千總李振鵬著以守備升用守備
王建功著以都司儘先補用千總梁鍋環著賞加
四品頂戴額外外委楊蘊秀著免補經制外委以
把總補用前鋒參領志廣著賞戴花翎副護軍參
領文景著以護軍參領儘先補用護軍參領慶貴
著以應升之缺升用護軍校慶林著遇有空花翎
缺出儘先前即補外火器營掌關防營總額勒賀
著俟升缺後賞加二品頂戴軍功五品頂戴丈珊
著以本旗驍騎校儘先即補員外郎武備院
筆帖式湧清著賞加三品銜候選縣丞王文瑞著
以知縣分省補用並加運同銜在任候補同知直
隸州知州邊中縣知縣韓寶濂著免補同知直隸
州知州開缺以知府仍留原省補用分省補用知
府楊立濆著免補知府以道員仍分省補用即選
知州徐樹瑾著以知府分省補用分部候補司務
徐世麟著以主事分部遇缺即補候選主簿王鑑

曾著以知縣分省歸候補班前補用並賞加四品
銜分省後歸候補班補用知縣方文光著以知縣
分省歸候補班儘先前補用江蘇候補縣主簿何
天元著免補縣主簿以縣丞仍留原省補用並賞
加鹽提舉銜候選巡檢夏文瀚著以縣丞分省補
用陸軍部學習筆帖式李文光著作為本部主事
遇缺即補監生王象賢著以從九品選用候選布
經歷包德昌著以知州分省儘先補用光祿寺署
正銜王治著賞給四品封典監生王福寬著以從
九品選用鹽大使銜王文銳著以鹽大使選用分
省布理問李和張文郁均著以知州分省補用縣
丞銜李啟雲韓世昌均著以縣丞選用候選州同
耿步武著以知州選用監生陳朝元耿治廣均著
以從九品選用分省補用知縣馬文盛著以直隸
州分省補用候選主事馬增祺著賞加員外郎銜
候選布理問楊逢春著以知州選用同知銜耿步
芳著賞加四品頂戴前內閣學士兼禮部侍郎銜
宗室墨麒著交部從優議敘翰林院侍講學士延
清著以應升之缺升用宗人府主事溥平著俟得

五品後賞加三品頂戴前度支部主事毓邠著俟
補主事後在任以本部員外郎遇缺即補湖北候
補知縣古秉彝著免補知縣以直隸州知州仍歸
原省補用分省補用知縣鄔永齡著以直隸州知
州仍分省歸候補班補用分省補用州判陳寵鉞
著以知縣仍分省歸候補班補用候選知縣劉榮
第著以直隸州知州分省補用欽天監博士古彭
年著以五官正儘先補用其已故之承修大臣監
督監修等著查明開單請旨片一件單四件併發
欽此

軍機大臣署名

臣奕 臣世 臣張 臣鹿差 臣那假

364

鈐章

宣統元年三月初一日內閣奉

上諭廣東高雷陽道員缺著徐士佳補授欽此

軍機大臣署名

臣奕 臣世 臣張 臣鹿差 臣那假

三月初一日

365

廣東高雷陽道員缺請

旨簡放

366

鈐章

軍機大臣欽奉

諭旨內務府奏恭備要差請援案飭部籌撥款項一

摺著度支部撥給十五萬兩欽此

軍機大臣署名

臣奕 臣世 臣張

钞交内務府

三月初一日

臣鹿差
臣那假

367

鈐章

軍機大臣欽奉

諭旨陸軍部奏議覆校閲大臣廕昌等奏第四鎮統制吴鳳嶺獎敘聲明請旨等語記名提督通永鎮總兵吴鳳嶺着交部從優議敘餘依議欽此

軍機大臣署名

臣奕
臣世
臣張
臣鹿差
臣那假

368

鈐章

軍機大臣 字寄

三月初二日

兩江總督端 江西巡撫馮 宣統元年三月

初三日奉

上諭有人奏江西州縣征收丁漕往復折扣抑勒病民一摺着端方馮汝騤按照所陳各節體察情形妥籌具奏原摺着鈔給閲看欽此。遵

旨寄信前來

軍機大臣署名

臣奕
臣世
臣張
臣鹿差
臣那假

鈐章署名原件交兩江總督

369

鈐章

軍機大臣欽奉

諭旨吏部奏請將給封限制略予變通一摺着依議

欽此

軍機大臣署名

臣奕
臣世
臣張
臣鹿差
臣那假

三月初三日

370

鈐章

軍機大臣欽奉
諭旨御史崇興等奏請申明乾隆以來舊例停止都
察院收受被參人員呈詞一摺又片奏休致及永
不敘用人員開復請嚴申舊制等語均著吏部議
奏欽此

軍機大臣署名

臣奕
臣世
臣張
臣鹿差
臣那假

三月初三日

371

鈐章

軍機大臣欽奉
諭旨御史葉芾棠奏請設瓜哇領事一摺著外務部
知道欽此

軍機大臣署名

臣奕
臣世
臣張
臣鹿差
臣那假

三月初三日

372

鈐章

軍機大臣　字寄
東三省總督錫　宣統元年三月初四日奉
上諭有人奏東三省冗員太多用款太鉅亟宜倣照
内省改定官制一摺著錫良到任後體察情形妥
籌辦理據實具奏原摺著鈔給閱看欽此遵
旨寄信前來

軍機大臣署名

臣奕 臣世 臣張 臣鹿 臣那假

373

鈐章

軍機大臣欽奉

諭旨貝勒載洵等奏查驗

西陵梁格莊

行宮工程完竣移交該管衙門并陳明錢糧數目一摺

又片奏

行宮工程以外添建公所房間內有購買民地及置備

木器鋪墊等項銀兩請由度支部撥給等語均著

依議欽此

軍機大臣署名

臣奕 臣世

臣張 臣鹿 臣那假

原件併抄摺片交度支部抄交陵工大臣

三月初四日

374

鈐章

軍機大臣欽奉

諭旨都察院代奏福建官紳等呈請開復已革署禮

部左侍郎詹事府少詹事王錫蕃等語王錫蕃著

准其開復原官欽此

軍機大臣署名

臣奕 臣世 臣張 臣鹿 臣那假

三月初四日

375

鈐章

軍機大臣欽奉

諭旨本月十二日

德宗景皇帝梓宮奉移除恭辦喪禮王大臣各項有執
事官員近支王公暨御前大臣御前侍衛乾清門
侍衛內務府執差人等隨行外其餘無執事之王
公百官及軍隊學生等均在阜成門外關廂分班
祇候跪送務須整齊嚴肅毋得擁擠雜亂以昭誠
敬著民政部禮部妥訂章程迅速具奏欽此

軍機大臣署名

臣奕 臣世 臣張 臣鹿 臣那假

三月初五日

鈐章署名原件交民政部

376

鈐章

軍機大臣欽奉

諭旨宗人府奏請簡丞參一摺著暫緩簡放欽此

軍機大臣署名

臣奕 臣世 臣張 臣鹿 臣那假

三月初五日

377

鈐章

軍機大臣欽奉

諭旨鑲藍旗滿洲都統溥迪蘇等奏參恩騎尉西林
戒煙不力請照章休致並該員世職可否於年終
令其子孫接襲等語西林著休致准其子孫接襲
世職欽此

軍機大臣署名

臣奕 臣世 臣張

378

鈐章

三月初五日

臣鹿

臣那假

宣統元年三月初六日内閣奉

上諭四月初一日孟夏時享

太廟遣訥勒赫恭代行禮

後殿派懋林行禮東廡西廡派希璋承蔭各分獻欽此

軍機大臣署名

臣奕

臣世

臣張

臣鹿

臣那假

379

鈐章

宣統元年三月初六日内閣奉

上諭四月初七日常雩大祀

天於

圜丘遣溥偉恭代行禮

四從壇派錫露榮塈德壽恩輝各分獻欽此

軍機大臣署名

臣奕

臣世

臣張

臣鹿

臣那

380

鈐章

軍機大臣欽奉

諭旨御史劉顯曾奏請飭部妥議警務學堂畢業人員給予出身一摺著民政部會同學部妥議具奏

欽此

軍機大臣署名

臣奕

臣世

臣張

鈔交學部

三月初六日

臣鹿
臣那假

381

鈐章

宣統元年三月初七日內閣奉

上諭慶親王奕劻奏遵旨查明已故承修大臣開單

呈覽一摺原任大學士榮祿承修

菩陀峪

定東陵工程曾經著有勞績加恩著賜祭一壇該衙門

知道欽此

軍機大臣署名

臣奕
臣世
臣張
臣鹿
臣那假

382

鈐章

軍機大臣欽奉

諭旨著查明永隆慶恆現有子孫開單請旨欽此

軍機大臣署名

臣奕
臣世
臣張
臣鹿
臣那假

三月初七日

383

鈐章

軍機大臣欽奉

諭旨桂春奏估修

昭西陵

裕陵各項工程做法錢糧開單呈覽一摺又奏監修辦

事人等照案酌給公費一片均著依議欽此

軍機大臣署名

臣奕
臣世
臣張

三月初七日

臣鹿

臣那假

384

鈐章

軍機大臣欽奉

諭旨理藩部代奏喀爾喀車臣汗部落閫盟汗王台

吉等差人於

梓宮前呈進貢物可否准其呈進一摺又代奏喀爾喀

親王銜郡王多爾濟帕喇穆等差人於

梓宮前呈進貢物可否准其呈進一摺均著於本月初

九日呈進欽此

軍機大臣署名

臣奕 臣世 臣張 臣鹿 臣那假

三月初七日

385

鈐章

軍機大臣欽奉

諭旨理藩部代奏喀爾喀車臣汗部落盟長親王銜

扎薩克多羅郡王多爾濟帕喇穆等差人恭請聖

安並呈進貢物一摺著准其呈進欽此

軍機大臣署名

臣奕 臣世 臣張 臣鹿 臣那假

三月初七日

386

滿頭班

花翎二品銜領班三品章京英秀

花翎二品銜幫領班四品章京文年

三品銜在任即選知府選缺後以道員補用章京郎中成俊

三品銜章京郎中榮元

花翎三品銜在任即選道章京郎中鍾佩

先換頂戴在任即選知府章京員外郎麟祥
花翎三品銜章京侍讀裕銘
五品銜章京候補侍讀中書海桂
額外章京法部候補員外郎伊密揚阿
漢頭班
花翎領班三品章京劉穀孫
花領領班章京上行走候補五品京堂楊壽樞
幫領班四品章京胡彤恩
三品銜章京員外郎劉慶篤
花翎四品銜章京候補主事趙國良
四品銜章京候補主事張潤
四品銜章京主事宋子聯
章京候補主事許寶蘅
額外章京三品銜 記名繁缺知府陸軍部候補郎中楊芾
額外章京原工部候補主事曾文玉
花翎四品銜額外章京民政部郎中舒鴻貽
滿二班
花翎二品銜領班三品章京文徵

花翎幫領班四品章京聯綬
花翎三品頂戴章京郎中榮奎
花翎三品銜即選知府章京郎中常泰
四品銜章京候補主事鴻恩
四品銜章京候補主事興廉
四品銜員外郎星輅
章京錄事官松海
漢二班
二品銜三品領班章京易貞
幫領班四品章京趙廷珍
三品銜章京 記名繁缺知府郎中孫筍經
三品頂戴章京員外郎陳鴻冀
四品銜章京候補主事盧丈明
四品銜章京候補主事邢維經
四品銜章京候補主事徐廣恩
三品頂戴章京員外郎萬雲路
章京主事雷延壽
額外章京 記名遇缺題奏翰林院編修楊渭

387

鈐章

軍機大臣　字寄

湖廣總督陳　宣統元年三月初八日奉

上諭有人奏湖北安陸府屬各縣盜匪聚衆焚掠知
縣畏葸釀亂一摺着陳夔龍嚴飭營縣查拏首要
各犯務獲懲辦以靖地方並將縱匪釀亂之知縣
陳劭修查明奏參原摺着鈔給閱看欽此遵
旨寄信前來

軍機大臣署名

臣奕　臣世　臣張　臣鹿　臣那（假）

388

鈐章

軍機大臣欽奉

諭旨大理院奏籌備立憲事宜一摺著會同度支部
妥為籌商具奏欽此

軍機大臣署名

臣奕　臣世　臣張　臣鹿　臣那（假）

三月初八日

389

鈐章

軍機大臣欽奉

諭旨民政部會奏恭送
德宗景皇帝梓宮奉移典禮事宜妥訂章程一摺著依
議欽此

軍機大臣署名

臣奕　臣世　臣張　臣鹿　臣那（假）

三月初八日

390

鈐章

軍機大臣欽奉

諭旨農工商部奏籌議推廣農林先行擬訂章程開單呈覽一摺著依議單併發欽此

軍機大臣署名

臣奕

臣世

臣張

臣鹿

臣那假

三月初九日

391

鈐章

軍機大臣欽奉

諭旨郵傳部奏恭備

皇太后前詣

西陵請欽定火車開行時刻一摺著於巳正開車欽此

軍機大臣署名

臣奕

392

鈐章

軍機大臣欽奉

諭旨郵傳部奏恭備路差事宜並車輛數目開單呈覽一摺知道了勻排次序單留覽欽此

軍機大臣署名

臣世

臣張

臣鹿

臣那假

三月初九日

393

鈐章

軍機大臣欽奉

三月初九日

臣奕

臣世

臣張

臣鹿

臣那假

諭旨郵傳部奏懇請賞給洋員寶星開單呈覽一摺
著照所請外務部知道單併發欽此

軍機大臣署名

臣奕 臣世 臣張 臣鹿 臣那假

三月初九日

394

鈐章

軍機大臣欽奉

諭旨郵傳部奏派員測勘閘徐海清路綫一摺知道
了欽此

軍機大臣署名

臣奕 臣世 臣張 臣鹿

三月初九日

臣那假

395

鈐章

軍機大臣面奉

諭旨著理藩部咨查內務府每次頒給土司賞物款
目電知陝西巡撫照數採辦頒賞即飭由陝折回
以示體恤欽此

軍機大臣署名

臣奕 臣世 臣張 臣鹿 臣那假

三月初九日

396

鈐章

宣統元年三月初十日內閣奉

上諭前內閣學士兼禮部侍郎銜陳寶琛著開復降

調處分欽此

軍機大臣署名

臣奕　臣世　臣張　臣鹿　臣那假

397

宣統元年三月十一日內閣奉

上諭

監國攝政王面奉

隆裕皇太后懿旨每年度支部交進年節另款銀二十

八萬兩著自本年起毋庸交進欽此

監國攝政王鈐章

軍機大臣署名

臣奕　臣世　臣張　臣鹿　臣那假

398

鈐章

軍機大臣欽奉

諭旨都察院代奏分省試用道吳鴻懋敬陳海軍始

基管見呈一件又代奏吏部員外郎黃允中條陳

籌備海軍呈一件均著籌辦海軍王大臣知道欽此

軍機大臣署名

臣奕　臣世　臣張　臣鹿　臣那假

三月十四日

399

道光元年三月初　內閣奉

上諭

皇考仁宗睿皇帝梓宮奉安

山陵經過宛平良鄉涿州房山涞水易州本年應徵錢

糧前已降旨全行蠲免該六州縣尚有應徵本年

各項旗租並著加恩一體蠲免以廣仁施欽此

400
道光元年三月初三日内閣奉
上諭
山陵大差沿途經過各州縣民賦旗租均已普加恩免
更念方春東作正麥苗滋長之時所有由京至易
州一帶經過地方除隙地不計外凡有平毀麥田
者著再加恩照借給麥種之例每畝賞給銀一錢
俾農民購買耔種補植新禾即於直隸藩庫節年
羨款内動支給領覈實報銷欽此

401
道光三十年九月十四日内閣奉
上諭
梓宮奉移
山陵沿途州縣秋稼初登正播種麥苗之際所有由京
至易州一帶經過地方除隙地不計外凡有平毀
麥苗者著再加恩每畝賞給銀一錢俾農民購買
耔種藉資補助即於直隸藩庫節年耗羨款内動
支給領核實報銷欽此

402
道光三十年九月十四日内閣奉
上諭前降旨因奉移
梓宮先期修治橋道加恩將宛平等六州縣本年春間
蠲賸錢糧全數蠲免因念
梓宮即日奉移所過橋梁道路皆歷年
輦路經行萬姓瞻依之地允宜仰承
德意疊沛仁施著加恩將宛平良鄉涿州房山淶水易
州六州縣來年應徵錢糧並各項旗租一併全行
蠲免著順天府府尹直隸總督即刊刻謄黄豫行
曉諭務使實惠均霑毋任奸胥舞弊以副朕推
恩錫惠之至意欽此

403
道光三十年九月二十日内閣奉
上諭朕恭送
梓宮奉移
山陵沿途恭請
大轝之直隸雇備民夫著加恩每名賞銀一兩即在廣
儲司動支交納爾經額按名給領欽此

404 道光三十年九月二十二日内閣奉
上諭連日請輀之鑾儀衛校尉著加恩每名賞銀一
兩欽此

405 道光三十年九月二十三日内閣奉
上諭鑾儀衛恭請
梓宮之校尉及工部雇備夫役俱著加恩每名賞銀一
兩由廣儲司動支給領欽此

406 道光三十年九月二十三日内閣奉
上諭朕恭送
皇考梓宮奉移
山陵直隸大小官員辦理一切差務均屬妥協總督納
爾經額及辦差文武大小員弁著加恩各賞加一
級所有沿途當差兵丁著加恩賞給一月錢糧該
部知道欽此

407 道光三十年九月二十四日内閣奉
上諭朕恭送
皇考梓宮奉移
慕陵饗殿禮成所有恭理喪儀之睿親王仁壽定郡王
載銓尚書柏葰裕誠特登額侍郎阿靈阿翁心存
均能恪恭將事著各賞加二級御前大臣載垣端
華僧格林沁甫經添派著各賞加一級禮部堂官
惠豐何汝霖聯順瑞麟曾國藩工部堂官穆彰阿
特登額靈桂彭蘊章並前任禮部尚書孫瑞珍工
部尚書杜受田及承辦喪儀之内務府堂司各官
暨禮工二部司官辦理一切悉臻妥協俱各賞加
二級其在任未久之署禮部侍郎孫葆元工部尚
408 書王廣蔭侍郎奕毓車克慎並太常寺隨從堂司
各官俱各賞加一級恭送
梓宮及隨從御營之王公文武大小官員侍衛章京等
並守護
陵寢公永康載岱總兵德春均著賞加一級守護
慕陵之拜唐阿兵丁並隨從御營之兵丁均著賞給半
月錢糧以示朕錫類推仁至意欽此

409

光緒元年九月初一日内閣奉
上諭
穆宗毅皇帝梓宮
孝哲毅皇后梓宮奉移
山陵沿途州縣秋稼初登正播種麥苗之際所有由京至遵化州一帶經過地方除隙地不計外凡有平毀麥田者著再加恩每畝賞給銀一錢俾農民購買籽種藉資補助即於直隸藩庫節年耗羨款内動支給領覈實報銷欽此

410

光緒元年九月初一日内閣奉
上諭現在
穆宗毅皇帝梓宮
孝哲毅皇后梓宮奉移
山陵所過橋梁道路皆歷年
輦輅經行萬姓瞻依之地宜加渥澤用廣
恩施著將沿途經過之大興通州三河薊州四州縣地方本年地丁錢糧蠲免十分之五遵化州蠲免十分之七該部遵諭速行欽此

411

光緒元年九月十八日内閣奉
上諭
穆宗毅皇帝
孝哲毅皇后梓宮奉移
山陵所過之處百姓追思
德澤愛慕孔殷允宜豐沛恩施以示軫恤所有大興通州三河薊州遵化州五州縣本年應徵錢糧業經
降旨分別蠲免其各該州縣蠲賸本年錢糧著再
加恩全行蠲免該五州縣尚有應徵本年各項旗租並著一體蠲免順天府府尹直隸總督速即刊刻謄黄徧行曉諭俾比戶周知均霑實惠該部即
遵諭行欽此

412

光緒元年九月十九日内閣奉
上諭鑾儀衛恭請
穆宗毅皇帝暨
孝哲毅皇后小昇轝之校尉及工部僱備夫役俱著加
恩每名賞銀一兩由廣儲司給發欽此

413

光緒元年九月十九日内閣奉

上諭

穆宗毅皇帝暨

孝哲毅皇后梓宫奉移

山陵沿途恭請

大轝之直隸僱備民夫著加恩賞銀三千兩即在廣儲

司動支交李鴻章分别給領欽此

414

交侍衛處 内務府 上虞備用處 本日軍機大臣面奉

諭旨連日豫備

慈安端裕康慶皇太后

慈禧端佑康頤皇太后車輛並御營車輛及豫備關防

營内廷主位公主車輛之各項官員兵丁等著每

員名各賞給一兩重銀錁一箇由廣儲司給發欽此

相應傳知

貴處 衙門 欽遵辦理可也此交

九月二十日

415

光緒元年九月二十一日内閣奉

上諭

穆宗毅皇帝

孝哲毅皇后梓宫奉移

山陵沿途恭請

大轝之直隸僱備民夫著再加恩賞銀五千兩在廣儲

司動支由李鴻章分别給領欽此

416

光緒元年九月二十二日内閣奉

上諭上年恭請

穆宗毅皇帝梓宫暫安

觀德殿本年恭請

孝哲毅皇后梓宫暫安

永思殿所有守衛景山内外之護軍營兵丁及内務府

三旗兵丁等均著加恩每名賞給半月錢糧欽此

417

光緒元年九月二十二日内閣奉

上諭

穆宗毅皇帝

孝哲毅皇后梓宮奉移
山陵所有各營派出
蘆殿管營等官已有旨均賞加一級其
蘆殿管營大臣廣科伊昌阿著加恩再各賞加一級其
所管該營兵丁均著賞給半月錢糧欽此

418

光緒元年九月二十二日内閣奉
上諭朕恭送
穆宗毅皇帝
孝哲毅皇后梓宮奉移
山陵饗奠禮成所有恭理喪儀之恭親王奕訢孚郡王
奕譓科爾沁博多勒噶台親王伯彥訥謨祜貝勒
奕劻固倫額駙公景壽大學士寶鋆協辦大學士
吏部尚書總管内務府大臣英桂禮部尚書靈桂
工部尚書李鴻藻禮親王世鐸禮部尚書萬青藜
工部尚書總管内務府大臣魁齡工部右侍郎桂
清均能恪恭將事著各賞加三級恭理喪儀之惇
親王奕誴因留京辦事未派恭送亦著賞加三級

禮工二部堂官除靈桂萬青藜魁齡李鴻藻桂清
均經賞加三級外禮部侍郎察杭阿黃倬綿宜徐
桐工部侍郎成林何廷謙宜振及承辦喪儀之内
務府堂司各官暨禮工二部司官辦理一切悉臻
妥協俱各賞加二級前管理工部事務之大學士
文祥前任工部侍郎現調盛京工部侍郎訥仁及
署任未久之前署禮部侍郎大理寺卿潘祖蔭並
各營派出
蘆殿管營等官太常寺隨從堂司各官俱各賞加一級
恭送
梓宮及隨從御營之王公文武大小官員侍衛章京等
並守護
陵寢公載遷溥芸總兵景瑞均著賞加一級守護
隆福寺行宮之拜唐阿兵丁並隨從御營兵丁均著賞
給半月錢糧以示朕推廣仁施至意該部知道欽此

419
光緒元年九月二十二日内閣奉
上諭本月十八日奉移
穆宗毅皇帝
孝哲毅皇后梓宫所有修道之步甲著每名賞給半月
錢糧欽此

420
光緒元年九月二十二日内閣奉
上諭朕恭奉
慈安端裕康慶皇太后
慈禧端佑康頤皇太后躬送
穆宗毅皇帝
孝哲毅皇后梓宫奉移
山陵直隸大小官員辦理一切差務均屬妥協總督李
鴻章及辦差文武大小員弁著加恩各賞加一級
所有沿途當差兵丁著加恩賞給一月錢糧該部
知道欽此

421
光緒元年九月二十六日内閣奉
上諭本日恭請
慈安端裕康慶皇太后
慈禧端佑康頤皇太后輿暨御營請輿之鑾儀衛校尉
著加恩每名賞給一兩重銀錁一箇由廣儲司給
發欽此

422
交侍衛處内務府上虞備用處本日軍機大臣面奉
諭旨本日豫備
慈安端裕康慶皇太后
慈禧端佑康頤皇太后車輛並御營車輛及豫備關防
營内建主位公主車輛之各項官員兵丁等著每
員名各賞給一兩重銀錁一箇由廣儲司給發欽此
相應傳知
貴處衙門欽遵辦理可也此交
九月二十六日

423
光緒元年九月二十七日内閣奉
上諭連日恭請
慈安端裕康慶皇太后
慈禧端佑康頤皇太后輿暨御營請輿之鑾儀衛校尉

著再加恩每名賞給一兩重銀錁一箇由廣儲司
給發欽此

424

交侍衛處 內務府 上處 備用處本日軍機大臣面奉
諭旨連日豫備
慈安端裕康慶皇太后
慈禧端佑康頤皇太后車輛並御營車輛及豫備關防
營內廷主位公主車輛之各項官員兵丁等著每
員名各賞給一兩重銀錁一箇由廣儲司給發欽此
相應傳知
貴處 衙門欽遵辦理可也此交
九月二十七日

425

鈐章
宣統元年三月十五日內閣奉
上諭廣西巡警道員缺著劉永滇補授欽此
軍機大臣署名
臣奕 臣世

臣張 臣鹿 臣那假

426

鈐章
軍機大臣欽奉
諭旨度支部郵傳部會奏查明覆奏一摺嗣後招商
局著歸郵傳部管轄以符名實所有路船郵電四
項出入款目均著郵傳部切實考核按年奏銷並
咨明度支部覆核辦理欽此
軍機大臣署名
臣奕 臣世 臣張 臣鹿 臣那假
三月十五日

427

鈐章

宣統元年三月十六日內閣奉

上諭奉天東邊道員缺著沈承俊補授欽此

軍機大臣署名

臣奕 臣世 臣張 臣鹿 臣那假

428

鈐章

軍機大臣欽奉

諭旨

孝欽顯皇后几筵前行五滿月禮由

監國攝政王代詣行禮欽此

軍機大臣署名

臣奕 臣世 臣張 臣鹿 臣那假

三月十六日

429

鈐章

軍機大臣欽奉

諭旨會議政務處奏議覆東三省酌擬裁併添設各
道改設新錦等道缺並升興京廳為興京府一摺
又奏議覆郵傳部左參議李稷勳奏廓清弊蠹修
舉新政又奏請撥會議政務處經費各一片均著
依議欽此

軍機大臣署名

臣奕 臣世 臣張 臣鹿 臣那假

三月十六日

430

鈐章

軍機大臣欽奉

諭旨憲政編查館奏核覆自治研究所章程繕單呈

覽一摺著依議欽此

軍機大臣署名

臣奕

臣世

臣張

臣鹿

臣那假

三月十六日

431

鈐章

宣統元年三月十七日内閣奉

上諭

德宗景皇帝梓宫奉移

山陵饗奠禮成所有恭辦喪禮之禮親王世鐸睿親王

魁斌喀爾喀親王那彦圖奉恩鎮國公度支部尚

書載澤禮部尚書溥良内務府大臣繼祿增崇均

能恪恭將事著各賞加三級恭辦喪禮之大學士

世續協辦大學士鹿傳霖因留京辦事未派恭送

亦均著賞加三級禮部民政部堂官除溥良業經

賞加三級外禮部侍郎景厚郭曾炘民政部尚書

肅親王善耆侍郎烏珍林紹年及承辦喪禮之内

務府堂司各官暨禮部民政部司官辦理一切悉臻

妥協俱各賞加二級各營派出

蘆殿管營等官各賞加一級恭送

梓宫及隨從

皇太后赴

陵之文武大小官員侍衛章京等並守護

陵寢大臣奎瑛溥霱總兵希廉均著賞加一級守護

梁格莊行宫之拜唐阿兵丁並隨從

皇太后之各營兵丁均賞給半月錢糧以示朕推廣仁

施至意該部知道欽此

軍機大臣署名

臣奕

臣世

臣張
臣鹿
臣那假

432

鈐章

宣統元年三月十七日内閣奉

上諭

德宗景皇帝梓宮奉移

山陵沿途州縣方春東作正麥苗滋長之時所有由京

至易州一帶經過地方除隙地不計外凡有平毀

麥田着再加恩每畝賞給銀一錢俾農民購買

籽種補植新禾即於直隸藩庫節年耗羨款内動

支給領數實報銷欽此

軍機大臣署名

臣奕
臣世
臣張
臣鹿
臣那假

433

鈐章

宣統元年三月十七日内閣奉

上諭上年恭請

德宗景皇帝梓宮暫安

觀德殿所有守衛景山内外之護軍營兵丁及内務府

三旗兵丁步軍統領衙門兵丁等均着加恩每名

賞給半月錢糧民政部營兵每名賞給半月薪餉該衙

門知道欽此

軍機大臣署名

臣奕
臣世
臣張
臣鹿
臣那假

434

鈐章

宣統元年三月十七日内閣奉

上諭

德宗景皇帝梓宮奉移
山陵所有各營派出
蘆殿管營等官已有旨均賞加一級其
蘆殿管營大臣兜欽善豫著加恩再賞加一級其所管
該營兵丁均着賞給半月錢糧欽此
軍機大臣署名
臣奕 臣世 臣張 臣鹿 臣那假

435

鈐章
宣統元年三月十七日内閣奉
上諭
德宗景皇帝梓宮奉移
山陵所過橋梁道路皆歷年
輦路經行萬姓瞻依之地宜加渥澤用廣
恩施着將沿途經過之宛平良鄉涿州房山淶水五州
縣地方本年地丁錢糧蠲免十分之五易州蠲免
十分之七該部遵諭速行欽此
軍機大臣署名
臣奕 臣世 臣張 臣鹿 臣那

436

鈐章
宣統元年三月十七日内閣奉
上諭
德宗景皇帝奉移
山陵沿途恭請
大轝之直隸僱備民夫著加恩賞銀八千兩即在廣儲
司動支交楊士驤分別給領欽此
軍機大臣署名
臣奕 臣世

臣張
臣鹿
臣那

437

鈐章

宣統元年三月十七日内閣奉

上諭鑾輿衛恭請

德宗景皇帝小升舉之校尉及内務府僱備夫役俱著

加恩每名賞銀一兩由廣儲司給發欽此

軍機大臣署名

臣奕
臣世
臣張
臣鹿
臣那假

438

鈐章

宣統元年三月十七日内閣奉

上諭連日恭請

隆裕皇太后輪之鑾輿衛校尉著加恩每名賞給一兩

重銀錁一箇由廣儲司給發欽此

軍機大臣署名

臣奕
臣世
臣張
臣鹿
臣那假

439

鈐章

宣統元年三月十七日内閣奉

上諭本月十二日奉移

德宗景皇帝梓宫所有修道之步甲著每名賞給半月

錢糧欽此

軍機大臣署名

臣奕
臣世
臣張

440

鈐章

宣統元年三月十七日内閣奉

上諭此次

隆裕皇太后躬送

德宗景皇帝梓宫奉移

山陵直隸大小官員辦理一切差務均屬妥協總督楊

士驤及辦差文武大小員弁著加恩各賞加一級

所有沿途當差兵丁著加恩賞給一月錢糧該部

知道欽此

軍機大臣署名

臣奕

臣世

臣張

臣鹿

臣那 假

441

鈐章

軍機大臣欽奉

諭旨升允等電奏達賴行程未定屢次愆期請飭嚴

催起程等語着理藩部再行嚴催該達賴迅速起

程毋得遷延并將起程日期先行電奏欽此

軍機大臣署名

臣奕

臣世

臣張

臣鹿

臣那 假

三月十七日

442

鈐章

軍機大臣欽奉

諭旨陸軍部奏武職大員署缺派差在奉到恩詔以

前應否給廕一摺所有曾任實缺應給廕者准其

給廕欽此

軍機大臣署名

三月十七日

臣奕
臣世
臣張
臣鹿
臣那假

443

鈐章

宣統元年三月十八日内閣奉

上諭榮慶奏假期屆滿病仍未痊懇請開缺一摺榮

慶着再賞假一箇月安心調理毋庸開缺欽此

軍機大臣署名

臣奕
臣世
臣張
臣鹿
臣那假

444

鈐章

宣統元年三月十八日内閣奉

上諭恭送

德宗景皇帝梓宫之王公並隨扈

隆裕皇太后之御前乾清門各員均着賞加一級欽此

軍機大臣署名

臣奕
臣世
臣張
臣鹿
臣那假

445

鈐章

宣統元年三月十八日内閣奉

上諭恭送

德宗景皇帝梓宫並隨扈

隆裕皇太后之陸軍部派出兵丁等着每名賞給半箇

月餉銀由陸軍部照數發給欽此

軍機大臣署名

臣奕
臣世
臣張
臣鹿
臣那假

鈐章

軍機大臣欽奉
諭旨每日隨從
監國攝政王之大門三旗侍衛鑾輿衛等官每員
每月賞給津貼銀八兩請輪之校尉每名每月賞
給銀二兩均由內務府廣儲司給發欽此
軍機大臣署名

臣奕
臣世
臣張
臣鹿
臣那假

三月十八日

鈐章

宣統元年三月十九日內閣奉
上諭松壽奏特參庸劣不職文武各員請分別懲處
一摺福建馬家巷通判白荃辦事顢頇聲明惡劣
沙縣知縣鮑德名操守平常居心巧詐前署廈防
同知補用知縣鈕承藩狡詐貪婪聲名狼藉前署
平潭同知試用通判金士俊信用幕書聲名甚劣
前署順昌縣試用知縣吉倬行為謬妄不堪造就
前署德化縣試用知縣曹桂籍才具平庸馭下寬
縱辦理泉州府稅務委員試用同知陳鉠信任子
姪舞弊營私試用通判潘履亨行為不檢聲名平
常補用知縣鮑立鋐氣質輕浮行為荒謬試用知
縣王汝楫妄事鑽營不安本分前泰甯局委員候
補鹽大使李世升貪圖小利膜視公帑福清縣南
日縣丞吳炳輝擅受擾民前代理平和縣南勝縣
丞試用縣丞歐崧齡惟利是圖海澄縣海門巡檢
黃瀚文嗜利妄為試用巡檢唐之際因案潛逃署
延平協副將桐山營游擊曹德奎辦事荒謬罔恤

聲名均著即行革職餘著照所議辦理該部知道
欽此

軍機大臣署名
臣奕
臣世
臣張
臣鹿
臣那假

448
鈐章
軍機大臣欽奉
諭旨恭備
德宗景皇帝梓宮奉移差務之民政部丞參廳丞禮部
丞參步軍統領衙門堂司各官除已加恩外餘均
賞加二級欽此

軍機大臣署名
臣奕
臣世
臣張
臣鹿
臣那假

三月十九日

449
鈐章
軍機大臣欽奉
諭旨農工商部等部會奏議覆黑龍江沿邊荒務辦
法一摺著依議欽此

軍機大臣署名
臣奕
臣世
臣張
臣鹿
臣那假

三月十九日

450
鈐章
軍機大臣欽奉
諭旨郵傳部奏核減電局經費一摺又奏停止各項
雜款一片均知道了欽此

軍機大臣署名
臣奕
臣世

三月十九日

臣張
臣鹿
臣那假

451

鈐章

軍機大臣欽奉

諭旨郵傳部奏勘查江西安徽鐵路路綫股資大概

情形一摺知道了欽此

軍機大臣署名

三月十九日

臣奕
臣世
臣張
臣鹿
臣那假

452

查本處章京候補主事趙國良補額已滿三年

額外章京陸軍部應補郎中楊芾到班已滿一

年照奏定新章趙國良擬補主事實缺楊芾曾

任兵部實缺郎中擬銷去本衙門字樣作為本

處實缺郎中充補章京額缺為此謹

奏

宣統元年三月十九日奉

旨知道了欽此

453

鈐章

宣統元年三月二十日內閣奉

上諭朕恭讀光緒二十六年二十七年迭奉

諭旨特將誣陷被罪之前户部尚書立山兵部尚書徐

用儀吏部左侍郎許景澄內閣學士聯元太常寺

卿袁昶開復原官並錄用子嗣仰見我

德宗景皇帝秉承我

孝欽顯皇后慈恩垂訓一秉至公惟念該故員等心存

君國忠蹇可矜允宜再沛恩施嘉名特錫立山徐

用儀許景澄聯元袁昶均著加恩予謚用示朕推廣

慈仁之至意該衙門知道欽此

軍機大臣署名

臣奕 臣世 臣張 臣鹿 臣那假

454

鈐章

宣統元年三月二十日內閣奉

上諭奉天巡撫著錫良兼署欽此

軍機大臣署名

臣奕 臣世 臣張 臣鹿 臣那假

455

鈐章

宣統元年三月二十日內閣奉

上諭山西巡警道員缺著王為榦補授欽此

軍機大臣署名

臣奕 臣世 臣張 臣鹿 臣那假

456

鈐章

軍機大臣欽奉

諭旨本月二十三日

穆宗毅皇帝誕辰致祭

奉先殿後殿遣貝勒載潤恭代行禮欽此

軍機大臣署名

臣奕 臣世 臣張 臣鹿 臣那假

三月二十日

457

鈐章

軍機大臣欽奉

諭旨東三省總督錫良奏籌商東省事宜一摺東三省地方緊要應辦要政甚多著各該衙門隨時會商錫良合力通籌妥定辦法又片奏陸軍協都統吳祿貞請援案派充督辦吉林邊務等語著照所請仍著吳祿貞隨時稟商錫良妥慎辦理欽此

軍機大臣署名

臣奕　臣世　臣張　臣鹿　臣那假

三月二十日

458

鈐章

軍機大臣欽奉

諭旨東三省總督錫良奏請調人員一摺著照所請該部知道欽此

軍機大臣署名

臣奕　臣世　臣張　臣鹿　臣那假

三月二十日

459

鈐章

軍機大臣欽奉

諭旨翰林院侍讀榮光奏條陳海軍軍港船塢形勝地勢應辦事宜一摺著籌辦海軍王大臣知道欽此

軍機大臣署名

臣奕　臣世　臣張　臣鹿　臣那假

三月二十一日

460

鈐章

軍機大臣欽奉

諭旨所有宿衛營在

觀德殿守衛之兵丁著加恩賞給半月餉銀由陸軍部

給發欽此

軍機大臣署名

臣奕

臣世

臣張

臣鹿

臣那假

三月二十二日

461

鈐章

軍機大臣欽奉

諭旨税務大臣那桐等奏議覆浙江巡撫增韞等奏

商辦鐵路機器材料免税年限辦法一摺著依議

欽此

軍機大臣署名

462

鈐章

軍機大臣欽奉

諭旨李稷勳奏請變通翰林院舊制歸併職掌釐正

品秩一摺著會議政務處吏部會議具奏欽此

軍機大臣署名

臣奕

臣世

臣張

臣鹿

臣那假

三月二十二日

臣奕

臣世

臣張

臣鹿

臣那假

三月二十二日

463

鈐章

宣統元年三月二十三日内閣奉

上諭直隸通永鎮總兵員缺着雷震春補授欽此

軍機大臣署名

臣奕
臣世
臣張
臣鹿
臣那假

464

署通永鎮總兵名單

直隸補用道雷震春

465

鈐章

軍機大臣欽奉

諭旨理藩部代奏喀爾喀親王銜郡王多爾濟帕喇
穆等因登極差人請安呈進貢物可否准其呈進
一摺現在停止貢獻未滿三年着毋庸呈進欽此

軍機大臣署名

三月二十三日

臣奕
臣世
臣張
臣鹿
臣那假

466

鈐章

軍機大臣欽奉

諭旨鳳山奏陸軍第一鎮仰山窪新建營房工竣報
銷一摺着該部知道又奏派員出口採買馬匹一
片着該衙門知道欽此

軍機大臣署名

臣奕
臣世
臣張
臣鹿
臣那假

三月二十三日

鈐章署名原件交陸軍部另抄交度支部理藩部都統鳳

467

鈐章

軍機大臣欽奉

諭旨鳳山奏採買軍火請免稅釐一片著照所請該

衙門知道欽此

軍機大臣署名

臣奕

臣世

臣張

臣鹿

臣那 假

三月二十三日

鈐章署名原件交度支部另鈔交稅務處 都統鳳山

468

本日鳳山奏採買軍米請免稅釐一片臣等漏

未檢出謹擬

旨呈

覽謹

奏

三月二十三日

469

鈐章

軍機大臣欽奉

諭旨會議政務處會奏議覆御史謝遠涵奏吏治窳

敗請嚴飭整頓一摺又奏議覆謝遠涵奏請嚴賞

罰葉芾棠奏請定舉劾失實處分一片均知道了

欽此

軍機大臣署名

臣奕 假

臣世

臣張

臣鹿

臣那 假

三月二十四日

470

鈐章

軍機大臣欽奉

諭旨都察院代奏河南京官翰林院侍讀學士揚捷

三等呈稱已革河道總督許振禕功德在民條列

事實懇請加恩予謚一摺許振禕著加恩予謚欽此

軍機大臣署名

三月二十四日

臣奕

臣世

臣張

臣鹿

臣那假

471

鈐章

軍機大臣欽奉

諭旨會議政務處會奏議覆丁憂漢員投効滿員當

差酌訂章程繕單呈覽一摺著依議欽此

軍機大臣署名

三月二十四日

臣奕

臣世

臣張

臣鹿

臣那假

472

鈐章

軍機大臣　字寄

荆州左翼副都統隆　宣統元年三月二十五日奉

上諭隆斌奏敬陳管見請將原任大學士榮祿加封

爵秩一摺覽奏大為不悅爾措詞荒謬殊屬冒昧

原摺已留中銷燬茲特嚴諭申斥嗣後再敢如此

揣摩嘗試謬妄行為定予嚴懲不貸凜之欽此遵

旨寄信前來

軍機大臣署名

臣奕假

臣世

臣張

臣鹿

臣那假

473

鈐章

宣統元年三月二十五日奉

旨左翼監督著麟光去右翼監督著兜欽去欽此

軍機大臣署名

474

鈐章

軍機大臣欽奉

諭旨順天府奏審明越獄脫逃又聽糾持鎗强刦得

財監犯照章定擬一摺又奏審明疊次搶刦盜犯

照章定擬一摺均著法部議奏欽此

軍機大臣署名

另鈔交順天府

三月二十五日

臣奕假

臣世

臣張

臣鹿

臣那假

臣奕假

臣世

臣張

臣鹿

臣那假

475

應放左右翼監督之副都統名單

希朗阿

秦綬章

祥普

秀吉

硃o

兜欽

景恩

全福

毓秀

敬昌

英信

善豫

蘇魯岱

祥年

塔克什訥

文泰差

廣綺

善旌

王英楷

吉陞
達賚
瑞啟
恆順
瑞豐
承祐
常山
玉璋
豐陞阿
段祺瑞
卓淩阿
都淩阿
慶綿
麟光
豐深
希璋
顧璜
馮國璋
志鈞

連魁
訥欽泰
額勒春
文璞
良泰

476 光緒三十二年左右翼監督
溥倬
伊立布
光緒三十三年左右翼監督
誠全
岳樑
光緒三十四年左右翼監督
烏珍
棍布札布

477 三月二十六日引見人員
吏部三十七人

478

鈐章

宣統元年三月二十六日内閣奉

上諭學部奏酌量變通初等小學堂章程并原有小學簡易科酌擬兩類辦法以期學徒日多教育漸臻普及繕單呈覽一摺所奏尚屬切實易行著各省督撫督率提學使無論官學私塾均當遵照此次定章分别地方情形切實舉辦并隨時派員認真考核嗣後辦學官紳如再有因循欺飾不遵章程者即由學部查明嚴行叅處務期學校日興民智日啟以仰副朝廷敷教牖民之至意餘依議欽此

軍機大臣署名

臣奕

臣世

臣張

臣鹿

臣那 假

479

鈐章

軍機大臣欽奉

諭旨學部奏議覆御史謝遠涵等條陳學務一片著依議欽此

軍機大臣署名

臣奕

臣世

臣張

臣鹿

臣那 假

三月二十六日

480

鈐章

軍機大臣欽奉

諭旨御史劉顯曾奏擬裁鐵路總局歸併郵傳部以節經費而一事權一摺著郵傳部知道欽此

軍機大臣署名

臣奕

臣世

臣張

臣鹿

臣那假

三月二十六日

481

鈐章

軍機大臣欽奉

諭旨學部奏變通中學堂課程分為文科實科以廣

裁成而期實效一摺著依議欽此

軍機大臣署名

臣奕

臣世

臣張

臣鹿

臣那假

三月二十六日

482

鈐章

軍機大臣欽奉

諭旨前驗放卓異之捐升道員江蘇長洲縣知縣蘇

品仁著准其卓異加一級欽此

軍機大臣署名

臣奕

臣世

臣張

臣鹿

臣那假

三月二十六日

483

三月二十七日引

見人員

吏部五十九人

484

鈐章

宣統元年三月二十七日內閣奉

上諭外務部左參議著周自齊轉補曹汝霖著補授

右參議欽此

軍機大臣署名

臣奕

臣世

485

鈐章

宣統元年三月二十七日内閣奉

上諭此次京察引見三品以下京堂各官均著照舊

供職欽此

軍機大臣署名

臣張

臣鹿

臣那假

486

光緒二十九年正月二十六日内閣奉

上諭此次京察引見三品以下京堂各官均著照舊

供職欽此

臣奕

臣世

臣張

臣鹿

臣那假

487

光緒三十二年正月二十六日内閣奉

上諭此次京察引見三品以下京堂各官宗人府府

丞王培佑才具平庸大理寺卿王福祥久病未愈

均著原品休致順天府府尹李希杰難勝繁劇著

開缺另候簡用餘著照舊供職欽此

488

鈐章

軍機大臣 字寄

駐藏辦事大臣聯 幇辦大臣温 宣統元年

三月二十八日奉

上諭聯豫温宗堯因

隆裕皇太后崇上徽號呈遞

皇太后暨朕賀摺並恭請

皇太后安摺與例不合殊屬冒昧著傳旨申飭欽此遵

旨寄信前來

軍機大臣署名

臣奕

臣世

臣張

臣鹿
臣那假

489

鈐章

宣統元年三月二十八日内閣奉

上諭雲南臨安開廣道著龔心湛調補易順鼎著調
補廣東廉欽道欽此

軍機大臣署名

臣奕
臣世
臣張
臣鹿
臣那假

490

鈐章

宣統元年三月二十八日内閣奉

上諭雲貴總督李經羲奏調用人員一摺江蘇候補
知府應德閎山東補用知府魏家驊江西候補知
府夏翊宸候選知府鍾麟同直隸補用直隸州知
州熊範輿江蘇候補知縣洪壽彭安徽補用知縣
朱學程補用副將孔慶塘留直儘先補用游擊靳
雲鵬補用都司張繼良均著發往雲南交李經羲
差遣委用欽此

軍機大臣署名

臣奕
臣世
臣張
臣鹿
臣那假

491

鈐章

軍機大臣欽奉

諭旨雲貴總督李經羲奏調内閣中書孫光庭各員
一片著照所請該衙門知道欽此

軍機大臣署名

臣奕
臣世
臣張

三月二十八日

臣鹿
臣那假

492

鈐章

軍機大臣欽奉

諭旨雲貴總督李經羲奏滇省缺款太鉅緩撥難濟
急需一摺雲南防務重要所奏餉需匱乏候撥緩
不濟急應如何提前酌撥俾得先應急需暨按年
分期接濟之處著度支部妥速議奏欽此

軍機大臣署名

臣奕
臣世
臣張
臣鹿
臣那

三月二十八日

493

鈐章

軍機大臣欽奉

諭旨貝勒載濤等奏請調撥牧羣馬匹一摺著該衙
門知道又奏購買工程材料服裝器具及一切物
品請免稅放行一片著依議又奏請敕部鑄造關
防一片著照所請禮部知道又奏請頒給大清會
典並圖書集成一片著頒給大清會典一部圖書
集成著暫緩頒給該部知道欽此

軍機大臣署名

臣奕
臣世
臣張
臣鹿
臣那假

三月二十八日

494

鈐章

軍機大臣欽奉

諭旨農工商部奏酌擬振興林業辦法一摺著依議

欽此

軍機大臣署名

臣奕

臣世

臣張

臣鹿

臣那假

三月二十九日

495

鈐章

軍機大臣欽奉

諭旨郵傳部奏議覆山西巡撫寶棻御史徐定超等

奏運煤減價辦法一摺又奏各處煤斤稅釐重疊

阻礙運輸請飭沿路各督撫分別切實裁減一片

均著依議欽此

軍機大臣署名

臣奕

臣世

臣張

臣鹿

臣那

三月二十九日

496

鈐章

軍機大臣欽奉

諭旨正藍旗漢軍都統奏疆臣培植桑梓助款興學

應如何給獎一摺趙爾巽趙爾豐均著交部從優

議敘欽此

軍機大臣署名

臣奕

臣世

臣張

臣鹿

臣那假

三月二十九日

497

鈐章

軍機大臣欽奉

諭旨正藍旗漢軍都統奏大員捐廉贍族懇請旌獎

一摺趙爾巽著賞給御書匾額一方以示旌獎欽此

軍機大臣署名

臣奕

臣世

臣張

臣鹿

臣那假

三月二十九日

498

查本處章京候補主事張潤補額已滿三年應

照奏定新章擬補主事實缺又章京許寶蘅現

在丁憂離差應行添傳一員臣等公同商酌擬傳

記名在前之翰林院編修黄彦鴻在額外章京上行

走謹

奏

宣統元年三月二十九日奉

旨知道了欽此

鈐章

軍機大臣欽奉

諭旨理藩部奏世襲貝勒銜固山貝子車林多爾濟報効銀兩請給奬敘一摺車林多爾濟著賞加郡王銜欽此

軍機大臣署名

臣奕

臣世

臣張

臣鹿

臣那 假

四月初一日

500

四月初二日引

見人員

吏部七十一人

501

鈐章

軍機大臣欽奉

諭旨貝勒載洵等奏現修崇陵工程情形一摺知道了欽此

軍機大臣署名

臣奕

臣世

臣張

臣鹿

臣那 假

四月初二日

502

四月初三日引

見人員

吏部七十七人

503

鈐章

軍機大臣欽奉

諭旨貝勒毓朗等奏設立貴胄法政學堂暫行借地開辦並請撥經費一摺又奏請將廣東候補知府鍾彬派充提調一片均著依議又奏刊刻木質關

防一片知道了欽此

軍機大臣署名

臣奕 臣世 臣張 臣鹿 臣那假

四月初三日

504

鈐章

軍機大臣欽奉

諭旨御史廖基鈺奏徵銀之害重困民生尤妨農政

請飭疆臣毋率言改變一摺又奏請速定幣制以

壹權衡而便徵收一摺均著度支部知道欽此

軍機大臣署名

臣奕 臣世 臣張

臣鹿 臣那假

四月初三日

505

鈐章

軍機大臣欽奉

諭旨憲政編查館奏遴員派充一二等諮議官繕單

呈覽一摺又奏擬派考覈專科人員一片又奏調

用人員一片均著依議欽此

軍機大臣署名

臣奕 臣世 臣張 臣鹿 臣那假

四月初三日

506

四月初四日引

見人員

吏部八十一人

507

鈐章

軍機大臣欽奉

諭旨陸軍部左侍郎壽勳差務較繁著毋庸進文職

班欽此

軍機大臣署名

臣奕

臣世

臣張

臣鹿

臣那 假

四月初四日

508

鈐章

軍機大臣欽奉

諭旨郵傳部奏山西同蒲鐵路公司購用材料請援

案免稅一摺著依議欽此

軍機大臣署名

臣奕

臣世

臣張

臣鹿

臣那 假

四月初四日

509

四月初五日引

見人員

吏部九十三人

510

鈐章

宣統元年四月初五日内閣奉

上諭此次京察一等圈出人員著各該堂官再行出

具切實考語交吏部帶領引見圈出之滿洲蒙古

中書筆帖式等官著歸入理事同知通判内遇有

缺出與舊記名人員一體帶領引見漢軍漢員著

交部以撫民同知通判等官分別選用翰林院主

事竇芝起居注主事萬亨禮部六品贊禮官景存

學部國子丞衙門典簿松廷文鼎法部七品小京

官海濬榮勳唐古忒學司業承慶度支部寶泉局

大使隆理貴達禮部賛禮郎松齡鳴賛寶梅緒英
欽天監司書陳壽圖俱著交部照例以應升之缺
升用其内閣侍讀連兆等三百二十二員俱著准
其一等加一級欽此

軍機大臣署名

臣奕　假
臣世
臣張
臣鹿
臣那　假

511

光緒三十二年二月初七日内閣奉
上諭此次京察一等圈出人員著各該堂官再行出
具切實考語交吏部帶領引見圈出之滿洲蒙古
中書筆帖式等官著歸入理事同知通判内遇有
缺出與舊記名人員一體帶領引見漢軍漢員著
交部以撫民同知通判等官分別選用大理寺左
評事玉金綬太常寺寺丞兼讀祝官崇恩光禄寺
署正勞啟祝侍衛處主事德克精阿順天府治中
孫壽臣唐古忒學司業承慶内閣典籍蘇元龍宗
人府委署主事定秀翰林院待詔朱桐太常寺讀
祝官啟順景存賛禮郎松鈺裁缺國子監助教松
廷文鼐周濂徽鴻臚寺鳴賛額圖琿長齡侍衛處
委署主事春和鑾儀衛鳴賛鞭官海順欽天監主
薄司東鈞司書陳壽圖俱著交部照例以應升之
缺升用其内閣侍讀恩佑等二百七十六員俱著
准其一等加一級欽此

鈐章

512

宣統元年四月初五日内閣奉
上諭奉天巡撫著程德全署理錫良毋庸兼署欽此

軍機大臣署名

臣奕　假
臣世
臣張
臣鹿
臣那　假

513

鈐章

軍機大臣欽奉

諭旨都察院代奏舉人賈睿熙條陳小學重要亟宜多方籌畫呈一件著學部知道欽此

軍機大臣署名

臣奕 假
臣世
臣張
臣鹿
臣那 假

四月初五日

514

鈐章

軍機大臣欽奉

諭旨左翼監督烏珍奏關税一年期滿正額無虧盈餘未能足額開單呈覽請飭部覈議並盈餘銀兩應交何處一摺著度支部議奏盈餘銀兩交廣儲司欽此

軍機大臣署名

臣奕 假
臣世
臣張
臣鹿
臣那 假

四月初五日

515

查成案京察引見内有出差告假人員奉旨圈出者均經奏請暫行銷除補帶引見現查圈出單内有農工商部員外郎王大貞現赴南洋撫慰僑商應俟該員差竣回京後補行帶領引見爲此奏明請旨照案辦理謹奏

宣統元年四月初五日奉

旨知道了欽此

516

鈐章

宣統元年四月初六日内閣奉

上諭度支部奏各省財政宜統歸藩司以資綜核而專責成一摺各省財政頭緒紛繁自非統一事權不足以資整理嗣後各省出納款目除鹽糧關各司道經管各項按月造冊送藩司或度支使查覈外其餘關涉財政一切局所著各該督撫體察情形予限一年次第裁撤統歸藩司或度支使經管所有款項由司庫存儲分別支領即由各督撫督飭該藩司等將全省財政通盤籌畫認真整頓仍著度支部隨時考覈分別勸懲以副綜核名實之

至意欽此

軍機大臣署名

臣奕

臣世

臣張

臣鹿

臣那　假

517

鈐章

宣統元年四月初六日内閣奉

上諭山西提學使著汪詒書補授欽此

軍機大臣署名

臣奕

臣世

臣張

臣鹿

臣那　假

518

鈐章

軍機大臣欽奉

諭旨度支部奏遵設幣制調查局並請暫鑄通用銀幣一摺又奏分別酌給正副監理官薪資一片均

著依議欽此

軍機大臣署名

臣奕

臣世

臣張

519
鈐章
軍機大臣欽奉
諭旨此次驗看之已革廣東試用知縣蔣澤著准其
開復原官欽此
軍機大臣署名
四月初六日
臣鹿
臣那 假

520
已革廣東試用知縣蔣澤
旨著准其開復原官
四月初六日
臣奕
臣世
臣張
臣鹿
臣那 假

521
鈐章
宣統元年四月初七日内閣奉
上諭朕寅承丕緒撫馭萬方敬念
列聖御極之初蠲免積逋覃敷闓澤誠以民為邦本厚
民生正所以培元氣也允宜祗遵
成憲特沛恩綸所有各直省民欠錢糧即著度支部酌
覈奏請蠲免用示子惠元元至意欽此
軍機大臣署名
臣奕 假
臣世
臣張
臣鹿
臣那 假

522
光緒元年三月初一日内閣奉
上諭朕寅承丕緒撫馭萬方敬念
列聖御極之初蠲免積逋覃敷闓澤誠以民為邦本厚
民生正所以培元氣也允宜祗遵
成憲特沛恩綸所有各直省民欠錢糧即著户部酌覈
奏請蠲免用示子惠元元至意欽此

523

鈐章

宣統元年四月初七日内閣奉

上諭五月初五日夏至大祀

地於

方澤遣肅親王善耆恭代行禮

四從壇派錫露榮整恩輝延秀各分獻欽此

軍機大臣署名

臣奕 假

臣世

臣張

臣鹿

臣那 假

524

鈐章

軍機大臣欽奉

諭旨學部奏酌擬變通游學畢業生廷試事宜一摺

著依議欽此

軍機大臣署名

四月初七日

臣奕 假

臣世

臣張

臣鹿

臣那 假

525

鈐章

宣統元年四月初八日内閣奉

上諭端方代奏廣西布政使余誠格因病懇請開缺

一摺余誠格著准其開缺欽此

軍機大臣署名

臣奕 假

臣世

臣張

臣鹿

臣那 假

526

四月初九日引

見人員

吏部二十人

527

滿頭班

花翎二品銜領班三品章京英秀

花翎二品銜幫領班四品章京文年

花翎三品銜在任即選知府選缺後以道員補用章京郎中成俊

三品銜章京郎中榮元

先換頂戴在任即選知府章京員外郎麟祥

花翎三品銜章京侍讀裕銘

章京候補員外郎伊密揚阿

花翎三品銜在任即選道額外章京上行走鍾佩

漢頭班

花翎領班三品章京劉穀孫

花翎領班章京上行走候補五品京堂楊壽樞

幫領班四品章京胡彤恩

三品銜章京員外郎劉慶篤

花翎四品銜章京主事趙國良

四品銜章京主事張潤

四品銜章京主事宋子聯

三品銜章京　記名繁缺知府郎中楊芾

員外郎銜額外章京原工部候補主事曾文玉

花翎四品銜額外章京民政部郎中舒鴻貽

額外章京翰林院編修黃彥鴻

滿二班

花翎二品銜領班三品章京文徵

花翎幫領班四品章京聯綬

花翎三品頂戴章京郎中榮奎

花翎三品銜即選知府章京郎中常泰

四品銜章京主事鴻恩

四品銜章京候補主事興廉

四品銜員外郎星輅

章京錄事官松海

漢二班

二品銜領班三品章京易貞

幫領班四品章京趙廷珍

三品銜章京　記名繁缺知府郎中孫筍經

528

三品頂戴章京員外郎陳鴻翼
四品銜章京候補主事盧文明
四品銜章京候補主事邢維經
四品銜章京候補主事徐廣思
三品頂戴章京員外郎萬雲路
章京主事雷延壽
額外章京　記名遇缺題奏翰林院編修楊渭

軍機處爲片行事查本處漢章京候補主事許
寶蘅於本年三月二十三日聞訃繼母夏氏在
籍病故係屬親子例應丁憂相應黏單開具履
歷親供知照
貴部查照可也須至片者計單一件
右片行
吏　部
宣統元年四月　初九　日

529

鈐章
宣統元年四月初九日内閣奉
上諭貝勒載濤等奏遵擬王公等佩帶爵章式樣一
摺所擬尚屬周妥著即由該專司訓練大臣等製
造呈覽嗣後凡王公世爵入軍隊者一律由該大
臣等遵照此制發給佩帶以示區别品級之意欽此
軍機大臣署名
臣奕
臣世
臣張
臣鹿
臣那　假

530

鈐章
宣統元年四月初九日内閣奉
上諭廣西布政使著魏景桐補授趙濱彦著補授廣
東按察使欽此
軍機大臣署名
臣奕

臣世
臣張
臣鹿
臣那　假

531

鈐章

宣統元年四月初九日内閣奉
上諭此次京察引見年至六十五歲以上之度支部
郎中世昌等均著照舊供職不到之宗人府理事
官恩元著該部照例辦理欽此

軍機大臣署名

臣奕
臣世
臣張
臣鹿
臣那　假

532

光緒二十年二月初七日内閣奉
上諭此次京察引見年至六十五歲以上之翰林院
編修汪樹烈兵部郎中熙明刑部司庫瑞福禮科
掌印給事中覺羅舒恩及引見不到之兵部主事
陳鴻户科筆帖式秀昌舊太倉監督户部郎中通
泰均著以原品休致欽此

533

光緒三十二年二月初九日内閣奉
上諭此次京察引見年至六十五歲以上之户部郎
中世昌等均著照舊供職不到之户部主事姚榮
壽著該部照例辦理欽此

534

鈐章

軍機大臣欽奉
諭旨貝勒載濤等奏改訂禁衛軍領帽服色一片著
依議欽此

軍機大臣署名

臣奕
臣世
臣張
臣鹿

四月初九日

臣那　假

535

鈐章

軍機大臣欽奉

諭旨戴鴻慈奏酌調隨帶人員一摺著依議又奏開用關防日期一片知道了欽此

軍機大臣署名

臣奕　臣世　臣張　臣鹿　臣那

四月初九日

536

鈐章

軍機大臣欽奉

諭旨署殺虎口監督汪德溥奏齎交盈餘銀兩應交何處摺著交廣儲司該部知道又片奏徵收大青山木稅例應隨摺奏明等語著度支部知道欽此

軍機大臣署名

臣奕　臣世　臣張　臣鹿　臣那　假

四月初九日

537

鈐章

軍機大臣欽奉

諭旨署殺虎口監督汪德溥奏報明殺虎口稅徵收實數摺著度支部知道欽此

軍機大臣署名

臣奕　臣世　臣張　臣鹿　臣那　假

四月初九日

538

鈐章

宣統元年四月初十日內閣奉

上諭兩淮鹽運使著增厚補授欽此

軍機大臣署名

臣奕 臣世 臣張 臣鹿 臣那 假

539

鈐章

宣統元年四月初十日內閣奉

上諭雲南糧儲道員缺著曾廣銓補授欽此

軍機大臣署名

臣奕 臣世 臣張 臣鹿 臣那 假

540

鈐章

軍機大臣欽奉

諭旨農工商部奏順直官紳籌設京師蠶業講習所

由部撥款補助併請飭各省酌量仿辦一摺著依

議欽此

軍機大臣署名

臣奕 臣世 臣張 臣鹿 臣那 假

四月初十日

541

鈐章

軍機大臣欽奉

諭旨郵傳部奏遵議陝西設立鐵路公司選舉總理

分別准駁一摺著依議又奏勘查洛潼鐵路路綫

股資大概情形一摺知道了欽此

軍機大臣署名

臣奕
臣世
臣張
臣鹿
臣那 假

四月初十日

542

鈐章

軍機大臣欽奉

諭旨右翼監督棍布札布奏關稅一年期滿正額無
虧盈餘未能足額開單呈覽請飭部覈議並盈餘
銀兩應交何處一摺著度支部議奏盈餘銀兩交
廣儲司又奏撥還部墊銀兩一片著依議該部知
道欽此

軍機大臣署名

臣奕
臣世
臣張
臣鹿

臣那 假

四月初十日

543

文學部此次
廷試游學畢業生閱卷大臣
派出梁敦彥唐景崇嚴修朱益藩襄校官
派出章宗元嵇鏡曹汝霖何熇時程明超羅振玉欽此
相應傳知
貴部欽遵可也此交

四月十一日

由學部開單請
簡 堂諭小交片交學部

544

四月十二日引
見人員
內務府三十三人

545

軍機大臣 字寄
山東巡撫袁 宣統元年四月十二日奉

上諭有人奏山東濰縣知縣曹倜貪酷不法請飭查
究一摺著袁樹勛按照所參各節秉公確查據實
具奏勿稍徇隱原摺著鈔給閱看欽此遵
旨寄信前來

軍機大臣署名

臣奕
臣世
臣張
臣鹿
臣那 假

546

鈐章

軍機大臣欽奉
諭旨貝子銜鎮國將軍載振前往日本答謝酌調隨
員一摺著依議又奏酌備頒贈物品一片又奏開
用關防日期一片均知道了欽此

軍機大臣署名

臣奕
臣世

臣張
臣鹿
臣那 假

四月十二日

547

四月十三日引
見人員
內務府四十六人

548

四月十四日引
見人員
內務府四十七人

549

鈐章

宣統元年四月十四日內閣奉
上諭此次內務府三院等處京察一等圈出人員著
該堂官再行出具切實考語帶領引見圈出之筆
帖式恭雲端莊錫麟漢章啟善寶鏞英連恆健長
海恩藻振麟文通榮桂文彩上駟院主事多斌筆

帖式錫齡奉宸苑主事清桂圓明園六品苑丞恆
勛八品苑副世貴
頤和園六品苑丞榮來筆帖式王福均著交吏部記名
照例選用所有一等官員筆帖式達他等均著准
其一等加一級不到之内務府郎中盛桂員外郎
莊達筆帖式清榮武備院委署主事恵林著該衙
門照例辦理至年已逾歲之員外郎文珣等均著
照舊供職欽此

軍機大臣署名

臣奕
臣世
臣張　假
臣鹿
臣那　假

550

光緒三十二年二月十四日内閣奉
上諭此次内務府三院等處京察一等圈出人員著
該堂官再行出具切實考語帶領引見圈出之堂
主事重英主事全福筆帖式文珣有慶泰雲增山
英紳錫麟增祺漢章廣霖常延晋昌寶鏞長海多
蔭恩藻昌祐振麟文通榮桂立順上駟院主事多
斌筆帖式錫齡武備院委署庫掌崇紱筆帖式繼
勳奉宸苑筆帖式清桂圓明園六品苑丞恆勛六
品苑副世貴
頤和園六品苑丞榮來鋆善筆帖式王福均著交吏部
記名照例選用所有一等官員筆帖式達他等均
著准其一等加一級不到之員外郎全善著該衙
門照例辦理至年已逾歲之員外郎文瀛等均著
照舊供職欽此

551

鈐章

軍機大臣欽奉
諭旨吏部奏前閩浙總督許應騤庶子許秉琦應否
准其復還原廕一摺著毋庸還廕欽此

軍機大臣署名

臣奕
臣世
臣張　假

四月十四日

臣鹿
臣那假

552

鈐章

軍機大臣欽奉

諭旨貝勒載洵等奏遵勘添築御路基址並擬移建
風水圍牆繪圖呈覽一摺所有風水圍牆著照查
勘情形敬謹修理其御路橋梁俟恭謁
陵寢時由該管大臣照例修理欽此

軍機大臣署名

臣奕
臣世
臣張假
臣鹿
臣那假

四月十四日

553

鈐章

軍機大臣欽奉

諭旨御史石長信奏皖省銅官山鑛約逾限作廢請
飭部始終堅持以杜後患一摺著外務部知道欽此

軍機大臣署名

臣奕
臣世
臣張假
臣鹿
臣那假

四月十四日

554

鈐章

宣統元年四月十五日內閣奉

上諭甘肅蘭州府知府員缺緊要著該督於通省知
府內揀員調補所遺員缺著英勛補授欽此

軍機大臣署名

臣奕
臣世

555

鈐章

宣統元年四月十五日内閣奉

上諭京師入夏以來雨澤稀少現在節逾小滿農田待澤孔殷朕心實深寅盼允宜虔申祈禱本月十七日派恭親王溥偉敬謹前詣

大高殿恭代拈香

時應宮派貝勒載洵

昭顯廟派貝勒載濤

宣仁廟派貝子溥倫

凝和廟派貝子銜鎮國將軍載振同於是日分詣拈香以迓甘霖而慰農望欽此

軍機大臣署名

臣張　假
臣鹿
臣那　假
臣奕
臣世
臣張　假

臣鹿
臣那　假

556

鈐章

宣統元年四月十五日内閣奉

上諭禮部奏崇上

皇太后徽號恭進奏書

冊

寶並頒詔吉期應於何時舉行一摺著欽天監於本年十一月内敬謹擇吉舉行欽此　黄面紅裏大片

軍機大臣署名

臣奕
臣世
臣張　假
臣鹿
臣那　假

557

鈐章

宣統元年四月十五日内閣奉

上諭禮部奏耆紳會榜重逢籲懇恩施一摺二品頂
戴三品卿銜前署山東督糧道郭鑑襄早年登第
晋秩監司前因重逢鄉舉賞給卿銜茲届該員會
試之年適週花甲洵屬藝林盛事加恩著賞給頭
品頂戴以惠耆年欽此

軍機大臣署名

臣奕
臣世
臣張假
臣鹿
臣那假

558

光緒二十四年三月初二日内閣奉
上諭張之洞等奏耆臣重遇恩榮筵宴籲懇恩施一
摺三品卿銜前雲南巡撫賈洪詔早膺民社洊陟
封圻退處鄉閭年登大耋前因鄉舉重逢賞加三
品卿銜現在重遇恩榮筵宴洵屬藝林盛事著加
恩賞給頭品頂戴准其重赴恩榮筵宴以光盛典
欽此

559

鈐章

軍機大臣欽奉
諭旨會議政務處奏議覆前東三省總督徐世昌奏
吉省地方遼闊治理難周請援案添改民官酌裁
旗缺一摺著依議欽此

軍機大臣署名

臣奕
臣世
臣張假
臣鹿
臣那假

四月十五日

560

鈐章

軍機大臣欽奉
諭旨都察院代奏據河南紳士翰林院編修杜嚴等
呈稱交涉局員破壞鑛務違章擅訂續約貽誤大
局等語著外務部河南巡撫會商妥籌辦理欽此

軍機大臣署名

561

四月十六日引
見人員
吏部六十五人

四月十五日

臣奕 臣世 臣張 假 臣鹿 臣那 假

562

鈐章

宣統元年四月十六日内閣奉
上諭禮部奏恭備
德宗景皇帝
升祔大禮請旨一摺著内閣各部院翰林給事中御史
詳慎妥議具奏欽此

軍機大臣署名

臣奕

563

鈐章

宣統元年四月十六日内閣奉
上諭貴州按察使著嚴雋熙補授欽此

軍機大臣署名

臣世 臣張 臣鹿 臣那 假

564

翰林院學士錫鈞
許澤新
翰林院侍讀學士景禐
恩祥

臣奕 臣世 臣張 臣鹿 臣那

周克寬
黃思永
惲毓鼎
翰林院侍講學士延清
世榮
李士鈖
楊捷三
周爰諏

565
四月十七日引
見人員
吏部五十八人

566
鈐章
宣統元年四月十七日内閣奉
上諭此次引見之上次圈出京察一等人員連兆等
共一百二十一員及補行引見之度支部員外郎
谷如墉一員著於本月十九日起按照名次先後
每日六員呈遞膳牌伺候召見如是日未經召見
仍於次日預備其餘各員以次遞推欽此
軍機大臣署名
臣奕
臣世
臣張
臣鹿
臣那 假

567
鈐章
軍機大臣欽奉
諭旨
孝欽顯皇后几筵前行六滿月禮由
監國攝政王代詣行禮欽此
軍機大臣署名
臣奕
臣世
臣張
臣鹿
臣那 假
四月十七日

568

鈐章

軍機大臣欽奉

諭旨慶親王奕劻奏查明恭修

菩陀峪

定東陵工程之已故監督永隆等之子開單請旨一摺

原任江甯將軍永隆之子

慕東陵工部員外郎立堃著以郎中補用原任鑲白旗

漢軍副都統慶恆之子世襲雲騎尉儒祥著賞給

三等侍衛在大門上行走欽此

軍機大臣署名

臣奕

臣世

臣張

臣鹿

臣那　假

四月十七日

569

鈐章

軍機大臣欽奉

諭旨此次引見之明保山東署曹州府知府補用知

府王賡廷著於本月十八日預備召見欽此

軍機大臣署名

臣奕

臣世

臣張

臣鹿

臣那　假

四月十七日

570

鈐章

軍機大臣欽奉

諭旨學部奏酌擬游學畢業生廷試錄用中書准其

改就小京官知縣一摺著依議欽此

軍機大臣署名

臣奕

臣世

臣張

臣鹿
臣那 假

四月十七日

571

鈐章

軍機大臣欽奉

諭旨學部郵傳部會奏查明唐山路鑛學堂罷學情

形併酌擬整頓辦法一摺著依議欽此

軍機大臣署名

臣奕 臣世 臣張 臣鹿 臣那 假

鈐章署名原件交學部另鈔交郵傳部

四月十七日

572

鈐章

軍機大臣欽奉

諭旨都察院奏刑律草案未盡完善請飭下法律大

臣覆加覈訂一摺著修訂法律大臣法部彙同京

外各衙門條奏詳慎斟酌另訂具奏欽此

軍機大臣署名

臣奕 臣世 臣張 臣鹿 臣那 假

鈐章署名原件交修訂法律大臣

另鈔同都察院鈔摺分交修訂法律大臣法部

四月十七日

573

四月十八日引

見人員

內務府二十六人

574

鈐章

宣統元年四月十八日內閣奉

上諭山東曹州府知府員缺著王賡廷補授欽此

軍機大臣署名

臣奕
臣世
臣張
臣鹿
臣那 假

575

鈐章

宣統元年四月十八日内閣奉

上諭升允電奏甘肅連年旱歉蘭州涼州鞏昌各屬前歲被災去秋尤甚入春雪雨愆期迄今尚未得有透雨碾伯會甯及各土司先後報災現在糧少價昂饑民哀號乞命牲畜多致餓仆等語覽奏殊堪憫惻加恩著賞給帑銀六萬兩由度支部給發著該督派委妥員按照所屬災區查明戶口災情輕重分往散放務使實惠均霑毋任失所用副朝廷軫念災黎至意該部知道欽此

軍機大臣署名

臣奕
臣世
臣張
臣鹿
臣那 假

576

鈐章

宣統元年四月十八日内閣奉

上諭此次内務府京察一等覆帶人員除南苑郎中恩奎外榮銓等二十五員著俟各部院衙門人員召見完竣後於次日起按照名次先後每日六員呈遞膳牌接續伺候召見如是日未經召見仍於次日預備其餘各員以次遞推欽此

軍機大臣署名

臣奕
臣世
臣張
臣鹿
臣那 假

577

鈐章

軍機大臣欽奉

諭旨法部奏議覆御史吴緯炳奏尋常盜犯請一律照例解勘一摺著會議政務處覈覆具奏欽此

軍機大臣署名

臣奕　臣世　臣張　臣鹿　臣那假

四月十九日

578

鈐章

軍機大臣欽奉

諭旨鑲紅旗漢軍都統宗勳等奏伯爵出缺無嗣請繼紛歧請旨遵行一摺著該部議奏欽此

軍機大臣署名

臣奕　臣世　臣張

原件交禮部
鈔交民政部
吏部
陸軍部

579

鈐章

軍機大臣欽奉

諭旨郵傳部奏驗收京門枝路工程情形一摺知道了欽此

軍機大臣署名

臣奕　臣世　臣張　臣鹿　臣那假

四月十九日

580

鈐章

軍機大臣欽奉

諭旨農工商部奏擬辦畜牧試驗已購張家口外地

臣鹿　臣那假

四月二十日

欵備用一摺著依議欽此

軍機大臣署名

臣奕

臣世

臣張

臣鹿

臣那

假

四月二十日

581

鈐章

軍機大臣欽奉

諭旨正藍旗滿洲都統溥倫等奏查明參革候補知縣恩麟京内並無家產請由直隸總督查封屯居財產備抵一摺著依議欽此

軍機大臣署名

臣奕

臣世

臣張

臣鹿

582

鈐章

軍機大臣欽奉

諭旨嗣後應行驗看人員均著由各該衙門帶領引見其餘應行驗放人員仍歸内閣驗放欽此

軍機大臣署名

臣奕

臣世

臣張

臣鹿

臣那

假

四月二十日

臣那

假

583

鈐章

軍機大臣欽奉

諭旨此次驗看之法部學習員外郎曾兆龍著以郎中補用欽此

四月二十一日

軍機大臣署名
臣奕
臣世
臣張
臣鹿
臣那 假

四月二十一日

584

鈐章

軍機大臣欽奉

諭旨理藩部代奏喀爾喀三音諾彥部落闔盟王公
呼圖克圖喇嘛等差人於

梓宮前呈進貢物可否准其呈進一摺

孝欽顯皇后

梓宮前著於本月二十五日呈進

德宗景皇帝

梓宮前著於本月二十九日呈進欽此

軍機大臣署名
臣奕

臣世
臣張
臣鹿
臣那 假

四月二十一日

585

鈐章

軍機大臣欽奉

諭旨貝勒載濤等奏擬定禁衛軍警察隊營制餉章
並試辦規則繕單列表呈覽一摺又奏擬訂服色
章記一片均著依議欽此

軍機大臣署名
臣奕
臣世
臣張
臣鹿
臣那 假

四月二十二日

586

鈐章

宣統元年四月二十四日内閣奉

上諭前因京師雨澤稀少當經派恭親王溥偉等

虔詣

大高殿等處恭代拈香數日以來雖經得雨尚未渥沛

甘霖允宜再申祈禱本月二十六日仍派恭親王

溥偉敬謹前詣

大高殿恭代拈香

時應宫仍派貝勒載洵

昭顯廟仍派貝勒載濤

宣仁廟著派貝子銜鎮國公載澤

凝和廟仍派貝子銜鎮國將軍載振同於是日分

詣拈香欽此

軍機大臣署名

臣奕

臣世　假

臣張

臣鹿

臣那　假

587

鈐章

宣統元年四月二十四日内閣奉

上諭戴鴻慈現在出差法部尚書著葛寶華署理

欽此

軍機大臣署名

臣奕

臣世　假

臣張

臣鹿

臣那　假

588

鈐章

軍機大臣欽奉

諭旨本日

監國攝政王代詣致祭

太廟所有執事人員到班甚遲著前往照料之御前大

臣查明叅奏欽此

軍機大臣署名

臣奕

589

鈐章

軍機大臣欽奉

諭旨吏部奏酌擬漢員改授都統副都統所得廕生

仍照漢例擬旨並從二品以下改掣各項官階開

單呈覽一摺著依議欽此

軍機大臣署名

臣奕

臣世 假

臣張

臣鹿

臣那 假

四月二十四日

590

鈐章

宣統元年四月二十五日内閣奉

上諭湖北鄖陽府知府員缺著伍銓萃補授欽此

軍機大臣署名

臣奕

臣世 假

臣張

臣鹿

臣那 假

591

旨簡放

湖北鄖陽府知府員缺請

592

鈐章

軍機大臣欽奉

諭旨

孝欽顯皇后几筵前端陽節加祭禮由

監國攝政王代詣行禮欽此

軍機大臣署名

593

鈐章

軍機大臣欽奉

諭旨

德宗景皇帝几筵前端陽節加祭禮著值班王大臣行

禮欽此

軍機大臣署名

臣奕
臣世
臣張 假
臣鹿
臣那 假

四月二十五日

臣奕
臣世
臣張 假
臣鹿
臣那 假

四月二十五日

594

鈐章

軍機大臣欽奉

諭旨翰林院侍講學士楊捷三奏契約未經撫臣批

准例應作廢請飭部臣極力挽回一摺著外務部

知道欽此

軍機大臣署名

臣奕
臣世
臣張 假
臣鹿
臣那 假

四月二十五日

595

鈐章

軍機大臣欽奉

諭旨都察院代奏河南試用道張光照條陳交通事

宜呈一件著郵傳部議奏欽此

軍機大臣署名

臣奕

臣世
臣張 假
臣鹿
臣那 假

四月二十五日

596

鈐章

軍機大臣欽奉
諭旨都察院代奏甘肅京官軍機章京劉慶篤等叩
謝天恩一摺知道了欽此

軍機大臣署名

臣奕
臣世
臣張 假
臣鹿
臣那 假

四月二十五日

597

鈐章

宣統元年四月二十七日内閣奉
上諭大學士張之洞協辦大學士鹿傳霖均著免其
帶領引見欽此

軍機大臣署名

臣奕
臣世
臣張
臣鹿
臣那 假

598

鈐章

宣統元年四月二十八日内閣奉
上諭大學士那桐前因患病現在步履未能如常著
加恩在紫禁城内賞坐二人肩輿欽此

軍機大臣署名

臣奕
臣世
臣張

臣鹿

臣那 假

599

鈐章

宣統元年四月二十八日内閣奉

上諭那桐奏瀝陳下悃懇請終制一摺覽奏具見孝思肫切惟該大學士職司重要朝廷以其辦事認真深資倚畀前降旨改為署任係因時事艱難需才襄贊不得已從權辦理那桐受恩深重自應仰體朕懷力圖報稱現經百日孝滿著仍遵前旨照常入直毋許固辭欽此

軍機大臣署名

臣奕

臣世

臣鹿

臣那 假

600

鈐章

軍機大臣欽奉

諭旨此次廷試游學畢業生著於五月初二初三分兩日帶領引見欽此

軍機大臣署名

臣奕

臣世

臣張

臣鹿

臣那 假

四月二十八日

601

鈐章

軍機大臣欽奉

諭旨貴胄法政學堂會奏設立學堂撥用校舍一摺著依議欽此

軍機大臣署名

臣奕

臣世

臣張

臣鹿
臣那 假
四月二十八日

602

鈐章
軍機大臣欽奉
諭旨陸軍部奏擬訂陸軍測繪員生畢業考試出身
補官並任用暫行章程繕單呈覽一摺又奏測繪
學堂第一二班學生畢業時請照高等科章程辦
理一片均著依議欽此
軍機大臣署名
臣奕
臣世
臣張
臣鹿
臣那 假
四月二十八日

603

鈐章
宣統元年四月二十九日内閣奉

上
諭前據御史張世培奏參前署慶遠府候補知府
阮志觀等昏謬貪殘各節當即諭令張人駿張鳴
岐確切嚴查茲據查明覆奏阮志觀兼統慶軍縱
容勇丁滋擾釀事蒼梧縣知縣莊炎於委員翁璜
收受賭商謝銀明知不究並招用革役承充船行
前署陽朔縣候補知縣錢振棨於書差兵役人等
弊混不法情事毫無覺察前署融縣正任恩恩縣
知縣趙邦澤縱容哨弁在署開賭鬱林直隸州州
判吳炳棨代訊匪供用刑嚴酷以上五員均著交
部議處已革廣東試用縣丞翁璜著歸案訊追究
辦前鬱林直隸州知州彭治河業經病故前署北
流縣歸順直隸州知州高廷梅前署長安司巡檢
准補忻城土縣典史王希和均查無實據已革平
南縣知縣吳寶書業經因案革職均著毋庸置議
該部知道欽此
軍機大臣署名
臣奕
臣世
臣張

臣鹿
臣那

604

鈐章

宣統元年四月二十九日内閣奉
上諭克勤郡王崧杰屢次請假久未當差殊屬不成
事體崧杰著開去差使停支俸祿俟病愈以後再
行銷假當差欽此

軍機大臣署名

臣奕
臣世
臣張
臣鹿
臣那

605

鈐章

軍機大臣欽奉
諭旨法部奏陳明出入款項請飭交度支部覈定收
發辦法繕單呈覽一摺又奏請撥大理院之總檢
察廳經費一片又奏將來添設外城地方審判廳
經費恐原定之數不符先行陳明立案及各廳職
官津貼請統籌規定一片均著度支部議奏單併
發欽此

軍機大臣署名

臣奕
臣世
臣張
臣鹿
臣那

四月二十九日

606

鈐章

軍機大臣欽奉
諭旨憲政編查館奏遵限考覈京外各衙門第一屆
籌辦憲政並臚陳第二屆籌辦情形一摺著依議
欽此

軍機大臣署名

臣奕

607

四月二十九日

臣世 臣張 臣鹿 臣那

鈐章

軍機大臣欽奉

諭旨法部奏廣東副將程友勝朦混襲廕請發往軍臺效力贖罪恭候欽定一片程友勝著發往軍臺效力贖罪不准援免欽此

軍機大臣署名

四月二十九日

臣奕 臣世 臣張 臣鹿 臣那

608

鈐章

宣統元年四月三十日内閣奉

上諭本年二月二十四日曾經明降諭旨將禁煙要政分別禁吸禁種等項各分權限剴切宣諭乃朕聞京城各衙門送驗人員多係散官末秩其充當要差者多未送驗且有戒而復食者顯係有瞻徇敷衍之弊查禁煙之舉必以禁吸為第一要義而禁吸尤以查禁官員為要義現在各省奏報禁種情形或已全數禁絶或請縮短年限辦理尚屬認真然使土藥絶跡而吸食者不減則專嗜洋藥癮毒愈深耗財愈多為害尤鉅於衛生足民之道仍有未合著責成禁煙大臣咨行京外各衙門切實考查調驗不得稍有瞻顧其外省文武職官學堂並責成督撫暨該管將軍都統及各項該管官員師長一體確查嚴禁總之禁吸禁種相輔而行京外該管各衙門均須懍遵疊次諭旨各顧責成實力奉行如辦理不力者朝廷必當予以懲處欽此

軍機大臣署名

臣奕

609

鈐章

軍機大臣欽奉

諭旨郵傳部奏改良電話購換新機以利交通一摺又奏請撥琉璃廠廢窰餘地建立電話局一片均著依議欽此

軍機大臣署名

四月三十日

臣奕
臣世
臣張
臣鹿
臣那

臣世
臣張
臣鹿
臣那

610
五月初二日引
見人員
學部五十一人

611
鈐章
軍機大臣欽奉
諭旨貝勒載洵等奏現修
崇陵工程情形一摺知道了欽此
軍機大臣署名
臣奕
臣世
臣張
臣鹿
臣那
五月初二日

612
鈐章
軍機大臣欽奉
諭旨署農工商部右丞左參議祝瀛元外務部左參
議周自齊候補三四品京堂署農工商部左參議
誠璋均著賞給二等第二寶星直隸候補道馮國
勳著賞給二等第三寶星欽此
軍機大臣署名
臣奕
臣世
臣張
臣鹿
臣那
五月初二日

613
鈐章
軍機大臣欽奉
諭旨出使比國大臣楊樞著賞給二等第一寶星欽此
軍機大臣署名
臣奕
臣世
臣張
臣鹿

五月初二日

臣那

614

鈐章

軍機大臣欽奉

諭旨會議政務處奏議覆翰林院侍講阿聯裁缺司
業蔭桓奏陳學務一摺又片奏議覆御史石長信
奏請改兵備道為兵備使司應毋庸議等語均著
依議欽此

軍機大臣署名

臣奕
臣世
臣張
臣鹿
臣那

五月初二日

615

五月初三日引
見人員
學部五十一人

616

鈐章

宣統元年五月初三日內閣奉
上諭此次引見之廷試游學畢業生進士黃德章陳
振先洪鎔程樹德均著授為翰林院編修虞銘新
朱獻文李盛銜彭士俊均著授為翰林院檢討王
孝綱張煜全胡棟朝顧琅均著改為翰林院庶吉
士顧德鄰章毓蘭均著以主事按照所學科目分
部補用舉人齊鼎恆彭敬時程良楷陳海超趙連
璧朱孔文馬德潤陳同紀吳炳樅張春濤均著以
主事按照所學科目分部補用楊霆垣林先民王
治輝陳承修周珍許炳堃黃汝鑑鄧鎔齊鼎頤程
蔭南曹文淵汪與准胡文藻李鳴謙黃右昌陸家
鼎吳憲仁朱紹濂鄭浩陳官桃王家駒何福麟徐
敬熙鄭聯鵬金慶章徐世勳孫成均著以內閣中
書補用陳高第王恩博汪瀠蘇道衡司駿易國霖

陳亮熙羅兆鴻李振鐸蔣以魁盧弼黎淵莊澤定
方時翩區樞趙憲曾段樹滋徐鼎元樊樹勳卞頎
元鄭禮鏗吳鴻元張書詔楊華王鎮南黄成霖吳
秉釗薛大可安當世胡國洸均著以七品小京官
按照所學科目分部補用戚運機李景圻王永炅
錢家澄于錫垚劉崇佑潘志愔均著以知縣分省
即用葉于蘭著以七品小京官分部補用孫雲奎
郭祖培于書雲均著以知縣分省試用舉人分部
郎中陳應龍范鴻泰均著按照所學科目分部候
奏留後各以本部郎中即用舉人分部員外郎陳
家瓚吳家駒陳文哲均著按照所學科目分部候
奏留後各以本部員外郎即用舉人外務部候補
主事林志鈞著以本部主事即用舉人候選主事
姚煥著仍以主事選用進士大理院候補從五品
推事廉隅著以從五品推事歸原衙門即用舉人
大理院候補正六品推事江庸著以正六品推事
歸原衙門即用舉人直隸試用道陳紹祖著仍以
道員歸原省補用欽此

軍機大臣署名

617

臣奕 臣世 臣張 臣鹿 臣那

鈐章

軍機大臣欽奉

諭旨御史惠銘奏整頓學堂考試辦法一摺著學部

知道欽此

軍機大臣署名

臣奕 臣世 臣張 臣鹿 臣那

五月初三日

618

五月初四日引

見人員

吏部二十七人

619

鈐章

宣統元年五月初四日内閣奉

上諭前因京師雨澤稀少疊經派恭親王溥偉等虔詣

大高殿等處恭代拈香現在節屆夏至雖經得雨尚未

深透允宜再申籲禱本月初六日着派貝勒載洵

敬謹前詣

大高殿恭代拈香

時應宫着派貝勒載濤

昭顯廟着派貝子溥倫

宣仁廟着派鎮國公載澤

凝和廟着派鎮國將軍載搜同於是日分詣拈香

欽此

軍機大臣署名

臣奕

臣世

臣張

臣鹿

臣那

620

鈐章

宣統元年五月初四日内閣奉

上諭吏部奏遵議廣西巡撫張鳴岐處分議以降二

級調用不准抵銷一摺張鳴岐着加恩改為降二

級留任欽此

軍機大臣署名

臣奕

臣世

臣張

臣鹿

臣那

621

鈐章

宣統元年五月初四日内閣奉

五月初四日

上諭前伊犂副都統兼塔爾巴哈臺參贊大臣安成
於咸豐年間投効軍營從征湖北安徽陝西甘肅
新疆等省躬歷行陣轉戰轉餉著有勞績由筆帖
式洊擢道員屢膺保薦派充駐藏大臣簡授伊犂
副都統兼塔爾巴哈臺參贊大臣均能克勤厥職
嗣因患病准其開缺回旗兹聞溘逝軫惜殊深加
恩著照副都統例從優賜卹任内一切處分悉予
開復應得卹典該衙門察例具奏欽此

軍機大臣署名

臣奕
臣世
臣張
臣鹿
臣那

622

光緒二十一年正月十四日内閣奉

上諭前任青州副都統德克吉訥由參領簡授烏魯
木齊領隊大臣在塔爾巴哈臺布倫托海科布多
等處征勦多年洊升副都統前因病准其開缺賞
食半俸兹聞溘逝軫惜殊深加恩著照副都統例
賜卹任内一切處分悉予開復應得卹典該衙門
查例具奏欽此

623

光緒三十三年十二月初二日内閣奉

上諭浙江乍浦副都統柏梁於同治年間投効軍營
從征江蘇安徽河南山東湖北等省督著勞績簡
授副都統克勤厥職兹聞溘逝軫惜殊深加恩著
照副都統例賜卹任内一切處分悉予開復應得
卹典該衙門查例具奏欽此

軍機大臣欽奉

鈐章

624

諭旨本日吏部帶領引見之曾蔭椿著以員外郎分
部補用欽此

軍機大臣署名

臣奕
臣世
臣張

臣鹿
臣那

五月初四日

625

鈐章

軍機大臣欽奉

諭旨本日引見未到之六法開缺前湖南平江縣知縣何莘耕著吏部照例辦理欽此

軍機大臣署名

臣奕
臣世
臣張
臣鹿
臣那

五月初四日

626

鈐章

軍機大臣欽奉

諭旨本日吏部引見之已革廣東合浦縣知縣鄒蘭生著准其開復原官欽此

軍機大臣署名

臣奕
臣世
臣張
臣鹿
臣那

五月初四日

627

鈐章

宣統元年五月初五日内閣奉

上諭江蘇巡撫著瑞澂補授欽此

軍機大臣署名

臣奕
臣世
臣張
臣鹿
臣那

628

鈐章

宣統元年五月初五日内閣奉

上諭江蘇布政使著陸鍾琦補授欽此

軍機大臣署名

臣奕

臣世

臣張

臣鹿

臣那

629

鈐章

軍機大臣欽奉

諭旨都察院代奏湖北舉人曹林條陳學務呈一件著學部知道欽此

軍機大臣署名

臣奕

臣世

臣張

臣鹿

630

臣那

五月初五日

鈐章

軍機大臣欽奉

諭旨都察院代奏翰林院檢討范桂芬等以已故知府淡松林兩世循良一門忠孝臚陳事實請宣付史館立傳專祠列入祀典呈一件著禮部議奏欽此

軍機大臣署名

臣奕

臣世

臣張

臣鹿

臣那

五月初五日

631

鈐章

軍機大臣欽奉

諭旨李殿林奏驗收度支部内倉並唐古忒學等項

工程一摺知道了欽此

軍機大臣署名

臣奕

臣世

臣張

臣鹿

臣那

五月初五日

632

軍機大臣欽奉

諭旨此次查驗詢問保薦人才著仍派那桐梁敦彦

瑞良嚴修俞廉三欽此

軍機大臣署名

臣奕

臣世

臣張

臣鹿

臣那

五月初五日

633

那桐

梁敦彦

瑞良

嚴修

俞廉三

634

內閣學士麒德

瑞豐 現署造幣廠正監督

毓隆

耆齡

那晉

榮勳

楊佩璋

李聯芳

吳郁生

王垿 現署法部右侍郎

副都御史伊克坦

陳名侃

635

鈐章

宣統元年五月初六日內閣奉

上諭前以預備立憲係奉

先朝明諭朕御極後復行申諭內外大小臣工共體此

意翊贊新猷毋得摭拾浮言淆亂聰明乃陝甘總督升允前奏請來京面陳事宜當經電諭儘可由

摺電奏陳原以新政繁鉅不厭詳求內外大臣如

有所見不妨隨時條陳以資采擇茲據該督奏陳

立憲利弊並即懇請開缺迹近負氣殊屬非是本

應予以嚴懲姑念該督久任封圻尚無大過著照

所請即行開缺欽此

軍機大臣署名

臣奕
臣世
臣張
臣鹿
臣那

636

鈐章

宣統元年五月初六日內閣奉

上諭陝甘總督著長庚補授迅速赴任毋庸來京請

訓未到任以前著毛慶蕃暫行護理欽此

軍機大臣署名

臣奕
臣世
臣張
臣鹿
臣那

637

鈐章

宣統元年五月初六日內閣奉

上諭湖南按察使著周儒臣補授欽此

軍機大臣署名

臣奕
臣世
臣張
臣鹿
臣那

638

鈐章

宣統元年五月初六日内閣奉

上諭湖南岳常澧道員缺著王乃徵補授欽此

軍機大臣署名

臣奕 臣世 臣張 臣鹿 臣那

639

鈐章

宣統元年五月初六日内閣奉

上諭廣東高雷陽道員缺著王秉恩調補徐士佳著

調補直隸熱河道欽此

軍機大臣署名

臣奕 臣世 臣張 臣鹿 臣那

640

鈐章

宣統元年五月初六日内閣奉

上諭升允奏甄别屬員以肅吏治一摺甘肅卸署涼

州府事正任涇州直隸州知州張元瀚見理不明

優柔誤事岷州知州童立綱才欠開展難勝邊要

河州知州高光斗性情偏執不洽輿情武威縣知

縣梅樹南未信勞民致滋怨讟均著開缺另補署

會甯縣事議敘通判陳乃訓糶糧營私販土漁利

署合水縣事候補知縣楊懋源有文無行縱丁濫

刑丁憂前署秦安縣事試用知縣蔣希惠貌似有

才心實貪狡裁缺補用知縣成瑞縱子為非被控

有案候補知縣劉廷璜猥瑣貪鄙不知自愛署東

樂縣丞試用府經歷秦學堅膽妄無恥不堪造就

試用縣丞鍾蔭收釐舞弊需索被控武威縣典史

張溥霖粗庸無識辦事操切候補典史汪克承輕

率誕妄不知檢束均著即行革職平番縣知縣湯

霖迂緩遲鈍難膺民社惟文理尚優著以教職歸

部銓選靖遠縣知縣傅曾熙玩視賑務造報遲延

著以府經歷縣丞降補又片奏貪庸不職營員請

予懲儆等語卸署靈武營參將儘先補用遊擊劉
德貴居心貪狡行同無賴卸署西鄉營都司儘先
補用參將吳國鎮賦性鄙陋惟利是圖均著即行
革職該部知道欽此

641

鈐章

軍機大臣欽奉

諭旨那彥圖等奏軍政職任官員考驗完竣一摺著
依議該部知道單五件併發欽此

軍機大臣署名

臣奕 臣世 臣張 臣鹿 臣那

五月初六日

642

鈐章

宣統元年五月初七日內閣奉

上諭江西撫州府知府員缺著李馨國補授欽此

軍機大臣署名

臣奕 臣世 臣張 臣鹿 臣那

643

江西撫州府知府員缺請

旨簡放

644

鈐章

宣統元年五月初七日奉

旨伊犁將軍著廣福署理欽此

軍機大臣署名

滿屋懸遮

臣奕 臣世 臣張 臣鹿 臣那

645

軍機大臣欽奉

諭旨出使比國大臣楊樞奏開用關防日期一摺知

道了欽此

軍機大臣署名

臣奕

臣世

臣張

臣鹿

臣那

假

五月初八日

646

滿頭班

花翎二品銜領班三品章京英秀

花翎二品銜幫領班四品章京文年

三品銜章京郎中榮元

先換頂戴在任即選知府章京員外郎麟祥

花翎三品銜章京侍讀裕銘

章京候補員外郎伊密揚阿

花翎四品銜額外章京理藩部員外郎存瑞

花翎三品銜在任即選道額外章京上行走鍾佩

漢頭班

花翎領班三品章京劉穀孫

花翎領班章京上行走候補五品京堂楊壽樞

幫領班四品章京胡彤恩

三品銜章京員外郎劉慶篤

花翎四品銜章京主事趙國良

四品銜章京主事張潤

四品銜章京主事宋子聯

三品銜章京　記名繁缺知府郎中楊芾

員外郎銜額外章京原工部候補主事曾文玉

花翎四品銜額外章京民政部郎中舒鴻貽

額外章京翰林院編修黄彥鴻

滿二班

花翎二品銜領班三品章京文徵

花翎三品銜幫領班四品章京成俊

花翎三品頂戴章京郎中榮奎

花翎三品銜即選知府章京郎中常泰

四品銜章京主事鴻恩

四品銜章京候補主事興廉
四品銜章京員外郎星輅
章京錄事官松海
漢二班
二品銜領班三品章京易貞
幫領班四品章京趙廷珍
三品銜章京　記名繁缺知府郎中孫筍經
三品頂戴章京員外郎陳鴻翼
四品銜章京候補主事盧文明
四品銜章京候補主事邢維經
四品銜章京候補主事徐廣思
三品頂戴章京員外郎萬雲路
章京主事雷延壽
章京　記名遇缺題奏翰林院編修楊渭

鈐章

647

宣統元年五月初九日内閣奉
上諭荆州左翼副都統隆斌著即開缺欽此
軍機大臣署名

648

臣奕
臣世
臣張假
臣鹿
臣那

鈐章
軍機大臣欽奉
諭旨會議政務處奏議覆御史吴緯炳奏尋常盗犯
請一律照例解勘擬分別勘辦一摺著依議欽此
軍機大臣署名

臣奕
臣世
臣張假
臣鹿
臣那

五月初九日

649

鈐章

宣統元年五月初十日内閣奉

上諭此次京察一等各員業經召見完竣除吴炯榮

光薛寶辰楊家驥余炳文夏啟瑜徐兆瑋趙東階

鐵格孫筠經陳鴻翼宗室松溥饒寶書榮厚宗室

海鋠李坦毓麒王守恂蔡中燮熙魁高祖祐祥壽

如銓謙順閔荷生銓秀郭集琛耿道沖聶興圻謙

棨宗室裕舒宗樹枏崇耀春熙楊履晉成允張丕

基覺羅桂恩沈似嫌王之範顧祖彭宗室松嵩覺

羅同林善英裕芳文俊倭什琿惠銘史履晉葉芾

棠樂善唐烜春常樸奎毋庸記名外連兆松茂文

增崇山宗室長紹左霈萬本端張啟藩謝宗基袁

勵準楊兆麟榮元常泰文溎宗室恒廉吴錡豫敬

弼良張官勋李廷颺宗宗文瀛曲江宴舒鴻貽陸

增煒熙棟全興喬保衡連印來存全順奎隆李毓

芬董玉卿徐敬立柏年端緒聶寶琛李德炳麟祐

楊熊祥慶隆鳳來達春光裕覺羅耆昌連培型宗

彝壽昌張其鐖熙楨長潤趙從蕃龍建章宗室庚

耆陳應濤緒良舒志特蘇慎茹泰崇興宗室溥琦

趙炳麟徐定超聯惠博齊圖谷如墉均著交軍機

處記名以道府用欽此

軍機大臣署名

臣奕

臣世

臣張

臣鹿

臣那

650

鈐章

軍機大臣欽奉

諭旨郵傳部奏接收奉天省日本電綫完竣擬請援

案給予日員寶星開單呈覽一摺著照所請外務

部知道欽此

軍機大臣署名

臣奕

臣世

臣張

臣鹿

五月初十日

臣那

651

鈐章

軍機大臣欽奉

諭旨郵傳部奏陳明接管京漢鐵路後整頓情形一

摺又奏整頓京奉鐵路劃分權限一摺均著依議

欽此

軍機大臣署名

臣奕

臣世

臣張

臣鹿

臣那

五月初十日

652

鈐章

宣統元年五月十一日内閣奉

上諭直隸總督兼北洋大臣著端方調補迅速來京

陛見未到任以前著那桐署理欽此

軍機大臣署名

臣奕

臣世

臣張

臣鹿

臣那

653

鈐章

宣統元年五月十一日内閣奉

上諭那桐現派署理直隸總督外務部會辦大臣著

世續署理欽此

軍機大臣署名

臣奕

臣世

臣張

臣鹿

臣那

654

鈐章

宣統元年五月十一日內閣奉

上諭兩江總督兼南洋大臣著張人駿調補迅赴新任毋庸來京陛見未到任以前著樊增祥暫行護理欽此

軍機大臣署名

臣奕
臣世
臣張
臣鹿
臣那

655

鈐章

宣統元年五月十一日內閣奉

上諭兩廣總督著袁樹勛署理迅速赴任毋庸來京請訓未到任以前著胡湘林暫行護理欽此

軍機大臣署名

臣奕
臣世

臣張
臣鹿
臣那

656

鈐章

宣統元年五月十一日內閣奉

上諭山東巡撫著孫寶琦署理欽此

軍機大臣署名

臣奕
臣世
臣張
臣鹿
臣那

657

鈐章

宣統元年五月十二日內閣奉

上諭那桐等奏查驗續經報到薦舉各員分別加考開單呈覽一摺所有舉人丁保樹著查驗大臣梁敦彥等帶領引見特用員外郎陶葆廉試署貴州

勸業道都匀府知府王玉麟分省補用道鍾文耀
發往雲南差遣前山東東昌府知府魏家驊著於
本月十六十七日每日二員呈遞膳牌預備召見
欽此

軍機大臣署名

臣奕
臣世
臣張
臣鹿
臣那

658

鈐章

宣統元年五月十二日内閣奉
上諭袁樹勛奏耆紳會試重逢籲懇恩施一摺提督
銜前甘肅肅州鎮總兵田在田去歲鄉舉重逢曾
經加恩賞給太子少保銜兹届該總兵會試之年
花甲適周洵屬熙朝盛事加恩著賞給都統銜以
惠耆年欽此

軍機大臣署名

659

臣奕
臣世
臣張
臣鹿
臣那

鈐章

軍機大臣欽奉
諭旨給事中陳慶桂奏明儒湛若水講明正學請
從祀
孔廟一摺著禮部議奏欽此

軍機大臣署名

臣奕
臣世
臣張
臣鹿
臣那

五月十二日

660

鈐章

軍機大臣欽奉

諭旨憲政編查館奏議覆張鳴岐奏議裁冗員一摺著依議欽此

軍機大臣署名

臣奕 臣世 臣張 臣鹿 臣那

五月十二日

661

查本處前幫領班章京記名道府法部郎中徐宗溥現已服闋應請銷去法部郎中仍留本處在幫領班章京上行走謹

奏

宣統元年五月十二日奉

旨知道了欽此

662

鈐章

宣統元年五月十三日内閣奉

上諭直隸總督北洋大臣楊士驤學識通達才猷敏練由翰林洊擢道員歷任藩臬兩司山東巡撫均能克稱厥職嗣命總督直隸兼北洋大臣尤能力任繁劇綏靖畿疆朝廷深資倚畀前因患病賞假調理方冀漸次就痊長承恩眷茲聞溘逝軫惜殊深楊士驤著加恩追贈太子少保銜並著予謚照總督例賜卹任内一切處分悉予開復應得卹典該衙門察例具奏該督靈柩回籍時著沿途地方官妥為照料伊子分省補用道楊毓瑛分省試用道楊毓琨均著以道員儘先補用伊孫一品廕生楊慶壽著賞給員外郎分部補用用示篤念藎臣之至意欽此

軍機大臣署名

臣奕 臣世 臣張 臣鹿 臣那差

663

光緒三十年九月二十四日内閣奉
上諭署兩江總督江西巡撫李興銳持躬廉正練達老成由諸生從事戎幕擢升知府洊陟封圻歷任江西廣東閩浙等省均能整躬率屬勤政愛民朝廷深資倚畀本年調署兩江總督到任未及兩月遽聞溘逝軫惜殊深李興銳著加恩照總督例賜卹任内一切處分悉予開復應得卹典該衙門察例具奏賞銀一千兩治喪由江甯藩庫發給靈柩回籍時沿途地方官妥為照料該署督子孫幾人著端方查明具奏候旨施恩用示篤念藎臣至意欽此

664

光緒二十八年十月初三日内閣奉
上諭兩廣總督陶模秉性忠誠清勤練達由庶吉士起家縣令洊歷封圻在陝甘邊境二十餘年撫綏培養吏畏民懷調任兩廣總督辦事實心不辭勞瘁旋因患病疊次賞假調理旋准開缺方冀醫治就痊長資倚任茲聞溘逝軫惜殊深陶模著加恩追贈太子少保銜照總督例賜卹任内一切處分悉予開復應得卹典該衙門查例具奏靈柩回籍時沿途地方官妥為照料伊子主事陶葆廉著賞給員外郎長孫廕生陶善培著賞給主事用示篤念藎臣至意欽此

665

光緒二十四年九月二十八日内閣奉
上諭閩浙總督邊寶泉清正持躬老成練達由編修御史洊擢封圻自簡授閩浙總督以來整躬率屬勤政愛民任事實心克盡厥職前因患病奏請開缺迭經賞假調理方冀醫治就痊長資倚畀茲聞溘逝軫惜殊深邊寶泉著加恩追贈太子少保銜照總督例賜卹任内一切處分悉予開復應得卹典該衙門查例具奏靈柩回旗時沿途地方官妥為照料伊子怡棠怡桐均著俟及歲時由該旗帶領引見用示篤念藎臣至意欽此

666

五月十四日引
見人員
度支部二人

理藩部十一人
鑲黄旗滿洲十七人
正白旗蒙古四人
共三十四人

667

鈐章

宣統元年五月十四日内閣奉
上諭京師雨澤愆期迭經虔誠祈禱雖已節次得雨
尚未一律霑足現在節逾夏至朕心實深焦盼允
宜再申祈禱著於本月十七日
大高殿仍派貝勒載洵恭代拈香
時應宮仍派貝勒載濤
昭顯廟仍派貝子溥倫
宣仁廟仍派鎮國公載澤
凝和廟仍派鎮國將軍載擴同於是日分詣拈香
欽此

軍機大臣署名

臣奕
臣世
臣張
臣鹿
臣那差

668

鈐章

宣統元年五月十四日内閣奉
上諭御前行走喀拉沁郡王貢桑諾爾布乾清門行
走土爾扈特郡王帕拉塔均著入直當差該部知
道欽此

軍機大臣署名

臣奕
臣世
臣張
臣鹿
臣那差

669

鈐章

宣統元年五月十四日内閣奉
上諭此次内務府三院等處京察一等各員業經召

見完竣除崇啟貴崇常志重英松山文繕廣羣成
明懋祺濟良毋庸記名外榮銓錫麟繼銘文蔭吉
堃宗芳多浚增煦清治丈明聯堃福啟聯棨恒敬
均著交軍機處記名以關差道府用欽此

軍機大臣署名

臣奕
臣世
臣張
臣鹿
臣那 差

670

鈐章

軍機大臣欽奉

諭旨都察院奏法部主事趙振熙等代已革道員王
昌熾鳴冤請旨交審以辨是非一摺法部主事趙
振熙等均著交大理院嚴切根究據實覆奏欽此

軍機大臣署名

臣奕
臣世
臣張
臣鹿
臣那 差

原件交大理院 鈔交都察院

五月十五日

671

鈐章

軍機大臣欽奉

諭旨都察院代奏檢討張書雲請開三閣令詞臣讀
中秘書呈一件著學部知道欽此

軍機大臣署名

臣奕
臣世
臣張
臣鹿
臣那 差

五月十五日

672

鈐章

宣統元年五月十六日内閣奉

上諭前奉

先朝諭旨農林要政著各省督撫飭屬詳查所管地方

官民各荒並氣候土宜限一年内繪圖造册報部

並迭次飭令各省興辦工藝實業原以農工均為

富民要圖辦理刻不容緩現在時閱兩年奏報尚

屬無幾著農工商部再行嚴催各省督撫將以上

應辦農林工藝各項事宜迅速分别舉辦毋再因

循悠忽用副朝廷振興實業念切民生之至意欽此

軍機大臣署名

臣奕

臣世

臣張

臣鹿

臣那差

673

鈐章

軍機大臣欽奉

諭旨貝勒載濤等奏

暢春園等處附近地方民種官地一律收回懇恩賞給

銀兩以示體恤一摺又奏在

閱武樓及西花園基址酌改操場一片均着依議又奏

保存

閱武樓及

恩佑寺

恩慕寺樓廟基址又奏開用關防各一片均知道了欽此

軍機大臣署名

臣奕

臣世

臣張

臣鹿

臣那

五月十六日

674

鈐章

軍機大臣欽奉

諭旨

孝欽顯皇后几筵前行七滿月禮由

監國攝政王代詣行禮欽此

軍機大臣署名

臣奕

臣世
臣張
臣鹿
臣那差

五月十七日

675

鈐章

軍機大臣欽奉

諭旨禮部奏遵保恭辦

德宗景皇帝大事典禮出力各員開單呈覽一摺著依

議又奏郎中端緒贔寶琛無可加保應如何獎勵

請旨一片端緒贔寶琛均著以道員記名欽此

軍機大臣署名

臣奕
臣世
臣張
臣鹿
臣那差

五月十七日

676

監國攝政王鈐章

軍機大臣　字寄

署直隸總督那　宣統元年五月十七日奉

上諭有人奏大臣容隱私人敗壞路政請旨查辦一

摺著那桐按照所奏各節秉公查辦據實覆奏毋

稍徇隱原摺暨鈔單直隸上同鄉官書各一件均

著鈔給閱看欽此遵

旨寄信前來

軍機大臣署名

臣奕
臣世
臣張
臣鹿
臣那差

六月十七日由　堂交下

677

鈐章

軍機大臣欽奉

諭旨恭辦喪禮王大臣奏保獎襄辦

德宗景皇帝大事出力人員開單呈覽一摺又奏內務

府坐辦堂郎中榮銓可否以三院卿在任候補得
缺後以副都統記名簡放一片均著依議欽此

軍機大臣署名

臣奕 臣世 臣張 臣鹿 臣那差

678

五月十八日引
見人員
宗人府五人
吏部四十五人
查驗大臣帶領薦舉人員一人
鑲黃旗漢軍十一人
正黃旗漢軍二人
共六十四人

679

鈐章
宣統元年五月十八日内閣奉

上諭前因京師雨澤稀少迭經派恭親王溥偉等虔詣
大高殿恭代拈香並派貝勒載洵等分詣
時應宮等處拈香虔誠祈禱仰荷
昊蒼默佑疊沛甘霖郊原霑足朕心實深寅感允宜敬
謹報謝用答
天庥本月二十日仍派貝勒載洵敬謹
前往
大高殿恭代拈香
時應宮仍派貝勒載濤
昭顯廟仍派貝子溥倫
宣仁廟仍派鎮國公載澤
凝和廟仍派鎮國將軍載擾同於是日分詣拈香
行禮報謝仍萛頻邀
鴻貺甘澍應時以慰農望欽此

軍機大臣署名

臣奕 臣世 臣張 臣鹿 臣那差

680

鈐章

宣統元年五月十八日内閣奉

上諭此次續經報到保薦人才經派那桐等查驗詢問茲已一律召見引見完竣所有單開之特用員外郎陶葆廉著以郎中分部補用試署貴州勸業道都匀府知府王玉麟著俟補道員後以應升之缺升用分省補用道鍾文耀著仍以道員交軍機處存記發往雲南差遣山東補用知府前東昌府知府魏家驊著以道員仍發雲南儘先補用湖北舉人丁保樹著以知縣分省補用欽此

軍機大臣署名

臣奕
臣世
臣張 假
臣鹿
臣那 差

681

京外各衙門保薦人才各員名單

特用員外郎陶葆廉

擬請以郎中分部補用

試署貴州勸業道都匀府知府王玉麟

擬請俟補道員後以應升之缺升用

分省補用道鍾文耀

擬請仍以道員交軍機處存記

發往雲南差遣山東補用知府前東昌府知府

魏家驊

擬請以道員仍發雲南儘先補用

湖北舉人丁保樹

擬請以知縣分省補用

682

鈐章

軍機大臣欽奉

諭旨御史蕭丙炎片奏辦理新政務當節省經費所有收支數目不得由外籠統奏銷須一律詳細造册報部考核等語著度支部知道欽此

軍機大臣署名

臣奕
臣世

683

鈐章

宣統元年五月十九日内閣奉

上諭姚錫光奏遵旨校閲陸軍第五第六兩鎮一摺據陳此次校閲該兩鎮官兵學術暨内務外場各項情形均屬精嫺著有成效深堪嘉許仍著陸軍部督飭專司訓練大臣認真訓練力求精進逐漸擴充俾成勁旅用副朝廷修明武備振厲戎行之至意餘依議欽此

軍機大臣署名

臣奕
臣世
臣張
臣鹿
臣那差

五月十八日

臣張
臣鹿
臣那差

684

鈐章

軍機大臣欽奉

諭旨貝勒載洵等奏現修崇陵工程擬請暫停工作俟經過暑夏再行奏報開工一摺知道了欽此

軍機大臣署名

臣奕
臣世
臣張
臣鹿
臣那差

五月十九日

685

鈐章

軍機大臣欽奉

諭旨御史胡思敬奏斂派太重糜費太多請飭部嚴禁私捐速籌撙節一摺著度支部知道欽此

軍機大臣署名

臣奕

臣世
臣張假
臣鹿
臣那差

五月十九日

686

鈐章

軍機大臣欽奉

諭旨農工商部度支部會奏議覆護理雲貴總督沈
秉堃奏陳滇省禁煙情形並懇籌辦礦務以資抵
補一摺著依議欽此

軍機大臣署名

臣奕
臣世
臣張
臣鹿
臣那差

五月二十日

687

鈐章

軍機大臣欽奉

諭旨農工商部奏籌議農林工藝要政謹陳歷年辦
理情形並擬大概辦法一摺著依議欽此

軍機大臣署名

臣奕
臣世
臣張
臣鹿
臣那差

五月二十日

688

鈐章

軍機大臣欽奉

諭旨郵傳部奏統籌添設護路巡警一片著該部妥
定章程咨商有路各省切實辦理欽此

軍機大臣署名

臣奕

臣世
臣張
臣鹿
臣那差

五月二十日

689

鈐章

軍機大臣欽奉

諭旨郵傳部奏匪徒竊毀鐵路要件請明定治罪專

條及承緝處分一摺著該部議奏欽此

軍機大臣署名

臣奕
臣世
臣張
臣鹿
臣那差

五月二十日

另鈔交史法陸軍部

690

鈐章

軍機大臣　字寄

安徽巡撫朱　宣統元年五月二十日奉

上諭有人奏議員係立憲根本初選監督不慎貽害

無窮請旨飭查一摺著朱家寶按照所指各節確

切查明據實具奏毋稍徇隱並妥籌整頓辦法以

防流弊原摺著鈔給閱看欽此遵

旨寄信前來

軍機大臣署名

臣奕
臣世
臣張
臣鹿
臣那差

十月二十二日由堂交下

691

鈐章

宣統元年五月二十一日內閣奉

上諭奉天巡撫唐紹怡著開缺以侍郎候補欽此

軍機大臣署名

臣奕
臣世
臣張
臣鹿
臣那差

692

鈐章

宣統元年五月二十一日内閣奉
上諭江蘇巡撫陳啟泰由翰林補授御史外任府道洊擢封圻植品端嚴政聲卓著前因患病賞假俾資調理兹聞溘逝軫惜殊深加恩著照巡撫例賜卹任内一切處分悉予開復應得卹典該衙門察例具奏靈柩回籍時著沿途地方官妥為照料伊子江西試用同知陳繼鸞著以知府仍留原省補用用示篤念藎臣至意欽此

軍機大臣署名
臣奕
臣世
臣張

臣鹿
臣那差

693

光緒十九年十二月初二日内閣奉
上諭浙江巡撫崧駿由部屬外任道府洊升漕運總督補授江蘇巡撫調任浙江巡撫老成練達辦事實心宣力有年克勤厥職兹聞溘逝軫惜殊深加恩著照巡撫例賜卹任内一切處分悉予開復應得卹典該衙門察例具奏其靈柩回旗時著沿途地方官妥為照料伊子户部郎中昆敬著服闋後以本部郎中即補用示篤念藎臣至意欽此

694

光緒二十九年五月初六日内閣奉
上諭崧蕃等奏調任撫臣因病出缺懇恩賜卹一摺調任安徽巡撫饒應祺由舉人投効軍營保升知府洊擢封圻在關隴新疆前後三十餘年整頓地方卓著勞勩上年調補安徽巡撫由新疆交卸入關歿於哈密途次殊堪軫惜加恩著照巡撫例賜卹任内一切處分悉予開復生平政績著宣付國

史館立傳應得卹典該衙門察例具奏靈柩回籍
時沿途地方官妥為照料伊子陝西候補道毓鳳
珪著俟服闋後以道員仍留原省即補欽此

695

鈐章

軍機大臣欽奉

諭旨都察院奏代遞度支部小京官李秀卿擬請劃
一徵收章程呈一件著度支部知道欽此

軍機大臣署名

臣奕假
臣世
臣張假
臣鹿
臣那差

五月二十五日

696

五月二十六日引
見人員

度支部六人
上虞備用處十四人
正黃旗滿洲十五人
鑲藍旗漢軍四人
內務府三十四人
茶膳房二人
共七十五人

697

鈐章

軍機大臣欽奉

諭旨陳夔龍奏鄂軍援皖出力之記名簡放總兵王
得勝著賞給健勇巴圖魯勇號欽此

軍機大臣署名

臣奕
臣世
臣張假
臣鹿
臣那差

五月二十七日

698

請

賞漢字勇號

振

果

威

健

硃。

699

五月二十八日引

見人員

陸軍部六十九人

700

鈐章

宣統元年五月二十八日內閣奉

硃諭前經憲政編查館奏定憲法大綱內載統率陸

海軍之權操之自

上等語已奉

先朝俞旨頒行朕今欽遵

遺訓茲特明白宣示即依憲法大綱內所載朕為大清

帝國統率陸海軍大元帥並敬符我

太祖

太宗肇基鴻業

親總六師之制以振我軍人尚武圖強之心並著先行

專設軍諮處贊佐朕躬通籌全國陸海各軍事宜

即著貝勒毓朗管理軍諮處事務惟朕現在沖齡

典學之時尚未親裁大政所有朕躬親任大清帝

國統率陸海軍大元帥之一切權任事宜於未親

政以前暫由

監國攝政王代理以合憲法至一切應如何定擬

籌辦事宜即著軍諮處隨時妥酌奏請施行將此

通諭臣民知之欽此

軍機大臣署名

臣奕

臣世

臣張

臣鹿 假

臣那 差

701

鈐章

宣統元年五月二十八日內閣奉

硃諭著派郡王銜貝勒載洵提督薩鎮冰充籌辦海
軍大臣俟有成效再俟諭旨此次遵籌海軍基礎
王大臣所奏入手辦法請另派大臣辦理原摺著
鈔給閲看欽此

軍機大臣署名

臣奕
臣世
臣張
臣鹿假
臣那差

702

鈐章

宣統元年五月二十八日内閣奉
硃諭貝勒毓朗現派管理軍諮處事務著派鎮國將
軍載搜充專司訓練禁衛軍大臣毓朗著開去此
差欽此

軍機大臣署名

臣奕
臣世
臣張
臣鹿假
臣那差

703

五月二十九日引
見人員
陸軍部七十五人

704

鈐章

宣統元年五月二十九日内閣奉
硃諭專司訓練禁衛軍大臣載濤載搜面奏禁衛軍
創辦伊始事務頻重懇請仍留貝勒毓朗專司訓
練之差以資熟手等語所奏亦屬慎重公務起見
著允如所請毓朗仍留專司訓練禁衛軍大臣之
差以期迅速整理早日觀成欽此

軍機大臣署名

臣奕
臣世
臣張

705

臣鹿 假
臣那 差

鈐章

宣統元年五月二十九日内閣奉
硃諭朕適覽從前所擬官制草案將來設立軍諮府
時係特簡大臣二員昨日降旨先行專設軍諮處
自應簡派大臣二員管理以期籌備完密著添派
郡王銜貝勒載濤管理軍諮處事務俟以後釐定
軍諮府官制時再候諭旨欽此

軍機大臣署名
臣奕
臣世
臣張
臣鹿
臣那 差

706
六月初二日引
見人員
陸軍部四十五人

707
鈐章
軍機大臣欽奉
諭旨郵傳部奏覆陳勘查山西同蒲鐵路路綫股資
大概情形一摺知道了欽此
軍機大臣署名
臣奕
臣世
臣張
臣鹿假
臣那差
六月初一日

708
鈐章
軍機大臣欽奉
諭旨陸軍部郵傳部奏遵擬陸海軍鐵路輸運詳細
章程開單呈覽一摺着照所請該衙門知道欽此
軍機大臣署名
臣奕
臣世
臣張假
臣鹿
臣那差
六月初一日

709
鈐章
軍機大臣欽奉
諭旨農工商部奏湖南醴陵瓷業學堂辦有成效請
准立案並撥定常年經費遴派監督接管一摺著
依議欽此
軍機大臣署名
臣奕
臣世
臣張
臣鹿假

710

見人員

六月初一日引

陸軍部五十一人

六月初一日

臣那差

711

鈐章

宣統元年六月初四日內閣奉

上諭貝子銜鎮國將軍載振加恩著在內廷行走欽此

軍機大臣署名

臣奕

臣世

臣張假

臣鹿假

臣那差

712

旨著仍以知府用

開缺前四川龍安府知府楊九成

硃〇旨著以同知用

旨著以簡缺知府用

713

見人員

六月初五日引

宗人府七人

吏部二十六人

法部六人

步軍統領衙門二人

正白旗漢軍二人

鑲白旗滿洲六人

正藍旗蒙古四人

前鋒護軍統領十五人

頤和園二人

共七十人

六月初五日

714

鈐章

軍機大臣欽奉

諭旨都察院奏代遞分部郎中朱有濂理財政策條

陳一件著該部知道欽此

軍機大臣署名

鈐章署名原件交度支部

步軍統領
民政部
摘 吏部
另抄交 陸軍部
農工商部
稅務處

臣奕
臣世
臣張 假
臣鹿 假
臣那 差

六月初六日

715

鈐章

宣統元年六月初七日內閣奉

上諭慶親王奕劻奏職任繁重兼顧為難懇恩開去

管理陸軍部事務以專責成一摺慶親王奕劻老

成謀國忠慮純於所管各項重要差務贊襄規

畫備著勤勞茲據奏陳各節情詞出於至誠自應

俯如所請慶親王奕劻著准其開去管理陸軍部

事務以示優加體恤之至意欽此

軍機大臣署名

臣奕
臣世
臣張 假
臣鹿 假
臣那 差

716

交陸軍部准

貴部咨稱日本開送尚書等各項寶星應否收

受咨請代奏前來本處據咨開單呈

覽奉

旨均著准其收受欽此相應傳知

貴部欽遵可也此交

六月初七日

717

陸軍部尚書鐵良桐花大綬章

陸軍部左侍郎壽勳勳一等瑞寶章

陸軍部正參領良弼勳三等旭日章
陸軍部正參領哈漢章勳三等旭日章

718

鈐章

宣統元年六月初八日内閣奉
上諭袁樹勛奏分别舉劾屬員一摺山東濟南府知府張學華署東昌府知府濟南府同知黄篤瓚濟甯直隸州知州丁兆德准補郯城縣知縣賈景德署黄縣知縣補用知縣武晰試用知縣盧士棻既據該撫臚陳政蹟均著傳旨嘉奬署魚台縣知縣補用知縣陳伯和藉案苛罰怨讟煩興試用知縣張蓉鏡於署黄縣任内虐商殃民聲名狼藉邱縣知縣孫景先才庸識闇治盗無能署黄縣黄山館巡檢試用典史黄廷謨任意勒罰衆謗沸騰清平縣典史吳起鵬年老多病捕務廢弛候補同知郭昂識闇才庸候補同知梅兆棠性情貪詐候補知縣林介策派修河工糜費過甚著一併革職陳伯和黄廷謨並著查明罰款按律究追林介策有無浮冒侵蝕情弊仍著查明覈辦餘著照所議辦理該部知道欽此

軍機大臣署名

臣奕 臣世 臣張假 臣鹿假 臣那差

719

鈐章

軍機大臣欽奉
諭旨候補四品京堂楊度奏憲政實行宜定宗旨一摺著憲政編查館知道欽此

軍機大臣署名

臣奕 臣世 臣張假 臣鹿假 臣那差

六月初八日

滿頭班
花翎二品銜頒班三品章京英秀
花翎二品銜幫頒班四品章文年
三品銜　記名道府章京郎中榮元
先換頂戴在任即選知府章京員外郎麟祥
花翎三品銜章京侍讀裕銘
章京候補員外郎伊密揚阿
花翎四品銜額外章京理藩部員外郎存瑞
花翎三品銜在任即選道額外章京上行走鍾佩
漢頭班
花翎頒班三品章京劉穀孫
花翎頒班章京上行走候補五品京堂楊壽樞
幫頒班四品章京胡彤恩
三品銜章京員外郎劉慶篤
花翎四品銜章京主事趙國良
四品銜章京主事張潤
四品銜章京主事宋子聯
三品銜章京　記名繁缺知府郎中楊芾
員外郎銜額外章京原工部候補主事曾文玉

花翎四品銜額外章京　記名道府民政部郎中舒鴻貽
額外章京翰院編修黃彥鴻
滿二班
花翎二品銜頒班三品章京文徵
花翎三品銜幫頒班四品章京成俊
花翎三品頂戴章京郎中榮全
花翎三品銜　記名道府即選知府章京郎中常泰
四品銜章京主事鴻恩
四品銜章京候補主事興廉
四品銜章京員外郎星輅
章京錄事官松海
漢二班
二品銜頒班三品章京易貞
幫頒班四品章京趙廷珍
三品銜　記名道府幫頒班章京上行走徐宗溥
三品銜章京　記名繁缺知府郎中孫筍經
三品頂戴章京員外郎陳鴻翼
四品銜章京候補主事盧文明
四品銜章京候補主事邢維經

四品銜章京候補主事徐廣恩
三品頂戴章京員外郎萬雲路
章京主事雷延壽
章京 記名遇缺題奏翰林院編修楊渭

721

軍機大臣 字寄
署山東巡撫孫 宣統元年六月初九日奉
上諭都察院代奏山東莘縣民人邢連城呈稱兩次
京控批省不究違例交縣致釀人命等語請飭查
辦一摺著孫寶琦按照所奏各節確切查明據實
具奏毋稍迴護原摺著鈔給閱看欽此遵
旨寄信前來

軍機大臣署名
臣奕 臣世 臣張假 臣鹿假 臣那差

722

鈐章
宣統元年六月初九日內閣奉
上諭孟秋時享
太廟遣懋林恭代行禮
後殿派溥偉行禮兩廡派鐵麟延秀各分獻欽此

軍機大臣署名
臣奕 臣世 臣張假 臣鹿假 臣那差

723

鈐章
宣統元年六月初九日內閣奉
上諭奉天巡撫著程德全補授吉林巡撫著陳昭常
補授黑龍江巡撫著周樹模補授欽此

軍機大臣署名
臣奕

臣世
臣張假
臣鹿假
臣那差

724

鈐章

宣統元年六月初九日内閣奉

上諭雲南開化鎮總兵員缺著劉全忠補授欽此

軍機大臣署名

臣奕
臣世
臣張假
臣鹿假
臣那差

725

雲南開化鎮總兵員缺請

旨簡放

726

鈐章

宣統元年六月初十日内閣奉

上諭甘肅甘涼道員缺著楊樹補授欽此

軍機大臣署名

臣奕
臣世
臣張假
臣鹿假
臣那差

727

甘肅甘涼道員缺請

旨簡放

728

鈐章

宣統元年六月初十日内閣奉

上諭山西太原府知府員缺緊要著該撫於通省知
府内揀員調補所遺員缺著連兆補授欽此

軍機大臣署名

臣奕

臣世
臣張假
臣鹿假
臣那差

729

鈐章

宣統元年六月十一日內閣奉

上諭郵傳部左參議著梁士詒補授欽此

軍機大臣署名

臣奕
臣世
臣張假
臣鹿
臣那差

730

鈐章

軍機大臣欽奉

諭旨農工商部奏酌擬籤分到部各項小京官暨奏

咨劄調人員分別辦理一摺著依議欽此

軍機大臣署名

臣奕
臣世
臣張假
臣鹿
臣那差

六月十一日

731

鈐章

軍機大臣欽奉

諭旨郵傳部奏議覆東三省總督錫良奏錦洮路事

擬請與外務部度支部會商統籌一摺著依議欽此

軍機大臣署名

臣奕
臣世
臣張假
臣鹿
臣那差

六月十一日

732

鈐章

宣統元年六月十二日內閣奉

上諭河南河北鎮總兵員缺著黄貫三調補歸德鎮

總兵著玉壽補授欽此

軍機大臣署名

臣奕

臣世

臣張假

臣鹿

臣那差

733

鈐章

軍機大臣欽奉

諭旨理藩部代奏喀爾喀札薩克圖汗部落閣盟汗

公台吉等差人於

梓宫前呈進貢物可否准其呈進一摺

孝欽顯皇后

梓宫前著於本月十六日呈進

德宗景皇帝

梓宫前著於本月二十日呈進欽此

軍機大臣署名

臣奕

臣世

臣張假

臣鹿

臣那差

六月十二日

734

鈐章

軍機大臣欽奉

諭旨憲政編查館奏該館遷移日期一摺知道了欽此

軍機大臣署名

臣奕

臣世

臣張假

臣鹿

臣那差

六月十二日

735

六月十四日引

見人員

宗人府二人

農工商部二人

理藩部二人

正白旗滿洲十二人

前鋒護軍統領十九人

内務府十五人

共五十二人

736

鈐章

宣統元年六月十四日内閣奉

上諭本日補行召見京察一等之内務府郎中誠璋

著交軍機處記名以關差道府用欽此

軍機大臣署名

臣奕

臣世

臣張假

臣鹿

臣那差

737

鈐章

軍機大臣欽奉

諭旨理藩部代奏阿拉善和碩親王多羅特色楞呈

請開濬利源呈一件著該部會同陝甘總督山西

巡撫詳細酌覈辦理欽此

軍機大臣署名

臣奕

臣世

臣張假

臣鹿

臣那差

六月十四日

738

鈐章

軍機大臣欽奉

諭旨農工商部會奏查明監司大員開礦築路被控

各款會同據實覆陳一摺又奏阻撓礦路之紳士

請交地方官隨時查看一片均著依議欽此

軍機大臣署名

臣奕

臣世

臣張假

臣鹿

臣那差

六月十四日

739

六月十五日引
見人員

吏部三十二人

學部一人

共三十三人

740

鈐章

宣統元年六月十五日內閣奉
上諭本日引見之辦學期滿翰林院庶吉士張琴著
授職編修欽此

軍機大臣署名

臣奕

臣世

臣張假

臣鹿

臣那差

741

鈐章

宣統元年六月十五日內閣奉
上諭本日引見之辦學期滿翰林院庶吉士張琴著
授職編修欽此

軍機大臣署名

臣奕

臣世

臣張假

臣鹿

臣那差

742

鈐章

軍機大臣欽奉
諭旨吏部奏甘肅蘭州府遺缺知府英勛呈請開缺

終養一摺英勛既於本屆京察初次圈出後遵例
呈明親老著准其開缺終養欽此
軍機大臣署名
臣奕
臣世
臣張假
臣鹿
臣那差

六月十五日

743

鈐章
宣統元年六月十六日內閣奉
上諭直隸總督兼北洋大臣端方著賞給一等第三
寶星欽此
軍機大臣署名
臣奕
臣世
臣張假
臣鹿假
臣那差

744

鈐章
軍機大臣欽奉
諭旨
孝欽顯皇后几筵前行八滿月禮由
監國攝政王代詣行禮欽此
軍機大臣署名
臣奕
臣世
臣張假
臣鹿假
臣那差

六月十六日

745

鈐章
宣統元年六月十七日內閣奉
上諭呂海寰著開去督辦津浦鐵路大臣著改派徐
世昌督辦津浦鐵路事務並著派沈雲沛幫辦欽此
軍機大臣署名
臣奕

臣世
臣張假
臣鹿
臣那差

746

鈐章

宣統元年六月十七日內閣奉

上諭奉天錦州府知府員缺著豫敬補授欽此

軍機大臣署名

臣奕
臣世
臣張假
臣鹿
臣那差

747

鈐章

宣統元年六月十七日內閣奉

上諭雲南雲南府知府員缺緊要著該督於通省知
府內揀員調補所遺員缺著左霈補授欽此

軍機大臣署名

臣奕
臣世
臣張假
臣鹿
臣那差

748

鈐章

宣統元年六月十七日內閣奉

上諭甘肅蘭州府遺缺知府員缺著李廷颺補授欽此

軍機大臣署名

臣奕
臣世
臣張假
臣鹿
臣那差

749

雲南雲南府知府甘肅蘭州府遺缺知府員缺請
旨簡放

750

鈐章

宣統元年六月十七日内閣奉
上諭前據給事中高潤生奏叅呂海寰等容隱私人敗壞路政各節當經諭令那桐確查茲據查明覆
奏津浦路局總辦記名道李德順乘便營私不顧大局激動公憤清議不容候選道張鎰阿附逢迎卑汚無恥蠅營狗苟有玷官箴均著革職永不敍用候選道曹嘉祥善於營運結交官府惟利是圖著即革職分省知縣永祺倚勢淩人贓私纍纍著革職永不敍用並發往軍臺効力贖罪候選知府錢錫霖一聞提傳希圖脱逃迨到案後又復供詞閃爍該員聲名甚劣貪婪狂悖無所不為著革職驅逐回籍交地方官嚴加管束商人高錫九借地納賄李蓮溪奔競營謀均著遞解回籍不准再向路局包運包工呂海寰身為督辦於一切支款用人事前既不能防範事後又失於覺察著交部議處幫辦大臣孫寶琦視事未久知有弊端告知前督將李德順撤差尚非始終受其蒙蔽著毋庸置議前直隸總督楊士驤既失知人之明難辭濫保之咎著撤銷太子少保銜餘依議欽此

軍機大臣署名

臣奕
臣世
臣張 假
臣鹿
臣那 差

751

鈐章

宣統元年六月十八日内閣奉
上諭錫良陳昭常電奏吉林省城本月初旬雨勢過猛江水陡漲沿江房屋坑堤以及官商木植公家建築多被損壞省東蟒牛河新開河額赫穆等處受災尤重淹斃人口千餘名田廬牲畜沖没殆盡餘如雙岔河尤家屯等處亦有全屯被淹溺斃人口等語覽奏殊堪憫惻加恩著賞給帑銀六萬兩由度支部發給著該督撫派委妥員前往災區切實散放毋任失所並設法補築圍堤俾得復業用副朝廷軫念災黎至意該部知道欽此

軍機大臣署名
臣奕
臣世
臣張假
臣鹿
臣那差

752

鈐章

軍機大臣欽奉
諭旨本月二十八日
德宗景皇帝聖誕著派溥偉恭詣
梁格莊
行宮暫安殿敬謹行禮欽此

軍機大臣署名
臣奕
臣世
臣張假
臣鹿
臣那差

六月十八日

753

鈐章

宣統元年六月二十日內閣奉
上諭前據陳夔龍電奏湖北霪潦為災當經諭令陳夔龍督飭分別情形妥為撫恤茲據查明電奏荊州屬之公安石首江陵漢陽屬之沔陽災情最重饑民蕩析離居慘不忍覩餘如漢陽屬之夏口廳漢川孝感安陸屬之天門潛江荊州屬之監利德安屬之應城黃州屬之黃岡等處及枝江松滋黃梅蘄水蘄州嘉魚漢陽黃陂等處亦多被淹等語覽奏殊堪憫惻加恩著發內帑銀六萬兩由度支部迅速撥給並照所請除有關京餉等項無庸動撥外其餘無論何款先其所急設法籌撥銀二十萬兩著該督派委妥員前往災區切實散放務令實惠均沾毋任失所用副朝廷軫念災黎至意餘著照所議辦理該部知道欽此

軍機大臣署名
臣奕
臣世
臣張假

臣鹿
臣那差

754

鈐章
軍機大臣欽奉
諭旨農工商部會同學部具奏藝徒學堂課程較高擬請改為中初兩等工業學堂一摺所請照舊劃撥崇文門溢徵三成稅項著度支部議奏餘依議
欽此

軍機大臣署名
六月二十一日
臣奕
臣世
臣張假
臣鹿
臣那差

755

鈐章
宣統元年六月二十二日內閣奉

上諭廣東鹽運使員缺著丁乃揚補授欽此
軍機大臣署名
臣奕
臣世
臣張假
臣鹿
臣那差

756

鈐章
宣統元年六月二十二日內閣奉
上諭張人駿奏特參文武庸劣不職各員請分別懲處一摺廣東前署萬縣試用知州陶壽焌嗜利營私罔知自愛試用通判劉長齡承估工程索詐得贓樂會縣知縣劉楫短缺勇額侵蝕名糧補用知縣楊印元前充普濟院委員縱丁勒索徇庇不交陽江州學正張鏡芙罔顧典禮有玷司鐸署增城縣典史試用巡檢杜桂森不知檢束聲名平常連州朱岡司巡檢夏鼎老而務得夙有煙癖候選知縣王寶森充當軍械局委員侵挪公款潛逃報故

候補典史朱承緩與王寳森私相交結串同舞弊均著即行革職連州直隸州知州存慶性情迂緩人地不宜准補鎮平縣知縣郝秀楠才欠開展難勝邊缺均著開缺另補連州州判汪作霖體弱多病著勒令休致前署北海鎮右營都司水師提標中營儘先守備馮占魁貪鄙性成聲名甚劣吳川營梅菉守備梁國卿管帶師船諸多弊混補用都司澄海左營儘先守備吳國樑辦事疲玩緝捕廢弛兩廣督標儘先都司張萬才官階不實操守難信補用都司督標中營儘先守備吳鳳友紀律不嚴縱勇釀命大鵬協左營候補千總方國楨藉捕勒索事發潛逃均著即行革職王寳森方國楨並著通飭緝拏歸案究辦餘著照所議辦理該部知

道欽此

軍機大臣署名

臣奕
臣世
臣張假
臣鹿
臣那差

757

鈐章

軍機大臣欽奉

諭旨署歸化城副都統三多奏江北荆襄請編練勁

旅一片著該衙門議奏欽此

軍機大臣署名

臣奕
臣世
臣張假
臣鹿
臣那差

六月二十三日

758

鈐章

軍機大臣欽奉

諭旨署歸化城副都統三多片奏變通旗制應多立

手工學校畁設勸業銀行等語著變通旗制處議

奏欽此

軍機大臣署名

臣奕

759

鈐章

軍機大臣欽奉

諭旨著歸化城副都統三多奏時勢日亟整治蒙旗萬難再緩謹臚陳辦法一摺著會議政務處議奏欽此

六月二十三日

臣世

臣張假

臣鹿

臣那差

軍機大臣署名

臣奕

臣世

臣張假

臣鹿

臣那差

六月二十三日

760

鈐章

宣統元年六月二十四日內閣奉

上諭江西南昌府知府員缺緊要著該督撫於通省知府內揀員調補所遺員缺著錫麟補授欽此

軍機大臣署名

臣奕

臣世

臣張假

臣鹿

臣那差

761

鈐章

軍機大臣欽奉

諭旨禮親王世鐸等奏請將京旗專額議員援案免扣資俸一摺著憲政編查館議奏欽此

軍機大臣署名

臣奕

臣世

臣張假

六月二十四日

臣鹿

臣那差

762

鈐章

宣統元年六月二十五日內閣奉

上諭吏部奏遵議處分一摺前暫辦津浦鐵路大臣

呂海寰應得降二級調用處分著加恩改為降二

級留任欽此

軍機大臣署名

臣奕

臣世

臣張假

臣鹿

臣那

763

鈐章

軍機大臣欽奉

諭旨順天府奏順屬辦理賑撫出力員紳開單呈覽

各摺片均著吏部議奏單併發欽此

軍機大臣署名

臣奕假

臣世

臣張假

臣鹿假

臣那

六月二十六日

764

鈐章

軍機大臣欽奉

諭旨都察院代奏分發河南知縣胡發珠振興實業

呈一件著該部知道欽此

軍機大臣署名

臣奕假

臣世

臣張假

臣鹿假

臣那

六月二十六日

765

鈐章

軍機大臣欽奉

諭旨督辦津浦鐵路大臣徐世昌等奏接收津浦鐵路大臣關防日期並接辦大概情形一摺又奏設立總公所一片均知道了欽此

軍機大臣署名

臣奕假
臣世
臣張假
臣鹿假
臣那

六月二十六日

766

鈐章

軍機大臣欽奉

諭旨度支部奏財用窘絀舉辦新政宜力求撙節以維大局一摺所奏不爲無見著由該部鈔給各部院衙門各省督撫詳晰閱看原摺著留覽欽此

軍機大臣署名

臣奕
臣世
臣張假
臣鹿
臣那

六月二十七日

767

鈐章

軍機大臣欽奉

諭旨御史麥秩嚴奏改良監獄亟宜整飭一摺著法部議奏欽此

軍機大臣署名

臣奕
臣世
臣張假
臣鹿
臣那

六月二十七日

768

鈐章

軍機大臣欽奉

諭旨御史饒芝祥奏孝廉方正選舉冒濫請定章程

一摺著該部議奏欽此

軍機大臣署名

臣奕 臣世 臣張 臣鹿 臣那

六月二十七日

769

六月二十八日引

見人員

吏部八人

學部五人

陸軍部九人

鑲黃旗蒙古三人

正黃旗蒙古五人

內務府十四人

上駟院四人

精捷營六人

共五十四人

770

鈐章

宣統元年六月二十八日內閣奉

上諭禮親王世鐸奏

西陵梁格莊

行宮值班大臣並未奏明請假先行回京一摺曾廣鑾

於值班重差未經具摺請假擅自回京殊屬非是

著交部議處欽此

軍機大臣署名

臣奕 臣世 臣張假 臣鹿 臣那

771

鈐章

宣統元年六月二十八日内閣奉

上諭外務部左丞著高而謙補授未到任以前著陶大均署理周自齊著署理右丞曹汝霖著署理左參議右參議著曾述棨署理欽此

軍機大臣署名

臣奕

臣世

臣張假

臣鹿

臣那

772

鈐章

宣統元年六月二十八日内閣奉

上諭民政部右丞著延鴻補授汪榮寶著轉補左參議右參議著紹彝補授欽此

軍機大臣署名

臣奕

臣世

773

臣張假

臣鹿

臣那

鈐章

宣統元年六月二十八日内閣奉

上諭本日學部帶領引見侍郎嚴修賓熙奏對錯誤殊乖體制均著交部察議欽此

軍機大臣署名

臣奕

臣世

臣張假

臣鹿

臣那

774

鈐章

宣統元年六月二十八日内閣奉

上諭本日引見進士館畢業學員考列中等之吏部主事魏元戴著以原官留部補用欽此

軍機大臣署名
臣奕
臣世
臣張假
臣鹿
臣那

775
鈐章
軍機大臣欽奉
諭旨
孝欽顯皇后几筵前行中元禮由
監國攝政王代詣行禮欽此
軍機大臣署名
臣奕
臣世
臣張假
臣鹿
臣那
六月二十八日

776
宣統元年六月二十九日内閣奉
上諭
監國攝政王面奉
隆裕皇太后懿旨昨日禮部奏九月二十七日
孝欽顯皇后梓宫奉移
菩陀峪
定東陵十月初四日永遠奉安一片
孝欽顯皇后永遠奉安典禮綦重皇帝理應恭往以盡
孝思惟念皇帝尚在沖齡且節屆冬令天氣漸寒銜
哀遠出實非所宜届時予當前往恭送皇帝不必同
行欽此
鈐章
軍機大臣署名
臣奕
臣世
臣張假
臣鹿
臣那

777

鈐章

宣統元年六月二十九日內閣奉

上諭

隆裕皇太后於九月二十七日跪送

孝欽顯皇后梓宮後啟鑾三十日駐蹕隆福寺行宮十

月初二日祗謁

各陵初五日由隆福寺行宮啟鑾回京沿途地方毋庸

另備御道所有應行典禮並一切事宜著各該衙

門及直隸總督敬謹預備欽此

軍機大臣署名

臣奕

臣世

臣張假

臣鹿

臣那

778

鈐章

宣統元年六月二十九日內閣奉

上諭本年九月二十七日

孝欽顯皇后梓宮奉移

山陵已諭令沿途地方毋庸另備御道其

梓宮經由之路一切應辦事宜著端方敬謹預備務從

簡省所需經費准其作正開銷不許絲毫攤派民

間以免擾累欽此

軍機大臣署名

臣奕

臣世

臣張假

臣鹿

臣那

779

鈐章

宣統元年六月二十九日內閣奉

上諭恭纂

德宗景皇帝實錄稾本著陸潤庠敬謹專司勘辦欽此

軍機大臣署名

臣奕

臣世

臣張假
臣鹿
臣那

780

鈐章

宣統元年六月二十九日內閣奉

上諭薩鎮冰著開缺作為海軍提督廣東水師提督
著李準補授欽此

軍機大臣署名

臣奕
臣世
臣張假
臣鹿
臣那

781

鈐章

宣統元年六月二十九日內閣奉

上諭雲南交涉使著世增調補湯壽潛著補授雲南
按察使欽此

軍機大臣署名

臣奕
臣世
臣張假
臣鹿
臣那

782

鈐章

軍機大臣欽奉

諭旨學部奏山東青島設立特別高等專門學堂商
訂章程認籌經費繕單呈覽一摺又奏派員外郎
蔣楷充學堂總稽察一片均著依議欽此

軍機大臣署名

臣奕
臣世
臣張假
臣鹿
臣那

六月二十九日

783

鈐章

軍機大臣欽奉

諭旨出使大臣張蔭棠吴宗濂均着賞給二等第一寳星欽此

軍機大臣署名

臣奕

臣世

臣張假

臣鹿

臣那

六月二十九日

784

鈐章

宣統元年六月三十日内閣奉

上諭貝勒載洵載濤毓朗均着賞給一等第二寳星陸軍部尚書鐵良海軍提督薩鎮冰均着賞給一等第三寳星陸軍部侍郎壽勲署侍郎姚錫光均着賞給二等第一寳星欽此

軍機大臣署名

785

管理軍諮處事務

貝勒載濤

貝勒毓朗

擬請

賞給一等第二寳星

籌辦海軍大臣

貝勒載洵

擬請

賞給一等第二寳星

海軍提督薩鎮冰

擬請

賞給一等第三寳星

臣奕假

臣世

臣張假

臣鹿假

臣那

陸軍部
尚書鐵良
擬請
賞給一等第三寶星
侍郎壽勳
署侍郎姚錫光
擬請
賞給二等第一寶星

786
鈐章
宣統元年六月三十日内閣奉
上諭廣東南澳鎮總兵員缺著王得勝補授欽此
軍機大臣署名
臣奕假
臣世
臣張假
臣鹿假
臣那

787
廣東南澳鎮總兵員缺請
旨簡放

788
鈐章
宣統元年六月三十日内閣奉
上諭吉林哈爾濱關道員缺著施肇基補授欽此
軍機大臣署名
臣奕假
臣世
臣張假
臣鹿假
臣那

789

鈐章

軍機大臣欽奉

諭旨農工商部奏順直官紳請撥官荒籌辦林業據情代奏一摺著依議欽此

軍機大臣署名

臣奕

臣世

臣張假

臣鹿

臣那

七月初一日

790

鈐章

軍機大臣欽奉

諭旨郵傳部奏展築張綏鐵路籌定辦法一摺又奏擬訂吉長新奉鐵路借款細目合同繕單呈覽一摺均著依議欽此

軍機大臣署名

臣奕

791

臣世

臣張假

臣鹿

臣那

七月初一日

臣奕劻等跪

奏為酌定收發摺件檔册章程以昭慎重恭摺具陳仰祈

聖鑒事查軍機處逐日録出清漢摺報及所奉清漢

諭旨檔册等均收存

方略館大庫備查每屆恭修

實録由該館隨時咨領敬謹編修後陸續繳回歷經辦理在案本年二月奉

旨纂修

德宗景皇帝實録據該館咨稱同治十三年十二月初五日起各項書籍即陸續檢齊以備咨取等因前來伏思

德宗景皇帝御極三十四年變法圖强維新政治所奉
諭旨尤多綜計錄存各件及一切檔册卷頁紛繁軍機
處與
實錄館互相交涉稍不詳慎難保無遺失短缺之虞自
應妥定章程以嚴收發而昭周密臣等公同商
酌此次
實錄館咨取時擬先飭軍機章京等將錄出摺奏每日
若干件檔册每本若干篇另立一册開載細數
照數點交承領之人接收清楚應令畫押再行
領去將來繳回時仍由該軍機章京等照數點
收如有短少即咨由
實錄館查明補繳以專責成臣世續臣張之洞臣那桐
均豢
恩簡派
實錄館差使應如何督飭該館提調等官嚴定規條各
專經手之責期無遺失短缺之處當與各總裁
官悉心會商妥籌辦理所有臣等酌定章程緣
由謹繕摺具奏伏乞
皇上聖鑒謹
奏
宣統元年七月初一日奉
旨依議欽此
鈐章

792
上諭山西冀甯道員缺著翁斌孫補授欽此
宣統元年七月初二日内閣奉
軍機大臣署名
臣奕
臣世
臣張假
臣鹿假
臣那

793
湖廣總督陳夔龍奏請將已革法部參議余肇
康開復摺五月十四日奉
硃批著吏部歸入查辦案内開單候旨
兩江總督端方奏請將已革道員用候補知府
徐棨開復片六月初一日奉
硃批吏部入單候旨

兩江總督端方奏請將已革候補知縣李鍾珏
開復摺六月初九日奉
硃批吏部入單候旨
開缺陝甘總督升允奏請將降調道員嚴金清
已革游擊劉琦候補直隸州知州李顯誠開復
摺又奏請將已革御史安維峻開復片六月初
十日奉
硃批該部入單候旨片一件併發
湖廣總督陳夔龍奏請將已革御史吳兆泰休
致順天府府丞高燮曾通政司參議張仲炘懇
恩錄用摺六月十六日奉
硃圈吏部入單候旨
京外文職公罪革職降調廢員　單開九十人
硃圈十人
京外文職私罪較輕廢員　單開九十九人
硃圈四人
京外文職私罪較重廢員　單開四百八十人未奉
硃圈
京外文職休致永不敘用廢員　單開二百七十人未奉

硃圈
京外滿營一二品暨各路大臣革職降調降補
廢員　單開三十一人
硃圈三人
各省綠營一二品革職廢員　單開三百七十人
硃圈九人
京旗營三品以下革職廢員　單開二百一十人
硃圈七人
京外滿營三品以下降調降補廢員　單開一百四十人
硃圈三人
各省駐防三品以下革職廢員　單開一百九十二人
硃圈六人
各省綠營四五品革職廢員　單開三百三十六人
硃圈一人
各省綠營降調降補廢員　單一百六十九人
硃圈一人
滿綠各營休致廢員　單開三十六人未奉
硃圈
滿綠各營革職永不敘用廢員　單開八十四人未奉

硃圈

以上文職九百四十人

硃圈十四人武職一千五百六十九人

硃圈三十人

794

謹將文職因公獲咎人員開具簡明事由繕具

清册

計開

降調陸軍部七品小京官前

東陵承辦事務衙門主事文清

經前

東陵守護大臣載瀛等特參該員承辦典禮錯誤請交

部議處經部議以降一級調用公罪光緒三

十一年九月二十八日奉

旨不准抵銷欽此

硃○

已革廣西興業縣知縣唐汝霖

經廣西巡撫黃槐森特參該員於土匪滋事

疏於防範致令該縣失陷雖旋經收復究屬

防禦不力光緒二十四年九月初四日奉

上諭著即行革職欽此

已革福建順昌縣知縣陳勷光

經署閩浙總督李興銳特參該員刊刻書籍

訾議西教雖未滋生事端其平日於善鄰弭

釁之道漫不加意光緒三十年五月十九日奉

硃批著即行革職欽此

硃○

已革分省補用知縣左之宜

經塔爾巴哈台參贊大臣錫綸特參該員行

走軍台於通事朦混折索羊價銀兩毫無覺

察奏請革職光緒十一年五月二十八日奉

硃批著照所請欽此

795

謹將文職私罪降革情節較輕人員開具簡明

事由繕具清册

計開

已革廣西按察使

賞給二等侍衛伊犁錫伯營領隊大臣希賢

經署兩廣總督岑春煊特參該員前署藩司

任内賄賂公行光緒二十九年閏五月十三
日奉
上諭著即行革職欽此三十年九月二十七日奉
旨希賢著賞給二等侍衛作爲伊犁錫伯營領隊大臣欽此
已革
惠陵禮部員外郎裕謙
經守護大臣溥廉等特參該員於應收祭品
有意刁難光緒八年六月十六日奉
上諭著即行革職欽此
已革前户部主事李仕良
經署兩廣總督岑春煊特參該員於李炳煌
等因保盗犯被押膽敢赴營面保力請省釋
奏請斥革光緒三十二年八月二十九日奉
硃批著照所請欽此
已革内閣典籍前祿米倉監督文貴
經前户部於盤查祿米倉虧短米石案内以
該員失察奏請交部議處經部議以革職私
罪光緒十七年三月十九日奉
旨依議欽此

硃。
已革前詹事府候補主簿范德勖
經前詹事府詹事鍾靈特參該員請假不候
批准輒行出京奏請革職光緒二十一年四月
初九日奉
旨依議欽此
已革
盛京兵部筆帖式倭森
經前
盛京將軍裕祿等特參該員告假省親曠缺日久
並未呈明改捐擅自離署奏請革職光緒十
六年十一月十八日奉
硃批著照所請欽此
已革奉天錦州營莊衙門筆帖式清泰
經署錦州副都統協領文楷特參該員玩視
馬政奏請革職光緒二十一年三月初十日奉
硃批著照所請欽此
降補同知前湖南候補道沈瑩慶
經湖南巡撫岑春蓂特參該員在釐金鹽茶
總局内虧挪釐款請以同知降補光緒三十

三年六月初四日奉
硃批著照所請欽此
降選通判前雲南試用道曾垂治
經雲貴總督錫良於甄别案内以該員行檢
不嚴屢招物議奏条光緒三十三年九月十
二日奉
上諭著以通判歸部銓選欽此
降選府經歷縣丞前四川補用知府丁盛榮
經署四川總督岑春煊於舉劾案内以該員
粗率鄙陋性更嗜利奏条光緒二十九年五
月二十四日奉
上諭著以府經歷縣丞歸部銓選欽此
降補通判前陝西候補知府陶憲章
經陝西巡撫曹鴻勛於舉劾案内以該員小
有才能聲名素劣奏条光緒三十一年九月
二十二日奉
上諭著以通判降補欽此
降補縣丞前四川補用同知柏震蕃
經護理四川總督趙爾豐於舉劾案内以該
員心地不清性復猥鄙奏条光緒三十三年
六月十七日奉
上諭著以縣丞降補欽此
降二級調用前雲南石屏州知州魏朝瑞
經雲貴總督錫良於
大計案内以該員才力竭蹶辦事迂緩註考經部
照才力不及例議以降二級調用光緒三十
四年三月初二日奉
旨依議欽此
已革雲南候補知州陳瓚琳
經雲貴總督崧蕃特条該員委辦釐金失察
巡丁索費釀命光緒二十二年正月二十六
日奉
上諭著即行革職欽此
降補江西永新縣縣丞前河南試用通判潘淮沂
經河南巡撫倪文蔚於甄别案内以該員舉
止輕率專事鑽營奏条光緒十五年正月十
四日奉
上諭著以府經歷縣丞降補欽此

已革陝西試用通判陳思權
經陝西巡撫岑春萱特參該員辦理粥廠並
不認真致以擁擠斃饑民多命奏請革職
光緒二十六年十一月初十日奉
硃批著照所請欽此
降三級調用前候選通判崔霱
經翰林院侍讀學士陳秉和奏參嗣經
欽派大臣户部右侍郎溥良查明覆奏該員恃有舊交
投効河工經候補道丁達意派令當差稟請
奏保均屬不知遠嫌奉
旨交部議處經部照不應重私罪律議以降三級調用
光緒二十五年四月初三日奉
旨依議欽此
降選州判前四川興文縣知縣倪錫庚
經四川總督鹿傳霖於甄別案内以該員讞
獄草率難膺民社奏參光緒二十二年十二
月十四日奉
上諭著以州判歸部選用欽此
已革貴州清平縣知縣劉茂槐
經貴州巡撫王毓藻特參該員於苗匪滋事
殺斃教士並不先事防範奏請革職光緒二
十五年正月二十五日奉
硃批著照所請欽此
已革順天良鄉縣知縣王汝康
經前刑部覆審該員於馬夫吴長典銷燬江
南等省本箱一案漫無覺察實屬昏瞶糊塗
奏請革職光緒二十六年正月二十四日奉
旨依議欽此
降選府經歷前山西汾西縣知縣楊壽祺
經山西巡撫錫良於舉劾案内以該員器局
卑陋難膺民社奏參光緒二十六年十二月
初九日奉
上諭著以府經歷歸部選用欽此
降選教職前廣西補用知縣謝裕棠
經廣東巡撫德壽於考覈案内以該員性情
卑鄙難膺民社惟文理尚優請以教職歸部
銓選光緒二十七年二月初十日奉
上諭著以教職歸部銓選欽此

已革浙江平陽縣知縣謝焯鎣
經署浙江巡撫余聯沅特參該員於匪徒焚
燬教堂搶劫教民之案疏於防範奏請革職
光緒二十七年五月初二日奉
硃批著照所請欽此復經浙江巡撫任道鎔以該員於
交代案内虧欠銀米奏請勒限完解光緒二
十八年三月初二日奉
硃批著照所請欽此
降二級調用前雲南平彝縣知縣蕭仰德
經雲南巡撫李經羲於
大計案内以該員辦事因循難膺民社註考經部
照才力不及例議以降二級調用光緒二十
八年二月十八日奉
旨依議欽此
已革四川永甯縣知縣楊昱
經四川總督奎俊特參該員於土匪滋事姑
息養奸光緒二十八年六月三十日奉
旨著即行革職欽此
降補從九品未入流前四川廣元縣知縣錢菁

經署四川總督岑春煊於舉劾案内以該員
輕佻浮猾交結劣紳奏參光緒二十九年正
月十九日奉
上諭著以從九品未入流降補欽此
已革四川巫山縣知縣白曾煦
經署四川總督岑春煊特參該員於被劫重
案諱匿不報迨聞查辦始倒填月日補稟彌
縫奏請革職光緒二十九年四月初一日奉
硃批著照所請欽此
降一級調用前廣西桂平縣知縣鄭鍾霊
經署兩廣總督岑春煊特參該員疎脱官犯
陳景華徇私違法奏請降一級調用私罪光緒
二十九年九月十七日奉
硃批著照所請欽此
降選府經歷縣丞前四川興文縣知縣許鈞鴻
經四川總督錫良於甄別案内以該員疲玩
因循事多廢弛奏參光緒三十年二月初六
日奉
上諭著以府經歷縣丞歸部銓選欽此

降選教職前四川雅安縣知縣唐枝中
經四川總督錫良於甄别案内以該員御下
不嚴聲名甚劣惟文理尚優請以教職銓選
光緒三十年二月初六日奉
上諭著以教職銓選欽此
降選教職前四川新津縣知縣楊錫澍
經四川總督錫良於甄别案内以該員行多
夸詐不洽輿情惟文理尚優請以教職歸部
銓選光緒三十一年八月初三日奉
上諭著以教職歸部銓選欽此
降二級調用前湖南平江縣知縣何莘耕
經湖南巡撫岑春蓂於
大計案内以該員才力短絀難期整頓註考經部
照才力不及例議以降二級調用光緒三十
四年二月十一日奉
旨依議欽此該員嗣於宣統元年九月十六日循例赴
部帶領引
見奉
旨著仍照部議降二級調用欽此

已革直隸補用知縣于恩第
經直隸總督李鴻章特參該員甫經到省不
守官箴奏請革職光緒二十年十二月初二
日奉
硃批著照所請欽此
降選縣主簿前四川候補知縣韓廷鉞
經四川總督鹿傳霖於甄别案内以該員性
情貪詐聲名平常交代取巧拖延不結奏參
光緒二十一年八月初七日奉
上諭著以縣主簿降選欽此
降選縣丞前四川候補知縣熊廷杰
經四川總督鹿傳霖於甄别案内以該員聽
斷輕率玩視倉儲奏參光緒二十二年十二
月十四日奉
上諭著以縣丞降選欽此
降選教職前陝西即用知縣范堯
經陝西巡撫升允於舉劾案内以該員聲名
平常難膺民社惟文理尚優請以教職歸部
銓選光緒二十八年三月初一日奉

上諭著以教職歸部銓選欽此
降補府經歷前貴州候補知縣曹正魁
經貴州巡撫鄧華熙於甄別案內以該員任
用親丁漫無約束奏請以府經歷降補光緒
二十九年四月十一日奉
硃批著照所請欽此
已革四川候補知縣張仲友
經署四川總督岑春煊特參該員署射洪縣
知縣任內於教案任意欺飾幾至誤事奏請
革職光緒二十九年五月二十四日奉
硃批著照所請欽此
已革四川候補知縣陳炳奎
經四川總督錫良於甄別案內以該員言行
不符近於偏誕奏參光緒二十九年十二月
初九日奉
上諭著即行革職欽此
降補縣丞前貴州補用知縣顏楷
經貴州巡撫岑春蓂於甄別案內以該員年
少喜事罔知政體奏參光緒三十二年九月

二十三日奉
上諭著以縣丞降補欽此
降補縣丞前四川另補知縣田廣恩
經護理四川總督趙爾豐於舉劾案內以該
員庸闇猥瑣不知治理奏參光緒三十三年
六月十七日奉
上諭著以縣丞降補欽此
硃。
已革湖北試用知縣張映景
經湖廣總督李瀚章特參該員委辦襄陽府
牙釐專局於該局卡票報護照數目不符漫
無覺察奏請暫行革職訊明分別辦理光緒
六年十一月初一日奉
旨著照所請欽此此案據四川省咨送清册內稱訊無
通同侵蝕情事究非尋常疏忽可比應即革職
降選教職前廣東試用知縣王燵焯
經廣東巡撫李興銳於舉劾案內以該員才
識迂拘惟文理尚優請以教職歸部銓選光緒
二十九年十月十五日奉
上諭著以教職歸部銓選欽此

已革四川試用知縣陳國珩
經四川總督錫良特參該員開報酒捐不實
奏請革職光緒三十年十二月二十八日奉
硃批著照所請欽此
降補縣丞前四川試用知縣余鍾麟
經駐藏幫辦大臣張蔭棠電奏該員聽斷草
率請以縣丞補光緒三十三年三月二十三
日奉
旨著照所請欽此
降選教職前雲南彌勒縣知縣傅學懋
經雲貴總督錫良於甄別案内以該員才力
平弱辦事竭蹶惟文理尚優請以教職歸部
銓選光緒三十三年九月十二日奉
上諭著以教職歸部銓選欽此
暫革安徽候補直隸州州判黄錦中
經農工商部特參該員未經部劄擅居商會
總理又復遇事不公奏請暫行革職光緒三
十三年七月十三日奉
旨依議欽此

暫革浙江試用鹽大使劉憲燝
經農工商部特參該員未經部劄擅居商會
總理又復遇事不公奏請暫行革職光緒三
十三年七月十三日奉
旨依議欽此
謹將文職私罪獲咎情節較重人員開具簡明
事由繕具清册
計開
已革掌山東道監察御史前廣西學政劉家模
經御史黄曽源奏參嗣經兩廣總督陶模查
明覆奏該員嗜好甚深關防不嚴罔知檢束
所至增索棚規並任聽船户滿載私鹽被緝
獲後謂有衣物在船電請查追光緒二十七
年十二月初二日奉
上諭著即行革職欽此
已革前工部堂主事榮光
經前商部特參該員入署賄託關説煤礦毫
無顧忌實屬行為荒謬光緒三十年十月十
九日奉

上諭著即行革職欽此
已革内務府筆帖式署堂主事世芳
光緒二十二年在堂主事任内因指官詐財
奏条革職發往新疆効力贖罪二十四年七
月二十八日經刑部覆奏奉
旨依議欽此三十年恭逢
恩詔奉
旨釋回
已革中城兵馬司指揮沈鏞
經中城御史文璟特条該員擅動公款私收
利錢聞警之際棄印逃匿請先行革職勒追
光緒二十七年正月初四日奉
旨依議欽此
已革江蘇補用道曾廣祚
經署兩江總督周馥於甄别案内以該員鑽
營猥鄙不知自愛奏条光緒三十一年二月
初八日奉
上諭著即行革職欽此
已革雲南試用道凌心坦

經雲貴總督錫良於甄别案内以該員辦事
欺朦援商騰怨奏条光緒三十三年九月十
二日奉
上諭著即行革職欽此
已革四川候補道黄立鼇
經署四川總督岑春煊於舉劾案内以該員
貪狡把持治軍無術奏条光緒二十九年正
月十九日奉
上諭著即行革職欽此
已革廣東試用通判周運春
經廣東巡撫張人駿於甄别案内以該員辦
理官田變價任意開支奏条光緒三十一年
正月二十四日奉
上諭著即行革職欽此
開復原銜已革候選道王曾俊
經御史張世培等奏条嗣經東三省總督徐
世昌查明該員充銀圓局總辦吞蝕餘利朦
混取巧奏請革職光緒三十三年七月二十
五日奉

硃批著照所請欽此復經四川總督趙爾巽奏稱前在
湖廣總督任内該員委充各差深資臂助請
開復原官原銜免繳捐復銀兩仍帶往四川
留省補用光緒三十四年二月二十一日奉
硃批著先行開復原銜准其調往四川差遣該員辦事
著有成效再行奏請加恩欽此
已革湖北候補知府龍兆霖
經湖北巡撫于蔭霖於舉劾案内以該員素
行不檢比暱匪人奏參光緒二十五年六月
初九日奉
上諭著即革職欽此
已革四川候補知府花城
經署四川總督岑春煊於舉劾案内以該員
嗜好甚重聲名平常奏參光緒二十九年正
月十九日奉
上諭著即行革職欽此
已革四川候補知府唐吉森
經護理四川總督趙爾豐特參該員抽捐釀
命辦理荒謬奏請革職發往新疆効力贖罪

光緒三十四年四月初四日奉
硃批著照所請欽此旋經四川總督趙爾巽奏請免其
發遣是年十二月二十六日奉
旨允行欽此
已革江西蓮花廳同知崔祺
經翰林院侍讀學士文廷式奏參嗣經江西
巡撫德壽查明覆奏該員信任親友遇事詭
索光緒二十二年正月二十六日奉
上諭著即行革職欽此
已革四川候補同知張名杰
經署四川總督岑春煊於舉劾案内以該員
才識闇陋夙著貪名奏參光緒二十九年五
月二十四日奉
上諭著即行革職欽此
已革雲南永北直隸廳同知黄毓崧
經雲貴總督錫良於甄別案内以該員辦學
荒謬諱盜殃民奏參光緒三十三年十二月
初四日奉
上諭著即行革職欽行

已革廣東試用同知孫鴻勳
經兩廣總督李瀚章特參該員乖張任性輿
論沸騰奏請革職光緒十七年七月二十四
日奉
硃批著照所請欽此
已革福建試用同知李韶級
經署閩浙總督李興鋭於舉劾案内以該員
不洽輿情操守難信奏參光緒三十年二月
十六日奉
上諭著即行革職欽此
已革四川試用同知陳邦圻
經四川總督錫良於甄別案内以該員信用
劣幕形同傀儡奏參光緒三十年十二月二
十八日奉
上諭著即行革職欽此
已革四川茂州直隸州知州李承鄴
經四川總督劉秉璋於甄別案内以該員操
守平常奏參光緒二十一年四月二十五日奉
上諭著即行革職欽此

已革分省試用道新疆和闐直隸州知州劉兆松
經新疆巡撫聯魁於甄別案内以該員倚勢
妄為苛暴之尤奏參光緒三十二年十一月
十八日奉
上諭著即行革職欽此
已革甘肅候補直隸州知州談定基
經陝甘總督譚鍾麟於甄別案内以該員居
心巧詐工於牟利奏參光緒十一年正月初
七日奉
上諭著即行革職欽此
已革廣西候補直隸州知州張秉銓
經護理廣西巡撫李秉衡於甄別案内以該
員趨附干求廉隅罔恤奏參光緒十一年七
月初四日奉
上諭著即行革職欽此
已革山東候補直隸州知州范一雙
經山東巡撫李秉衡於甄別案内以該員藉
勢通賄任意妄為奏參光緒二十年十一月
十五日奉

上諭著即行革職欽此
已革花翎甘肅候補直隸州知州王運元
經陝甘總督陶模於甄別案內以該員遇事
鑽營不顧行止奏參光緒二十三年十一月
二十日奉
上諭著即行革職並拔去花翎驅逐回籍欽此
已革雲南昆陽州知州彭培之
經雲南巡撫丁振鐸於甄別案內以該員才
庸性鄙物議沸騰奏參光緒二十七年正月
二十日奉
上諭著即行革職欽此
已革貴州歸化廳通判吳昌霖
經貴州巡撫王毓藻於甄別案內以該員捕
務廢弛縱盜殃民奏參光緒二十四年十月
十五日奉
上諭著即行革職欽此
已革浙江紹興府通判高耀祖
經浙江巡撫馮汝騤於
大計案內以該員徇庇書差操守難信註考經部

照不謹例議以革職光緒三十四年三月初
二日奉
旨依議欽此
已革江西試用通判張傳鼒
經江西巡撫李興銳於舉劾案內以該員卑
汙茍且遇事招搖奏參光緒二十七年五月
十七日奉
上諭著即行革職欽此
已革湖北試用通判冼廷瑜
經湖廣總督趙爾巽於舉劾案內以該員胸
無主宰舉動謬妄奏參光緒三十四年四月
初七日奉
上諭著即行革職欽此
已革湖南桃源縣知縣余良棟
經給事中謝雋杭於道員錢康榮等徵法營
私案內奏參嗣經湖南巡撫陳寶箴查明覆
奏該員性情狡詐物議沸騰光緒二十一年
十二月二十三日奉
上諭著即行革職欽此

已革廣東遂溪縣知縣熊全萼
經兩廣總督譚鍾麟特參該員勒派股票擅
動倉穀誤聽奸商包釐致釀命案光緒二十
五年三月初八日奉
上諭著即行革職欽此
已革四川蒼溪縣知縣沈澄
經四川總督奎俊於甄別案內以該員縱容
家丁罔恤民隱奏參光緒二十五年十二月
十八日奉
上諭著即行革職欽此
已革山東蒲臺縣知縣裴維翰
經山東巡撫袁世凱於甄別案內以該員怙
懦姑息近利營私奏參光緒二十六年十一
月二十四日奉
上諭著即行革職欽此
已革浙江請補遂安縣知縣支閏彥
經浙江巡撫任道鎔於甄別案內以該員蕩
檢踰閑人言藉藉奏參光緒二十七年十二
月十六日奉

上諭著即行革職欽此
已革直隸武强縣知縣魏祖德
經直隸總督袁世凱特參該員貪詐性成公
事顢頇署廣宗縣知縣任内藉端勒捐幾
致激變光緒二十七年十二月二十三日奉
上諭著即行革職欽此
已革江西德安縣知縣賀輝玉
經江西巡撫李興鋭於
大計案内以該員性情粗鄙罔恤民艱註考經部
照不謹例議以革職光緒二十八年三月二
十日奉
旨依議欽此
已革雲南羅次縣知縣王樹槐
經雲貴總督魏光燾於甄別案内以該員縱
差需索玩視民命奏參光緒二十八年十二
月二十七日奉
上諭著即行革職欽此
已革山東樂安縣知縣劉炳勛
經山東巡撫周馥於甄別案内以該員顢頇

因循諱飾重案奏參光緒二十九年正月十
四日奉
上諭著即行革職欽此
已革四川郫縣知縣袁桂芳
經署四川總督岑春煊於舉劾案内以該員
才具庸劣奏參光緒二十九年正月十九
日奉
上諭著即行革職欽此
已革四川清溪縣知縣章憲曾
經署四川總督岑春煊於舉劾案内以該員
聽斷草率近利見小奏參光緒二十九年正
月十九日奉
上諭著即行革職欽此
已革四川遂甯縣知縣繆延祺
經署四川總督岑春煊於舉劾案内以該員
素習鑽營既貪且滑奏參光緒二十九年五
月二十四日奉
上諭著即行革職欽此
已革直隸甯津縣知縣祝嘉庸

經直隸總督袁世凱於舉劾案内以該員性
情畏葸罔知振作奏參光緒二十九年七月
二十日奉
上諭著即行革職欽此
已革山東霑化縣知縣丁熙
經山東巡撫周馥於甄別案内以該員庸懦
無能難膺民社奏參光緒三十年正月十二
日奉
上諭著即行革職欽此
已革山東即墨縣知縣李恆誠
經山東巡撫周馥於甄別案内以該員因循疲
玩操守平常奏參光緒三十年正月十二日奉
上諭著即行革職欽此
已革山西垣曲縣知縣羅廣煦
經山西巡撫張曾敭於舉劾案内以該員侵
税病民稟控有案奏參光緒三十年七月初
八日奉
上諭著即行革職欽此
已革四川南充縣知縣葉桂年

經四川總督錫良特參該員玩視賑務道殣相望漠不關心光緒三十一年四月三十日奉

上諭著即行革職欽此

已革四川大甯縣知縣蕭宜元

經四川總督錫良於甄別案内以該員志趣卑陋縱丁詐贓奏參光緒三十一年八月初三日奉

上諭著即行革職欽此

已革浙江鎮海縣知縣韓銓

經浙江巡撫張曾敭於甄別案内以該員羈押多濫馭下縱容奏參光緒三十二年閏四月十四日奉

上諭著即行革職欽此

已革山西試用知縣陳爵

經山西巡撫趙爾巽於甄別案内以該員侵蝕釐銀毫無忌憚奏參光緒二十八年十二月二十日奉

上諭著即行革職欽此

已革廣西懷遠縣知縣徐沖霄

經廣西巡撫林紹年於舉劾案内以該員約束不嚴奏參光緒三十二年十一月初九日奉

上諭著即行革職欽此

已革直隸南樂縣知縣李琢

經直隸總督袁世凱於舉劾案内以該員性情顢頇聽斷糊塗奏參光緒三十二年十一月十六日奉

上諭著即行革職欽此

已革江西南康縣知縣鍾祖彤

經江西巡撫吳重憙於甄別案内以該員縱容丁役嚴飭不遵奏參光緒三十二年十二月十五日奉

上諭著即行革職欽此

已革山西五寨縣知縣劉國良

經山西巡撫恩壽於舉劾案内以該員擅移公款膽大妄為奏參光緒三十二年十二月二十二日奉

上諭著即行革職欽此

已革四川丹稜縣知縣張景旭
經護理四川總督趙爾豐於舉劾案内以該員性情貪鄙不知大體奏參光緒三十三年六月十七日奉
上諭著即行革職欽此

已革吉林敦化縣知縣秋福豫
經東三省總督徐世昌等於舉劾案内以該員嗜好甚深丁役用事奏參光緒三十三年十二月初六日奉
上諭著即行革職欽此

已革湖北咸豐縣知縣秦毓麒
經湖廣總督趙爾巽於
大計案内以該員剛愎自是縱庇丁役註考經部照不謹例議以革職光緒三十四年二月十一日奉
旨依議欽此

已革江蘇鹽城縣知縣席伯連
經江蘇巡撫陳啓泰於甄別案内以該員闒冗無能御下不嚴奏參光緒三十四年二月二十二日奉
上諭著即行革職欽此

已革河南候補知縣費德藻
經河南巡撫鹿傳霖於甄別案内以該員貪婪任性緝捕廢弛奏參光緒十年五月二十四日奉
上諭著即行革職欽此

已革湖南補用知縣吴紹先
經湖南巡撫張煦於甄別案内以該員性情狡猾科罰營私奏參光緒十六年十一月初八日奉
上諭著即行革職欽此

已革山東候補知縣王智淵
經山東巡撫福潤於甄別案内以該員貽誤要公聲名甚劣奏參光緒十八年十二月二十四日奉
上諭著即行革職欽此

已革四川候補知縣辜培源
經四川總督劉秉璋於甄別案内以該員舉

動輕率奏参光緒二十一年四月二十五
日奉
上諭著即行革職欽此
已革直隸即用知縣傅鍾濤
經直隸總督王文韶特参該員奉委審案濫
用非刑有心鍛鍊奏請革職光緒二十一年
六月二十一日奉
硃批著照所請欽此
已革湖南候補知縣呂汝鈞
經給事中謝雋杭奏参嗣經湖南巡撫陳寶
箴查明覆奏該員取巧營私聲名狼藉光緒
二十一年十二月二十三日奉
上諭著即行革職欽此
已革湖南新田縣知縣王鶴春
經湖南巡撫陳寶箴於
大計案内以該員簠簋不飭物議沸騰註考經部
照不謹例議以革職光緒二十二年四月二
十日奉
旨依議欽此

已革山東候補知縣蕭炳榮
經山東巡撫李秉衡於甄別案内以該員邪
僻取巧有玷官箴奏参光緒二十二年十二
月二十八日奉
上諭著即行革職欽此
已革四川補用知縣錢澤遠
經四川總督奎俊於甄別案内以該員性情
狡猾貽害殃民奏参光緒二十五年四月二
十六日奉
上諭著即行革職欽此
已革四川補用知縣陳亘
經四川總督奎俊於甄別案内以該員卑鄙
貪汙行同市儈奏参光緒二十五年四月二
十六日奉
上諭著即行革職欽此
已革湖北候補知縣龍驥
經湖廣總督張之洞等於甄別案内以該員
辦釐貪鄙聲名最劣奏参光緒二十五年六
月初六日奉

上諭著即行革職欽此
已革雲南候補知縣楊桂榮
經雲貴總督丁振鐸於甄別案内以該員聽
斷乖謬草菅人命奏參光緒二十六年二月
十三日奉
上諭著即行革職欽此
已革山東候補知縣徐瑞麟
經山東巡撫袁世凱於懲處河工劣員案内
以該員辦事糊塗師心自用支發款項物
議沸騰奏參光緒二十六年二月二十六
日奉
上諭著即行革職欽此
已革山東即用知縣林朝圻
經山東巡撫袁世凱於甄別案内以該員荒
謬妄為遇事生風奏參光緒二十六年十一
月二十四日奉
上諭著即行革職欽此
已革四川候補知縣金鳴鶴
經四川總督奎俊於甄別案内以該員貪詐

巧猾遇事生風奏請革職光緒二十六年十
二月初八日奉
硃批著照所請欽此
已革陝西候補知縣常潤
經陝西巡撫升允於甄別案内以該員辦賑
不實被控有案奏參光緒二十七年七月初
七日奉
上諭著即行革職欽此
已革雲南候補知縣孫祥麟
經雲南巡撫李經羲於甄別案内以該員陰
柔貪猾士民怨恨奏參光緒二十八年五月
二十四日奉
上諭著即行革職欽此
已革四川候補知縣周鎔
經御史王乃徵奏參嗣經四川總督奎俊查
明覆奏該員信用門丁被控有案光緒二十
八年九月十二日奉
上諭著即行革職欽此
已革廣東補用知縣李宗曆

經廣東巡撫李興鋭於甄别案内以該員貪鄙近利不堪造就奏參光緒二十九年正月十一日奉
上諭著即行革職欽此

已革四川候補知縣鍾慶熙
經署四川總督岑春煊於舉劾案内以該員鑽營貪滑有玷官常奏參光緒二十九年正月十九日奉
上諭著即行革職欽此

已革四川候補知縣吴積勳
經署四川總督岑春煊於舉劾案内以該員利心甚重刑罰失平奏參光緒二十九年正月十九日奉
上諭著即行革職欽此

已革四川候補知縣黄沅
經署四川總督岑春煊於舉劾案内以該員遇事婪求不守官箴奏參光緒二十九年五月二十四日奉
上諭著即行革職欽此

已革四川候補知縣吴炳坤
經署四川總督岑春煊於舉劾案内以該員膽大舞弊侵吞税銀奏參光緒二十九年五月二十四日奉
上諭著即行革職欽此

已革雲南補用知縣宋席珍
經雲南巡撫林紹年於甄别案内以該員辦事因循縱容丁役奏參光緒二十九年五月二十六日奉
上諭著即行革職欽此

已革陝西候補知縣馬猶龍
經陝西巡撫升允於舉劾案内以該員疲軟無能徇庇丁役奏參光緒二十九年七月二十四日奉
上諭著即行革職欽此

已革四川候補知縣黄鎰
經四川總督錫良於甄别案内以該員躁妄喜事行同痞棍奏參光緒二十九年十二月初九日奉

上諭著即行革職欽此
已革浙江候補知縣鍾守鑠
經浙江巡撫聶緝槼於甄别案内以該員性
喜鑽營假信謀事奏參光緒三十年三月十
八日奉
上諭著即行革職欽此
已革新疆候補知縣黄賡陶
經新疆巡撫潘效蘇特參該員藉端要索行
同無賴奏請革職並不准在新疆逗遛生事
光緒三十年五月二十日奉
硃批著照所請欽此
已革廣西候補知縣李鴻勳
經署兩廣總督岑春煊於甄别案内以該員
聲名甚劣民怨沸騰奏參光緒三十一年二
月十五日奉
上諭著即行革職欽此
已革四川另補知縣饒敦秩
經護理四川總督趙爾豐於舉劾案内以該
員嗜好甚深政事廢弛奏參光緒三十三年

六月十七日奉
上諭著即行革職欽此
已革四川候補知縣羅毅威
經護理四川總督趙爾豐於舉劾案内以該
員心性輕浮從公不謹奏參光緒三十三年
六月十七日奉
上諭著即行革職欽此
已革四川候補知縣楊士橒
經護理四川總督趙爾豐於舉劾案内以該
員心地不明精力已憊奏參光緒三十三年
六月十七日奉
上諭著即行革職欽此
已革浙江候補知縣嚴邦模
經浙江巡撫張曾敭特參該員因祝金棨被
控送局擅用籐條重責旋即殞命奏請革職
光緒三十三年六月二十一日奉
硃批著照所請欽此
已革貴州候補知縣李際安
經貴州巡撫龐鴻書於甄别案内以該員年

老省庸書差用事奏參光緒三十三年八月
初二日奉
上諭著即行革職欽此
已革安徽候補知縣任贊廷
經安徽巡撫馮煦於甄別案内以該員見利
忘義頗工夤緣奏參光緒三十三年九月初
四日奉
上諭著即行革職欽此
已革雲南候補知縣李光遠
經雲貴總督錫良於甄別案内以該員訊驗
荒唐濫禁斃命奏參光緒三十三年九月十
二日奉
上諭著即行革職欽此
已革雲南補用知縣車士琛
經雲貴總督錫良於甄別案内以該員才足
濟貪贓私纍纍奏參光緒三十三年十二月
初四日奉
上諭著即行革職欽此
已革河南候補知縣趙允中

經河南巡撫林紹年於甄別案内以該員侵
没學款廉恥毫無奏參光緒三十四年正月
初六日奉
上諭著即行革職欽此
已革四川候補知縣李方慇
經護理四川總督趙爾豐於甄別案内以該
員辦事荒謬幾釀事變奏參光緒三十四年
五月初二日奉
上諭著即行革職欽此
已革河南候補知縣李文義
經河南巡撫林紹年於舉劾案内以該員品
行不端嗜好甚重奏參光緒三十四年八月
二十一日奉
上諭著即行革職欽此
已革山西優貢知縣王性存
經稽查山西賑務前工部右侍郎閻敬銘等
特參該員藉捐賑為名借端漁利奏請革職
歸案審訊光緒四年四月初七日奉
上諭著即行革職欽此嗣據查明覆奏於光緒五年二

月十一日奉
旨發往黑龍江効力贖罪十年二月釋回
已革雲南大挑知縣楊應誠
經雲南巡撫李經羲於甄別案内以該員辦
事糊塗聽斷乖謬奏參光緒二十八年五月
二十四日奉
上諭著即行革職欽此
已革四川試用知縣李瑞蘭
經四川總督奎俊於甄別案内以該員貪鄙
昏庸聲名甚劣奏參光緒二十八年六月十
八日奉
上諭著即行革職欽此
已革陝西試用知縣李士珍
經陝西巡撫升允於甄別案内以該員巧立
名目罔利病民奏請革職光緒二十八年十
月二十五日奉
硃批著照所請欽此
已革四川試用知縣賓咸祥
經署四川總督岑春煊特參該員充軍裝所
委員與機器局委員串通漁利奏請革職光
緒二十九年正月十八日奉
硃批著照所請欽此
已革四川試用知縣莊受綸
經署四川總督岑春煊於舉劾案内以該員
勞心奔競專意營私奏參光緒二十九年正
月十九日奉
上諭著即行革職欽此
已革四川試用知縣吳祖堯
經署四川總督岑春煊於舉劾案内以該員
小有才能專工奔競奏參光緒二十九年五
月二十四日奉
上諭著即行革職欽此
已革四川試用知縣張之鶴
經四川總督錫良於甄別案内以該員鄙劣
叢讖操守難信奏參光緒二十九年十二月
初九日奉
上諭著即行革職欽此
已革四川試用知縣洪雲錦

經四川總督錫良於甄別案內以該員朦稟
妄弟商情寃抑奏參光緒二十九年十二月
初九日奉
上諭著即行革職欽此
已革四川試用知縣何樹仁
經四川總督錫良於甄別案內以該員縱丁
詐贓被控有案奏參光緒二十九年十二月
初九日奉
上諭著即行革職欽此
已革湖南試用知縣胡大庚
經湖南巡撫陸元鼎於舉劾案內以該員負
氣任性辦公滋事奏參光緒三十年十一月
二十五日奉
上諭著即行革職欽此
已革浙江試用知縣陳朝佐
經浙江巡撫張曾敭於甄別案內以該員經
收捐款有心欺騙奏參光緒三十二年閏四
月十四日奉
上諭著即行革職欽此

已革湖南大挑知縣何德樾
經湖南巡撫岑春蓂於甄別案內以該員嗜
好甚深官聲惡劣奏參光緒三十三年五月
初五日奉
上諭著即行革職欽此
已革浙江試用知縣江文光
經浙江巡撫馮汝騤於舉劾案內以該員辦
事任性不守正規奏參光緒三十四年四月
二十四日奉
上諭著即行革職欽此
已革浙江試用知縣占元
經浙江巡撫馮汝騤於舉劾案內以該員前
辦釐卡侵公肥私大負委任奏參光緒三十
四年四月二十四日奉
上諭著即行革職欽此
已革新疆候補知縣王禮源
經署新疆巡撫吳引孫於舉劾案內以該員
貪黷虐民專擅罔利奏參光緒三十二年二
月初三日奉

上諭著即行革職欽此
已革浙江試用知縣史致祥
經浙江巡撫馮汝騤於舉劾案内以該員營
私罔上物議沸騰奏參光緒三十四年四月
二十四日奉
上諭著即行革職欽此
已革浙江運庫大使劉景衡
經浙江巡撫聶緝槼特參該員聲名甚劣光
緒三十一年十月初七日奉
上諭著即行革職欽此
已革貴州冊亨州同張鈞
經貴州巡撫嵩崑於舉劾案内以該員行同
市儈民怨沸騰奏參光緒二十一年十月二
十五日奉
上諭著即行革職欽此
已革四川崇慶州懷遠鎮州同駱洪恩
經署四川總督岑春煊於舉劾案内以該員
鄙狠無賴紳民交怨奏參光緒二十九年五
月二十四日奉

上諭著即行革職欽此
已革廣西江州土州同范錫瀛
經廣西巡撫李經義於甄别案内以該員朦
領兵餉見利忘義奏參光緒三十一年九月
初九日奉
上諭著即行革職欽此
已革陝西試用布政司經歷孟殿薰
經陝西巡撫曹鴻勛於舉劾案内以該員身
有隱慝殘忍異常奏參光緒三十一年九月
二十二日奉
上諭著即行革職欽此
已革兩淮試用鹽經歷萬會同
經兩江總督劉坤一於舉劾案内以該員性
情浮躁遇事生風奏參光緒二十五年十二
月二十三日奉
上諭著即行革職欽此
已革雲南補用州判朱吉林
經雲貴總督魏光燾於甄别案内以該員行
檢有乖屢被控告奏參光緒二十八年正月

十九日奉
上諭著即行革職欽此
已革四川候補州判丁世澄
經署四川總督岑春煊於甄別案内以該員
玩忽誤公奏叅光緒二十九年四月初一
日奉
上諭著即行革職欽此
已革四川補用州判鄧啟先
經四川總督錫良咨叅該員身充警官不守
規則行止有虧經部議照咨斥革光緒三十
二年九月十九日奉
旨依議欽此
已革甘肅階州白馬關州判曹步雲
經陝甘總督升允特叅該員於民間喊控命
案並不悉心驗報糊塗謬妄奏請革職光緒
三十四年十月初四日奉
硃批著照所請欽此
已革四川補用鹽大使清安
經護理四川總督趙爾豐於舉劾案内以該

員性情乖戾不安本分奏叅光緒三十四年
正月十四日奉
上諭著即行革職欽此
已革四川試用鹽茶大使陳禮
經四川總督錫良於甄別案内以該員抽
釐舞弊奏叅光緒三十一年十二月二十五
日奉
上諭著即行革職欽此
已革四川試用鹽大使馮天爵
經護理四川總督趙爾豐於舉劾案内以該
員辦事荒謬罔惜名譽奏叅光緒三十四年
正月十四日奉
上諭著即行革職欽此
796 謹將休致暨永不敍用各員開具簡明事由繕
具清册
計開
休致四川永甯道周廷揆
經四川總督錫良於甄別案内以該員衰庸

戀棧難資表率奏參光緒三十二年四月二
十三日奉
上諭著勒令休致欽此
休致四川慶符縣知縣王寶章
經四川總督錫良於甄別案內以該員精力
就衰難期振作奏參光緒三十二年四月二
十三日奉
上諭著勒令休致欽此
休致貴州候補知縣任景震
經貴州巡撫林紹年於舉劾案內以該員才
欠開展兩耳重聽奏參光緒三十一年四月
二十九日奉
上諭著原品休致欽此
休致甘肅花馬池州同周啟樾
經陝甘總督崧蕃於舉劾案內以該員冗闒
無能奏參光緒二十八年八月二十三日奉
上諭著勒令休致欽此
已革內務府員外郎文麒
於光緒二十二年四月十五日奉

上諭內務府員外郎文麒膽大鑽營卑鄙無恥著革職
永不敘用欽此
已革四川候補知府署邛州直隸州知州李常霈
經慶親王奕劻等特參該員保教不力光緒
二十七年七月初六日奉
上諭著革職永不敘用欽此
已革雲南候補知縣徐永恆
經雲貴總督丁振鐸特參該員藉修城池為
名派捐抽稅光緒二十九年五月二十一
日奉
上諭著革職永不敘用欽此
已革分省補用知縣謝允中
經署兩廣總督岑春煊特參該員管帶綏遠
軍左營弁勇叛逃有意縱延光緒二十九年
九月十七日奉
上諭著革職永不敘用欽此
已革山東候補知縣曹西屏
經山東巡撫楊士驤於舉劾案內以該員貪
婪苛罰實有贓據奏參光緒三十二年十二

月二十三日奉
上諭著革職永不敍用仍嚴行訊追欽此
已革四川試用知縣呂明鍾
經四川總督劉秉璋於甄別案内以該員行
險膽大難膺民社奏請革職永不敍用光緒
十五年九月二十日奉
硃批著照所請欽此
已革四川試用知縣雷金銘
經四川總督奎俊於甄別案内以該員設局
聚賭誘害善良奏参光緒二十八年六月十
八日奉
上諭著革職永不敍用欽此
已革河南試用知縣王頤安
經河南巡撫陳夔龍特参該員忘親嗜利聲
名狼藉奏請革職永不敍用光緒三十年十
二月二十四日奉
硃批著照所請欽此
已革廣東候補鹽大使毓幹
經署兩廣總督岑春煊特参該員接充鹽務

公所總辦把持把搖收規受賄奏請革職永
不敍用光緒三十年正月二十五日奉
硃批著照所請欽此
797 謹將續查降補降調革職分別公罪私罪及勒
令休致永不敍用各廢員開具簡明事由開
列於後
計開
公罪降補降調六員
廣東肇慶協副將忠正因所轄營兵滋事為
匪毫無覺察光緒二十二年正月經兩廣
總督譚鍾麟奏参降為遊擊
廣州鑲白正藍旗滿洲協領連保因甲兵槍
傷福英疏縱於前又不能迅速拏獲其平
日不能約束可知光緒二十四年經廣州
將軍保年奏参以佐領降補
記名印務参領兼公中佐領文泉因領米石
兵丁在倉滋事光緒二十五年五月經鑲
白旗漢軍都統公桂祥奏参部議降三

級調用

副參領公中佐領全年因領米石兵丁在倉滋事光緒二十五年五月經鑲白旗漢軍都統公桂祥奏參部議降三級調用

副參領公中佐領連凱因領米石兵丁在倉滋事光緒二十五年五月經鑲白旗漢軍都統公桂祥奏參部議降三級調用

花翎兩廣督標中營儘先都司黎興春因崖州黎洞樂安地方黎匪擾亂光緒二十四年四月經兩廣總督譚鍾麟奏參以千總降補

私罪降補降調八員

慕陵翼長敬勝因素有心疾並不時赴府摺奏文牘多出其手光緒二十四年十二月經查辦事件大臣崑岡查覆奏參部議降三級調用

山東撫標左營候補遊擊嚴大璋因春廂修掃事宜靡費鉅款諸多貽誤光緒二十二年十二月經山東巡撫李秉衡奏參以守備降補

甘肅鎮羌營遊擊崔金魁因辦事刻薄所部士卒多有怨言光緒二十六年正月經陜甘總督陶模奏參以都司降補

花翎河南撫標儘先補用遊擊羅文成因步射生疏光緒十七年五月經河南巡撫裕寬奏參以都司降補。

遊擊銜廣東儘先補用都司陶烈武因藉稱尚無衙署久住江平延不到防且有藉端需索情事光緒十六年三月經兩廣總督李瀚章奏參以千總降補

鑲白旗防禦蔚春因含混接班有意瞻徇光緒十八年閏六月經東陵辦事大臣光裕奏參部議降三級調用

正紅旗防禦多存因含混接班有意瞻徇光緒十八年閏六月經東陵辦事大臣光裕奏參部議降三級補用

河南考城中軍守備李得明因聲名平常光緒二十二年三月經河南巡撫裕寬奏參以把總降補

公罪革職六員

河南遊擊銜儘先都司王得著因兵丁民人鬭毆不知約束光緒二十五年七月經河

硃。

南巡撫裕長奏參即行革職
宣武門城門領兼神機營礮隊營總普壽因
葯庫失慎光緒二十五年經慶親王奕劻
奏參部議革職現補六品壇官
鳳凰城鑲紅旗防禦寶筠因辦理減緩九旗
兵等隨缺地租光緒二十三年八月經該將
軍依克唐阿查覆奏參即行革職
○廣東陸路提標守備張武因駐防江西勇丁
離營滋事約束不嚴光緒二十一年三月
經署兩江總督張之洞奏參即行革職
○鳳凰城鑲黃旗蒙古驍騎校純玉因九旗催
徵兵官租誤會徵免全數催收光緒二十
三年經奉天將軍依克唐阿查覆奏參部
議革職
○五品頂戴吉林驍騎校兼八品蔭監永林因
在三姓管理監獄疎防監犯脫逃光緒二
十五年十二月經吉林將軍長順奏參先
行革職
私罪革職二十二員

花翎總兵銜即補副將廣東撫標中軍參將
鳳鳴因收受陋規所入不貲光緒二十三
年六月經廣東巡撫許振禕查覆奏參即
行革職
頭等侍衛依勒洪阿因剋扣車價致車輛聞
風逃避幾誤兵運要需又復任令兵勇勒
換銀錢種種擾累實屬荒謬光緒二十一
年三月經督辦大臣劉坤一奏參即行
革職
記名護軍參領恩鏞因嗜好甚深前管理槍
營諸多廢弛又於應行文件輒敢自行白
文光緒二十五年七月經鑲紅旗護軍統
領公載卓奏參部議革職
甘肅提標中軍參將秀昌因行止輕浮不能
整理營務光緒二十三年八月經陝甘總
督陶模奏參即行革職
山東候補遊擊吳玉崑因勇數未能足額發
給薪水復多剋扣光緒二十一年七月經
山東巡撫李秉衡奏參即行革職

廣東潮州鎮標中軍遊擊寶瑞因縱兵滋事紀律毫無光緒二十四年閏三月經兩廣總督譚鍾麟奏參即行革職
廣東高州營遊擊鄭鵬飛因巧為彌縫有心徇庇光緒二十五年八月經兩廣總督譚鍾麟奏參即行革職
長江水師湖口營遊擊黎受田因罔利朋比兵民怨咨光緒二十六年五月經巡閱長江大臣李秉衡電奏參即行革職
副參領公中佐領驍騎營營總英俊因酗酒任性不孚兵心難勝營總之任光緒二十六年七月經莊親王載勛奏參部議革職
湖南協標儘先補用都司張慶祥因被盜行劫拒傷多人復劫過往商船得贓逸去雖協緝要犯多名實屬庸懦無能光緒十八年七月經兩廣總督李瀚章等奏參即行革職
署江西袁州營都司胡經魁因公事玩誤聲名甚劣光緒二十三年三月經江西巡撫德壽奏參革職現委辦南昌東鄉集益農務局
廣東廣州協右營都司李朝福因心地糊塗性復粗鄙光緒二十六年四月經兩廣總督李鴻章奏參革職
防禦增立因借餉修房一案意存侵蝕辦公不實光緒二十五年二月經查辦事件大臣大學士崑岡查覆奏參即行革職
防禦岳明因借餉修房一案意存侵蝕辦公不實光緒二十五年二月經查辦事件大臣大學士崑岡查覆奏參即行革職
儘先補用都司全州營守備魏橋貴因人甚平庸不知振作光緒十六年四月經廣西巡撫馬丕瑤奏參革職
廣東高州鎮左營守備毛煥彩因性情粗率操守不謹光緒二十二年正月經兩廣總督譚鍾麟奏參革職
山東兗右營守備楊晉階因呈繳鈐記擅離職守光緒二十三年五月經山東巡撫李

秉衡奏參即行革職
廣東南澳鎮標右營守備李國棟因朦保積
匪荒謬已極光緒二十四年九月經兩廣
總督譚鍾麟奏參即行革職
四川松潘中營守備李春華因任性妄為戕
釀事變光緒二十五年十二月經四川總
督奎俊奏參革職
吉林雲騎尉愛興阿因派充庫差私自曠班
光緒二十五年十二月經吉林將軍長順
奏參即行革職
密雲駐防驍騎校崇慶因夤緣躁進物議沸
騰不知檢束光緒二十二年四月經直隸
總督王文韶查覆奏參即行革職
廣東新會營左營左哨千總戴爾章因縱賭
釀命捕務廢弛光緒二十五年八月經兩
廣總督譚鍾麟奏參即行革職
勒令休致三員
西甯辦事大臣闊普通武因病奏請開缺光緒
二十九年奉

上諭西甯辦事大臣闊普通武因病奏請開缺業經寬
予假期茲復瀆請實屬有心規避著勒令
休致欽此嗣因祝
嘏賞給三品職銜
青州正白旗協領兼正紅旗佐領毓增因辦
理防務並不申明紀律有辜職守光緒二
十一年九月經青州副都統訥欽奏奏參部
議勒令休致
涼州鑲白旗滿洲佐領清元因心地糊塗辦
事乖謬光緒十六年五月經涼州副都統
德魁奏參勒令休致
永不敘用四員
花翎前留陝甘儘先補用副將呂登科因未
能約束勇丁光緒二十六年八月經陝西
巡撫岑春煊奏參革職二十七年經山西
巡撫岑春煊奏保
賞還原銜三十四年二月因將參案隱瞞朦混補缺居
心巧詐膽大妄為經陝甘總督升允奏請
革去原銜驅逐回籍永不准投効軍營

廣東水師提標中營儘先補用遊擊鄒培因
藉端索賄所帶扒船亦有缺額光緒二十
五年三月經兩廣總督譚鍾麟奏參革職
永不敘用
涼州鑲白旗滿洲驍騎校裕楨因朋比誤公
光緒二十三年六月經涼州副都統依楞
額奏參革職永不敘用
涼州鑲紅旗滿洲驍騎校榮秀因朋比誤公
光緒二十三年六月經涼州副都統依楞
額奏參革職永不敘用
謹將續查文武遣戍釋回各廢員簡明事由開
列於後
計開
遣戍釋回四十八員
已革山東副將張永洪因齊河隄埝漫溢光緒
十五年八月經山東巡撫張曜奏參革發
軍台二十一年查辦廢員
加恩減免二年二十二年十月期滿釋回
硃○

已革參領萬桂因偽造印信公文光緒十五
年九月經刑部議奏革發軍台二十三年
十一月期滿釋回
已革黑龍江協領德陞因漠河防營統將擅
留俄人在境光緒十四年十一月經黑龍
江將軍恭鏜奏參革發軍台二十三年九
月期滿釋回
已革侍衛兼二等輕車都尉世管佐領佟澤
沛因偽造印信公文光緒十五年九月經
刑部議奏革發軍台二十三年十一月期
滿釋回
已革協尉榮寬因偽造印信公文光緒十五
年九月經刑部議奏革發軍台十七年十
二月捐繳台費釋回
已革新疆都司李占奎因貪劣不法案內光緒
十四年三月經甘肅新疆巡撫劉錦棠奏
參革發軍台二十三年十二月期滿釋回
已革留黔補用都司侯玉春因遊擊吳林誆
騙得贓案內光緒十七年經四川總督劉

東璋奏參革發軍台二十六年五月在台
八年期滿釋回
已革防禦常陞阿因聽從行劫古城客民傷
人得財案内光緒十四年經刑部議奏革
發軍台十八年三月杖徒完結
已革
東陵防禦文鐸因私造假銀恃符狡展光緒十九年經
守護大臣光裕奏參刑部議奏革發軍台
到台脱逃被獲二十三年五月杖徒完結
已革正藍旗防禦德裕因奉天失守地方案
内光緒二十一年五月經
盛京將軍裕祿奏參革發軍台二十五年六月杖
徒完結
已革鑲白旗防禦凌泰因奉天失守地方案
内光緒二十一年五月經
盛京將軍裕祿奏參革發軍台二十五年六月杖
徒完結
已革鑲白旗防禦佛爾果春因奉天失守地
方案内光緒二十一年五月經

盛京將軍裕祿奏參革發軍台二十五年七月杖
徒完結
已革鑲黄旗防禦承基因奉天失守地方光緒
二十一年五月經
盛京將軍裕祿奏參革發軍台二十六年正月杖
徒完結
已革正紅旗防禦達桑阿因奉天失守地方
光緒二十一年五月經
盛京將軍裕祿奏參革發軍台二十六年正月杖
徒完結
已革鑲紅旗防禦景慶因奉天失守地方光緒
二十一年五月經
盛京將軍裕祿奏參革發軍台二十六年正月杖
徒完結
已革正藍旗防禦恩澤因奉天失守地方光緒
二十一年五月經
盛京將軍裕祿奏參革發軍台二十六年正月杖
徒完結
已革鑲白旗防禦博奎因奉天失守地方光緒

二十一年五月經
盛京將軍裕祿奏參革發軍台二十六年二月杖
徒完結
已革鑲黃旗防禦奎綸因奉天失守地方光緒
二十一年五月經
盛京將軍裕祿奏參革發軍台二十六年二月杖
徒完結
已革鑲黃旗防禦榮昌因奉天失守地方光緒
二十一年五月經
盛京將軍裕祿奏參革發軍台二十六年二月杖
徒完結
已革正黃旗防禦成名因奉天失守地方光緒
二十一年五月經
盛京將軍裕祿奏參革發軍台二十六年二月杖
徒完結
已革鑲紅旗防禦三殿因奉天失守地方光緒
二十一年五月經
盛京將軍裕祿奏參革發軍台二十六年三月杖
徒完結

已革守備蕭萬清因藉端詐索銀兩案内光緒
十四年經直隸總督李鴻章奏參革發軍
台十五年七月查辦減等
加恩減免一年十七年正月杖徒完結
已革
西陵禮部員外郎文潤光緒十二年十二月經刑部議
覆直隸總督李鴻章奏參因非法毆死伊
妾一案革發軍台二十一年三月查辦廢員
加恩釋回
已革守備梁藻臣因朦請兵勇挾嫌擅害藐
法横行實出情理之外光緒十五年經兩
廣總督張之洞奏參革發軍台二十年二
月杖徒完結
已革水雷營守備袁珍因查辦奉天失守地
方文武各員案内光緒二十一年五月經
盛京將軍裕祿奏參革發軍台二十五年五月杖
徒完結
已革四等侍衛普順因砍傷周得志一案光緒
十六年經步軍統領衙門奏參革發軍台

十九年四月杖徒完結
已革鑲藍旗驍騎校景奎因奉天失守地方
案内光緒二十一年經
盛京將軍裕祿奏參革發軍台二十五年六月杖
徒完結
已革鑲紅旗驍騎校佛爾明額因奉天失守
地方案内光緒二十一年五月經
盛京將軍裕祿奏參革發軍台二十五年六月杖
徒完結
已革鑲白旗驍騎校寶順因奉天失守地方
案内光緒二十一年五月經
盛京將軍裕祿奏參革發軍台二十五年六月杖
徒完結
已革正白旗驍騎校任國貴因奉天失守地
方案内光緒二十一年五月經
盛京將軍裕祿奏參革發軍台二十五年七月杖
徒完結
已革正白旗驍騎校恩祿因奉天失守地方
案内光緒二十一年五月經

盛京將軍裕祿奏參革發軍台該廢員無力完繳
台費臣部行令俟年滿時奏明改擬杖徒
完結
已革鑲黃旗驍騎校永福因奉天失守地方
案内光緒二十一年五月經
盛京將軍裕祿奏參革發軍台該廢員無力完繳
台費臣部行令俟年滿時奏明改擬杖徒
完結
已革正紅旗驍騎校蘇崇阿因奉天失守地
方案内光緒二十一年五月經
盛京將軍裕祿奏參革發軍台該廢員無力完繳
台費臣部行令俟年滿時奏明改擬杖徒
完結
已革正紅旗驍騎校景安因奉天失守地方
光緒二十一年經
盛京將軍裕祿奏參革發軍台二十六年正月杖
徒完結
已革正黃旗驍騎校榮茂因奉天失守地方
光緒二十一年經

盛京將軍裕祿奏叅革發軍台二十六年二月杖
已革正黄旗驍騎校福合因奉天失守地方
徒完結
光緒二十一年經
盛京將軍裕祿奏叅革發軍台二十六年二月杖
已革正黄旗驍騎校恩銘因奉天失守地方
徒完結
光緒二十一年經
盛京將軍裕祿奏叅革發軍台二十六年二月杖
已革鑲白旗驍騎校寶玉因奉天失守地方
徒完結
光緒二十一年經
盛京將軍裕祿奏叅革發軍台二十六年三月杖
已革正黄旗驍騎校德潤因奉天失守地方
徒完結
光緒二十一年經
盛京將軍裕祿奏叅革發軍台二十六年三月杖
徒完結
已革護軍校寶山因失火延燒
○

貞度門將值班官兵交部治罪光緒十五年經刑
部訊明議奏革發軍台十八年三月杖徒
完結
已革中書秀芬光緒十四年准刑部咨具奏
職官致斃雇工按律定擬革發軍台十八
年七月杖徒完結
盛京禮部筆帖式恩三光緒二十年二月
盛京將軍咨因職官藉案騙財革發軍台二十三
年四月杖徒完結
已革直隸知縣廖倫明光緒十七年十二月
直隸總督李鴻章奏熱河朝陽縣滋事案
内因卑鄙不職有玷官箴革發軍台二十
一年十一月期滿繳費釋回
已革直隸知縣章奏凱光緒十七年十二月
直隸總督李鴻章奏熱河朝陽縣滋事案
内因意存委卸居心巧詐革發軍台二十
一年十二月期滿繳費釋回
已革直隸縣丞舞拙光光緒十五年正月直
隸總督李鴻章咨因任情釀命刑部議奏

革發軍台是年查辦廢員
加恩減免一年十七年五月期滿釋回
已革府經歷賴雲光緒十三年湖南巡撫咨
因受賄壓擱禀詞革發軍台十五年七月
查辦減等
加恩減免一年十七年正月杖徒完結
已革典史朱玉麟光緒十三年山東巡撫咨
因違例擅責孔繼明越日身死案内革發
軍台十五年七月查辦減等

799

軍機大臣 字寄
東陵守護大臣載 壽 恩 宣統元年七月初三日
監國攝政王面奉
隆裕皇太后懿旨
普陀峪
定東陵金券内寶牀上供奉之玉佛玉壽星鑲嵌珠寶
壺盞著載瀛等即行請至
隆恩殿東暖閣供奉又此次内務府送去金塔二座一
併供奉在東暖閣内玉佛兩旁所有應用供案著該
管大臣敬謹預備欽此遵
旨寄信前來
鈐章
軍機大臣署名
臣奕 臣世 臣張假 臣鹿 臣那

800

鈐章
宣統元年七月初三日内閣奉
上諭錢錫寶著賞給頭等侍衛作為駐藏參贊欽此
軍機大臣署名
臣奕 臣世 臣張假 臣鹿 臣那

801

鈐章

軍機大臣欽奉

諭旨御史胡思敬奏條陳學務一摺著學部知道欽此

軍機大臣署名

臣奕

臣世

臣張假

臣鹿

臣那

七月初三日

802

鈐章

宣統元年七月初三日内閣奉

上諭山西大同府知府員缺著李德炳補授欽此

軍機大臣署名

臣奕

臣世

臣張假

臣鹿

臣那

803

旨簡放

山西大同府知府員缺請

804

鈐章

宣統元年七月初四日内閣奉

上諭大學士張之洞因病續假朝廷實深廑系著再

賞假二十日安心調理假滿即行銷假照常入直

欽此

軍機大臣署名

臣奕

臣世

臣張假

臣鹿

臣那

805

鈐章

軍機大臣欽奉

諭旨内閣侍讀學士甘大璋奏條陳財政一摺著度

支部知道欽此

軍機大臣署名

臣奕
臣世
臣張假
臣鹿
臣那

七月初五日

806

鈐章

軍機大臣欽奉

諭旨憲政編查館奏議覆禮親王世鐸等奏京旗專額議員免扣資俸並分別停其差委一摺著依議又奏該館行走候補四品京堂楊度呈稱請假回籍省親一片知道了欽此

軍機大臣署名

臣奕
臣世
臣張假
臣鹿
臣那

七月初六日

807

鈐章

宣統元年七月初八日內閣奉

上諭八月初二日祭

社稷壇遣載功恭代行禮欽此

軍機大臣署名

臣奕
臣世
臣張假
臣鹿
臣那

808

鈐章

宣統元年七月初八日內閣奉

上諭前西安將軍長春由印務參領洊擢京外各旗副都統補授西安將軍宣力有年克勤厥職旋經開缺來京當差茲聞溘逝軫惜殊深加恩著照將軍例賜卹任內一切處分悉予開復應得卹典該

衙門寀例具奏欽此

軍機大臣署名

臣奕

臣世

臣張假

臣鹿

臣那

809

光緒三十三年七月二十五日内閣奉

上諭前杭州將軍吉和由廕生承襲佐領散秩大臣

一等子爵雲騎尉歷任京外各旗副都統游擢都

統將軍宣力有年克勤厥職前因患病准予開缺

茲聞溘逝軫惜殊深加恩著照將軍例賜卹任内

一切處分悉予開復應得卹典該衙門察例具奏

欽此

810

宣統元年七月初八日内閣奉

上諭資政院奏續擬院章並將前奏各章改訂開單

呈覽一摺朕詳加披覽該院自職掌以下八章與

現定諮議局章程實相表裏即為將來上下議院

法之始基所擬尚屬周妥著京外各衙門一體遵

行其各項細則章程仍着迅速籌擬奏請宣布餘

依議單併發欽此

軍機大臣署名

臣奕

臣世

臣張假

臣鹿

臣那

811

鈐章

軍機大臣欽奉

諭旨禮部奏宣統二年元旦令節服色等因一摺二

十七月内元旦令節王公百官均服補褂一日餘

依議欽此

軍機大臣署名

臣奕

臣世

臣張假

臣鹿
臣那
七月初八日

812

鈐章

軍機大臣欽奉

諭旨資政院片奏部撥款項撙節開支將來如有不
敷再行酌量請撥等語知道了欽此

軍機大臣署名

臣奕
臣世
臣張
臣鹿
臣那

七月初八日

813

鈐章

軍機大臣欽奉

諭旨資政院奏擇定貢院舊址建築資政院請旨飭
修一摺著照所請並派溥倫孫家鼐核實估修以
重要工欽此

軍機大臣署名

臣奕
臣世
臣張假
臣鹿
臣那

七月初八日

814

滿頭班
花翎二品銜領班三品章京英秀
花翎二品銜幫領班四品章京文年
三品銜　記名道府章京郎中榮元
先換頂戴在任即選知府章京員外郎麟祥
花翎三品銜章京侍讀裕銘
章京候補員外郎伊密揚阿
花翎四品銜額外章京理藩部員外郎存瑞
花翎三品銜在任即選道額外章京上行走鍾佩

漢頭班
花翎領班三品章京劉穀孫
花翎領班章京上行走候補五品京堂楊壽樞
幫領班四品章京胡彤恩
三品銜章京員外郎劉慶篤
花翎四品銜章京主事趙國良
四品銜章京主事張潤
四品銜章京主事宋子聯
三品銜章京　記名繁缺知府郎中楊芾
花翎員外郎銜額外章京原工部候補主事曾文玉
花翎四品銜額外章京　記名道府民政部郎中舒鴻貽
額外章京翰林院編修黄彦鴻
滿二班
花翎二品銜領班三品章京文徵
花翎三品銜幫領班四品章京成俊
花翎幫領班上行走聯綬
花翎三品頂戴章京郎中榮奎
花翎三品銜　記名道府即選知府章京郎中常泰
四品銜章京主事鴻恩

四品銜章京候補主事興廉
四品銜章京員外郎星輅
章京錄事官松海
漢二班
二品銜領班三品章京易貞
幫領班四品章京趙廷珍
三品銜　記名道府幫領班章京上行走徐宗溥
三品銜章京　記名繁缺知府郎中孫筍經
三品頂戴章京員外郎陳鴻翼
四品銜章京候補主事盧文明
四品銜章京候補主事邢維經
四品銜章京候補主事徐廣恩
三品頂戴章京員外郎萬雲路
章京主事雷延壽
章京　記名遇缺題奏翰林院編修楊渭
815
七月初九日引
見人員
鑾輿衛十四人

鑲黄旗滿洲十二人
正藍旗蒙古二人
鑲藍旗滿洲十三人
共四十一人

816

鈐章

軍機大臣欽奉
諭旨貝勒載洵等奏
崇陵全工錢糧數目請飭部籌撥一摺著依議所需一
切款項著承修大臣隨時核實辦理度支部知道
又奏秋涼開工日期一片知道了欽此
軍機大臣署名
臣奕 假
臣世
臣張 假
臣鹿
臣那
七月初九日

817

鈐章

宣統元年七月初九日内閣奉
上諭沈秉堃奏查明文武各員賢否分别奬懲一摺
雲南准補普洱府知府代理雲南府知府陳先沅
署開化府知府候補知府賀宗章署麗江府知府
蒙化直隷廳同知吴昌祀署蒙化廳同知請補威
遠廳同知林志恂署邱北縣知縣試用知縣馮汝
署彌勒縣知縣試用知縣胡國瑞既據該護督臚
陳政蹟均著傳旨嘉奬候補知州江有文暱近匪
人心迹難信試用巡檢周德懋沈湎於煙不自振
拔俸滿雲州吏目王德恩嗜煙成癖巧於掩飾著
一併革職江有文並勒令回籍不准逗留阿迷州
知州沈炳章聽斷不明疏於緝捕太和縣知縣張
友棠迂緩無能輿情不洽均著開缺另補新選建
水縣知縣周布南識字無多難膺民社著開缺勒
令回籍認真學習試用知縣李焕紱試用鹽大使
盧廷襄補用遊擊蔡凱臣李文庚儘先補用守備
楊德清均吸食洋煙久未遵戒俱著暫行革職以
觀後效江有文沈炳章張友棠均於河口案内得

有保獎著一併註銷餘著照所議辦理該部知道
欽此

軍機大臣署名

臣奕假　臣世　臣張假　臣鹿　臣那

818

鈐章

宣統元年七月初十日內閣奉
上諭四川重慶鎮總兵員缺著陳均山補授欽此

軍機大臣署名

臣奕　臣世　臣張假　臣鹿　臣那

819

鈐章

軍機大臣欽奉
諭旨農工商部奏司員巡歷南洋各埠彙陳大概情形並籌議應辦事宜一摺知道了又片奏本居京察保列一等員外郎王大貞現已到部銷差咨明吏部補行帶領引見等語知道了欽此

軍機大臣署名

臣奕假　臣世　臣張假　臣鹿　臣那

七月十一日

820

鈐章

軍機大臣欽奉
諭旨郵傳部奏議覆都察院代奏道員張光照條陳交通事宜一摺知道了又奏請分別改獎洋員賓星一摺著照所請外務部知道單併發又奏接收輪船招商局日期一摺知道了欽此

軍機大臣署名

臣奕假
臣世
臣張假
臣鹿
臣那

七月十一日

821

鈐章

宣統元年七月十一日內閣奉

上諭雲南昭通府知府員缺著達春補授欽此

軍機大臣署名

臣奕假
臣世
臣張假
臣鹿
臣那

822

鈐章

宣統元年七月十三日內閣奉

上諭振興實業為國家富强要政迭經諭令各直省
督撫實力提倡並簡派大臣前赴各國賽會藉以
開通商智為改良競進之圖我國地大物博誠非
薈萃觀摩不足以造精進茲據農工商部會奏議
覆南洋籌設勸業會及賽物免稅一摺兩江風氣
早開民物繁盛自應就地設會樹各省之模型著
派南洋大臣兩江總督張人駿為該會正會長並
著各督撫籌辦協會出品各事所有賽品准其分
別豁免稅釐俟開會有期屆時由農工商部奏請
簡派大臣為審查總長莅場開會用示朝廷勸勵
農工推廣商業之至意欽此

軍機大臣署名

臣奕
臣世
臣張假
臣鹿
臣那

823

鈐章

軍機大臣欽奉

諭旨現在恭逢加上

列聖

列后尊謚禮節所有

太廟供奉

玉册

玉寶着派大學士世續敬謹承修欽此

軍機大臣署名

臣奕 臣世 臣張（假） 臣鹿 臣那

七月十五日

824

鈐章

軍機大臣欽奉

諭旨慶親王奕劻等奏請簡陸軍貴胄學堂總辦一摺著派内閣學士那晋充陸軍貴胄學堂總辦欽此

軍機大臣署名

臣奕 臣世 臣張（假） 臣鹿 臣那

七月十五日

825

鈐章

軍機大臣欽奉

諭旨吏部片奏開缺陝甘總督升允可否准其給蔭等語升允著准其給蔭欽此

軍機大臣署名

臣奕 臣世 臣張（假） 臣鹿 臣那

七月十五日

826

鈐章

宣統元年七月十六日内閣奉

上諭貴州巡警道員缺著賀國昌補授欽此

軍機大臣署名

臣奕

臣世

臣張 假

臣鹿

臣那

827

鈐章

宣統元年七月十六日内閣奉

上諭錫良片奏監司大員性情夸詐遇事欺朦請旨

懲處等語江省財力艱窘身為大員應如何激發

天良實心任事黑龍江民政使倪嗣冲承辦屯墾

竟敢營私舞弊揑報浮支實屬辜恩溺職著即行

革職勒追贓款以肅官方該部知道欽此

軍機大臣署名

臣奕

828

鈐章

宣統元年七月十六日内閣奉

上諭錫良程德全奏特条貪劣不職各員請旨懲處

一摺奉天興鳳道沈承俊才具平庸辦事蝺蹶前

辦銀元局舞弊營私贓款纍纍候補道徐鏡第習

染過深私心太重辦理清丈徇庇私親東平縣知

縣張兆駿貪婪猥瑣任性妄為前在任内朦買官

荒壟斷漁利彰武縣知縣唐宗源輕浮貪鄙劣聲

素著前署懷德縣事候補知縣沈學昌辦公玩愒

工於作偽禁種罌粟既不認真辦理統計復敢欺

飾均著即行革職又片奏奉天勸業道黄開文識

闇才庸毫無振作用款浮濫多涉虚縻著開缺以

同知降補餘著照所議辦理該部知道欽此

軍機大臣署名

臣世

臣張 假

臣鹿

臣那

829

鈐章

軍機大臣欽奉
諭旨憲政編查館奏議覆考察憲政大臣于式枚奏
陳諮議局章程權限一摺又片奏奏定章程有疑
義者應以官定解釋之說為據坊間私刻不得援
以為據等語著依議欽此

臣奕
臣世
臣張假
臣鹿
臣那

軍機大臣署名

臣奕
臣世
臣張假
臣鹿
臣那

七月十六日

830

七月十七日引
見人員
吏部四十五人
禮部九人
正紅旗滿洲七人
內務府十一人
圓明園四人
上駟院四人
共八十人

831

鈐章

宣統元年七月十七日內閣奉
上諭本日引見之甲辰科貢士吳增著以中書用欽此

軍機大臣署名

臣奕
臣世
臣張假
臣鹿
臣那

832
未經覆試貢士吴增
硃〇旨著以中書用
旨著以知縣即用

833
鈐章
軍機大臣欽奉
諭旨
孝欽顯皇后几筵前行九滿月禮由
監國攝政王代詣行禮欽此
軍機大臣署名
臣奕
臣世
臣張假
臣鹿
臣那
七月十七日

834
鈐章
軍機大臣欽奉
諭旨理藩部奏達賴欲繞道德格進藏一摺昨日已
有旨著鈔給閱看欽此
軍機大臣署名
臣奕
臣世
臣張假
臣鹿
臣那
七月十七日

835
鈐章
軍機大臣欽奉
諭旨翰林院侍讀榮光奏各省禁煙宜速催辦一摺
著該衙門知道欽此
軍機大臣署名
臣奕
臣世
臣張假
臣鹿

七月十七日

臣那

836

前福建興泉永道劉慶汾

旨著以道員選用

硃〇旨著以知府選用

旨著以簡缺知府選用

837

鈐章

宣統元年七月十八日内閣奉

上諭河南河北鎮總兵員缺著文煒補授欽此

軍機大臣署名

臣奕　臣世　臣張假　臣鹿　臣那

838

鈐章

宣統元年七月十八日内閣奉

上諭禁煙大臣奏疆臣糸劾屬員有違定章據實糾糸一摺前據護理雲貴總督沈秉堃奏糸試用巡檢周德懋雲州吏目王德恩均煙癮甚深業經革職並著永不敘用試用知縣李焕紱試用鹽大使盧廷襄補用遊擊蔡凱臣李文庚儘先補用守備楊德清均吸食洋煙久未遵戒均請暫行革職殊與新章不符李焕紱等五員均著改為革職永不敘用沈秉堃奏糸各員時曾否接到禁煙大臣所奏新章著明白回奏該衙門知道欽此

軍機大臣署名

臣奕　臣世　臣張假　臣鹿　臣那

839

鈐章

軍機大臣欽奉

諭旨禮部會奏議覆伯爵黄永安出缺無嗣請飭該

旗揀選承繼各摺片著該旗都統於黄廷桂親支

内揀選數人帶領引見欽此

軍機大臣署名

臣奕

臣世

臣張假

臣鹿

臣那

七月十八日

840

鈐章

軍機大臣欽奉

諭旨禮部奏議覆已故提督桂錫楨卹典一摺桂錫

楨著毋庸建立專祠餘依議該部知道欽此

軍機大臣署名

臣奕

841

鈐章

宣統元年七月十九日内閣奉

上諭前據御史江春霖奏条馮汝騤聲名狼藉事迹

均有證據當經諭令朱家寶確查兹據查明覆奏

該撫自調任以來裁汰冗員整頓税額辦理尚屬

認真所条煙癮甚重賣缺徇私各節均無實據惟

於濮維周寶琦一案事出兩歧難辭疏忽之咎著

交部議處署泰和縣知縣余煥文擅議征銀被控

有據縱庇家丁劣迹昭著陜西候補縣丞陳良璐

供差要地不知檢束均著即行革職高等巡警學

堂監督游擊崔振魁陸軍協統副將商德全均未

能勝任著即撤换餘著照所請辦理該部知道欽此

軍機大臣署名

臣世

臣張假

臣鹿

臣那

七月十八日

842

軍機大臣欽奉

諭旨胡湘林奏摺內廊清積弊繕寫廊清積弊實屬
疏忽著傳旨嚴行申飭欽此

臣奕 臣世 臣張假 臣鹿 臣那

843

鈐章

軍機大臣欽奉

諭旨農工商部會奏議覆御史石長信奏請製造諸
工量予實職一摺著依議欽此

軍機大臣署名

臣奕 臣世 臣張假 臣鹿

臣那

七月二十一日

844

鈐章

軍機大臣欽奉

諭旨郵傳部奏派員查勘廣西鐵路一摺又奏選用
知府唐元湛請仍照原保給獎一片均著依議欽此

軍機大臣署名

臣奕 臣世 臣張假 臣鹿 臣那

七月二十一日

845

鈐章

宣統元年七月二十一日內閣奉

上諭翰林院侍讀學士惲毓鼎奏直省倉穀有名無
實請飭實行儲積以備凶荒一摺地方建倉積穀

實為備荒要政自應認真稽核蕩除積弊如該侍
讀學士所奏殊屬有名無實著直省各督撫將預
備各倉切實稽查整頓勿使稍有弊竇並責成地
方官督率紳衿悉心經理務期循名覈實庶足以
防凶荒而植元氣欽此

軍機大臣署名

臣奕
臣世
臣張
臣鹿
臣那

846

鈐章

宣統元年七月二十一日内閣奉

上諭掌京畿道監察御史崇興等奏京員捐生効忠
請旨褒嘉並請宣示原呈一摺司幄銜
頤和園八品苑副永麟條陳時事遽爾捐軀秉性忠誠
殊堪嘉憫永麟著交部從優議卹欽此

軍機大臣署名

847

鈐章

宣統元年七月二十二日内閣奉

上諭護理兩廣總督廣東布政使胡湘林奏因病懇
請開缺一摺胡湘林著准其開缺欽此

軍機大臣署名

臣奕
臣世
臣張假
臣鹿
臣那

848

鈐章

宣統元年七月二十三日内閣奉

臣奕
臣世
臣張假
臣鹿
臣那

上諭江西按察使著陶大均補授欽此

軍機大臣署名

臣奕

臣世

臣張假

臣鹿

臣那

849

鈐章

宣統元年七月二十三日内閣奉

上諭廣東布政使著陳夔麟補授欽此

軍機大臣署名

臣奕

臣世

臣張假

臣鹿

臣那

850

鈐章

宣統元年七月二十四日内閣奉

上諭外務部左丞著周自齊署理右丞著曹汝霖署理左參議著曾述棨署理右參議著陳懋鼎署理

欽此

軍機大臣署名

臣奕

臣世

臣張假

臣鹿

臣那

851

署外務部左丞陶大均現已

簡放江西按察使所遺外務部左丞請

派員署理

852

七月二十五日引

見人員

内閣二人

度支部二人
法部二人
值年旗五人
正白旗蒙古六人
正紅旗蒙古二人
鑲藍旗滿洲二人
前鋒護軍統領三十五人
頤和園十二人
共七十六人

853

鈐章

宣統元年七月二十五日内閣奉
上諭前據御史崇興奏參湖南正監理官陳惟彥凶
暴驕横威逼人命等語當經諭令度支部查明具
奏茲據奏稱派員會查各節雖與原參稍有異同
惟該家丁祖發被責投江衆口一詞實有其事四
品卿銜湖南正監理官江蘇候補道陳惟彥著交
部議處以示懲警欽此

軍機大臣署名

臣奕 臣世 臣張假 臣鹿 臣那

854

鈐章

宣統元年七月二十五日奉
旨崇文門正監督著博迪蘇去副監督著壽耆去欽此

軍機大臣署名

臣奕 臣世 臣張假 臣鹿 臣那

855

都統
那彥圖
禮親王世鐸

硃〇

符珍
睿親王魁斌
順承郡王訥勒赫
博迪蘇
增崇
景豐
奎俊
繼祿
芬車
葛寶華
壽蔭
張德彝
鳳山
李殿林
成章
色楞額
桂祥
崇勳
奎順

明啟
前鋒統領
秀吉
兜欽
護軍統領
布朗阿
薩廉
伊立布
達賚
善豫
志鈞
敬昌
祥普
副都統
泰綬章
景恩
全福
毓秀
英信

誠全
蘇嚕岱
祥年
塔克什訥
文泰
廣綺
善旌
溥倬
王英楷
吉陞
瑞啟
恆順
承祐
棍布札布
常山
王璋
岳樑
豐陞阿
段祺瑞

856

卓淩阿
都淩阿
慶綿
麟光
豐深
希璋
顧璜
馮國璋
載擭
訥欽泰
額勒春
文璞
良泰

軍機大臣慶親王奕劻
軍機大臣大學士世續
民政部尚書肅親王善耆
度支部尚書載澤
禮部尚書溥良

學部尚書榮慶假
陸軍部尚書鐵良
農工商部尚書溥頲
理藩部尚書壽耆
硃〇

857

鈐章

軍機大臣欽奉

諭旨學部奏籌建京師圖書館請賞給熱河文津閣

四庫全書暨

避暑山莊各殿座陳設書籍並飭撥淨業湖匯通祠各

地方一摺又奏請飭內閣將宋元舊刻翰林院將

永樂大典無論完闕破碎一併送部交圖書館儲

藏又奏派編修繆荃孫等充圖書館監督各差又

奏請鑄造圖書館印信各一片均著依議欽此

軍機大臣署名

臣奕

臣世

臣張假

臣鹿

858

七月二十五日

臣那

外務部左侍郎聯芳

署吏部右侍郎瑞良

民政部左侍郎烏珍

禮部左侍郎景厚

陸軍部左侍郎壽勳

法部左侍郎紹昌

農工商部左侍郎熙彥

理藩部左侍郎達壽

右侍郎恩順

內閣學士麒德

瑞豐

毓隆

耆齡

那晉

榮勳

859

散秩大臣
延康
慶恩
阿霖
委散秩大臣
德茂
海年
恩輝
德壽
慶麟
克文
珠爾杭阿
錫露
錫光
承蔭
延秀
富康
朱煜勳
良沐

860

桂全
文熙
鐵麟
錫明
棨鏊
棨泉
璞玉
世榕
施普澤
秀綸
曾廣鑾
左景祐
胡祖蔭
札克丹
奎元
存鍾

字寄
軍機大臣
鈐章

東三省總督錫　宣統元年七月二十六日奉
上諭有人奏奉省政治腐敗官場矯飾據實糾參一
摺著錫良按照所參各節確切查明據實具奏毋
稍徇隱原摺著鈔給閱看欽此遵
旨寄信前來
軍機大臣署名
臣奕　臣世　臣張假　臣鹿　臣那
十月十四日由　堂交下

861

鈐章
軍機大臣欽奉
諭旨步軍統領衙門奏署左翼總兵鶴春升任總兵
王文煥員外郎春常等彈壓地面尤為出力請旨
獎敘各摺片鶴春著交軍機處存記王文煥著交
部從優議敘春常壽延均著在任以知府選用欽此

軍機大臣署名
臣奕　臣世　臣張假　臣鹿　臣那
七月二十六日

862

鈐章
軍機大臣欽奉
諭旨步軍統領衙門奏變通疎防盜案處分一摺著
照所請該部知道欽此
軍機大臣署名
臣奕　臣世　臣張假　臣鹿　臣那
七月二十六日

863

鈐章

軍機大臣欽奉

諭旨步軍統領衙門奏遵旨保獎備差出力各員開

單呈覽一摺著依議欽此

軍機大臣署名

七月二十六日

臣奕

臣世

臣張假

臣鹿

臣那

864

鈐章

軍機大臣欽奉

諭旨民政部會奏擬訂京師地方自治暨選舉章程

繕單呈覽一摺著憲政編查館核議具奏欽此

軍機大臣署名

七月二十六日

臣奕

臣世

臣張假

臣鹿

臣那

865

鈐章

軍機大臣欽奉

諭旨九月二十七日

孝欽顯皇后梓宮奉移著各該衙門於是日卯刻敬謹

預備欽此

軍機大臣署名

七月二十七日

臣奕

臣世

臣張假

臣鹿

臣那

866

鈐章

宣統元年七月二十八日内閣奉

上諭協辦大學士榮慶著加恩在紫禁城内賞坐二人肩輿欽此

軍機大臣署名

臣奕

臣世

臣張假

臣鹿差

臣那

867

鈐章

宣統元年七月二十九日内閣奉

上諭河南開封府知府員缺緊要著該撫於通省知府内揀員調補所遺員缺著萬本端補授欽此

軍機大臣署名

臣奕

臣世

臣張假

868

硃〇

請

賞換漢字勇號

鋭

捷

勁

奮

陸軍部奏易盛富請

賞換勇號

臣鹿差

臣那

869

鈐章

軍機大臣欽奉

諭旨尚書陸潤庠奏援案請領恩賞醫局銀兩並現在辦理情形一摺又奏請遇閏加賞銀一千兩一片均著依議欽此

軍機大臣署名

臣奕

臣世差

臣張假

臣鹿差

臣那

八月初一日

870

鈐章

軍機大臣欽奉

諭旨載洵等奏現修

崇陵工程情形一摺知道了欽此

軍機大臣署名

臣奕

871

鈐章

軍機大臣欽奉

諭旨外務部奏報館洩漏機密有礙交涉一摺據稱交涉機密要件紛紛登載殊屬有違禁令請飭民政部將北京國報中央大同日報兩館即行封禁以示懲儆等語著依議欽此

軍機大臣署名

臣奕

臣世

臣張假

臣鹿差

臣那

八月初二日

臣世

臣張假

臣鹿差

臣那

872

鈐章

軍機大臣欽奉

諭旨郵傳部奏覆陳華商擬辦蒙古瀛車未便議准

一摺著依議欽此

軍機大臣署名

臣奕

臣世

臣張假

臣鹿差

臣那

八月初二日

873

鈐章

軍機大臣欽奉

諭旨郵傳部奏收還扣留路款贖還南票辦礦合同

一摺又奏前往張家口履勘鐵路情形一片均知

道了欽此

軍機大臣署名

臣奕

874

鈐章

軍機大臣欽奉

諭旨恭親王溥偉等奏崇文門辦理稅務在事出力

人員擇尤酌保開單呈覽一摺除奏請開復已革

廣西知縣傅沛然已革山西試用通判余寶滋著

吏部查明原案具奏請旨外餘著照所請該部知

道單併發又片奏稅務委員熙楨等應如何破格

擢用等語總檢察廳檢察官熙楨河南候補道陸

鍾岱均著以道員存記欽此

軍機大臣署名

臣奕

臣世

臣張假

臣鹿差

臣那

八月初二日

臣張假
臣鹿差
臣那

八月初三日

875

鈐章

宣統元年八月初四日內閣奉
上諭御史麥秩嚴奏保舉太濫請飭部嚴定章程一
摺保舉一途原所以獎勵有功內外大臣應如何
綜核名實以杜倖進若如該御史所奏各省保獎
諸多冒濫殊非慎重名器之道嗣後京外各衙門
遇有保案必須嚴為甄核不得階級過優員數太
濫並著該部妥議保舉章程以示限制欽此

軍機大臣署名

臣奕
臣世
臣張假
臣鹿差
臣那

876

鈐章

軍機大臣欽奉
諭旨御史石長信奏幣制不齊急宜調劑一摺著度
支部知道欽此

軍機大臣署名

臣奕
臣世
臣張假
臣鹿差
臣那

八月初四日

877

鈐章

軍機大臣欽奉
諭旨內閣學士毓隆奏開辦宗人府學務處大概情
形一摺著依議又奏開用關防一片知道了欽此

軍機大臣署名

臣奕
臣世
臣張假

臣鹿差
臣那
八月初四日

878

鈐章

宣統元年八月初五日內閣奉
上諭稽察守衛大臣阿穆爾靈圭等奏前鋒護軍等
營積習過深請申明舊制從嚴查糾一摺宮禁重
地守衛稽查理宜嚴密疊經諭令該管大臣認真
整頓不啻三令五申茲據該大臣奏稱值班前鋒
護軍統領散值進班時刻及夜間稽查均未能按
照定章切實遵行若如原奏所稱實屬不成事體
此次姑免深究嗣後值班之各統領務須遵照舊
章痛除積習如再仍前玩忽即著該大臣據實糾
參至各衙門進內當差人役尤應督飭該官兵隨
時嚴查毋任溷迹出入其宮禁內外來往經行之
處尤宜掃除淨潔不得任意污穢著內務府妥定
辦法隨時整頓自此次申誡之後務各恪守舊規
力祛積弊以重宮禁而肅典章欽此

軍機大臣署名
臣奕
臣世
臣張假
臣鹿
臣那

879

鈐章

軍機大臣欽奉
諭旨協辦大學士鹿傳霖奏
景陵
隆恩殿大工合龍請飭欽天監諏吉並簡派王公恭奉
神牌還位一摺著欽天監於八月初十日前後敬謹諏
吉餘著照所請又奏
裕陵聖德神功牌亭工程業已接續裝修一片敬悉欽此

軍機大臣署名
臣奕
臣世
臣張假

臣鹿
臣那
八月初五日

880
鈐章
軍機大臣欽奉
諭旨稽察守衛大臣阿穆爾靈圭等奏派鎮國將軍
毓盈等充稽察處幫辦各差一片知道了欽此
軍機大臣署名
臣奕
臣世
臣張假
臣鹿
臣那
八月初五日

881
八月初六日引
見人員
民政部八人
理藩部三人
正白旗滿洲六人
内務府二十一人
共三十八人

882
鈐章
宣統元年八月初六日内閣奉
上諭毓朗現在請假步軍統領著善耆署理欽此
軍機大臣署名
臣奕
臣世
臣張假
臣鹿
臣那

883
尚書名單
外務部尚書梁敦彥
吏部尚書陸潤庠
民政部尚書善耆
硃〇

度支部尚書載澤
禮部尚書溥良
學部尚書榮慶
陸軍部尚書鐵良
法部尚書戴鴻慈
農工商部尚書溥頲
郵傳部尚書徐世昌
理藩部尚書壽耆

884

鈐章

宣統元年八月初六日内閣奉
上諭理藩部奏御前行走阿拉善親王多羅特色楞年班差畢因病未能回原游牧現在病故多羅特色楞當差有年實屬勤奮茲聞溘逝軫惜殊深著
加恩派貝勒載潤帶領侍衛十員即日前往奠醊
賞銀五百兩治喪由廣儲司給發其餘應得卹典該部照例辦理以示優恤藩臣至意欽此

軍機大臣署名

臣奕

臣世
臣張假
臣鹿
臣那

885

鈐章

軍機大臣欽奉
諭旨本日理藩部帶領引見之花翎二等塔布囊巴布色楞著承襲喀喇沁扎薩克頭等塔布囊旗輔
國公欽此

軍機大臣署名

臣奕
臣世
臣張假
臣鹿
臣那

八月初六日

886

鈐章

軍機大臣欽奉

諭旨都察院奏代遞廣東京官翰林院編修温肅等呈稱革員柴維桐在粤居官地方受害等語著吏部咨行該省查明情形據實覆奏欽此

軍機大臣署名

臣奕　臣世　臣張假　臣鹿　臣那

八月初七日

887

鈐章

軍機大臣欽奉

諭旨都察院代奏都事職銜馬良驥請款購種開辦林業以固河堤呈一件著農工商部知道欽此

軍機大臣署名

臣奕

888

鈐章

宣統元年八月初八日内閣奉

上諭度支部奏請簡湖南清理財政正監理官一摺湖北候補道蔡源深著賞加四品卿銜充湖南清理財政正監理官迅速來京預備召見欽此

軍機大臣署名

臣奕　臣世　臣張假　臣鹿　臣那

八月初七日

臣世　臣張假　臣鹿　臣那

889

鈐章

軍機大臣欽奉

諭旨理藩部奏蒙旗因災缺丁請勻差戸並請賑撫

分別酌擬辦法一摺著依議欽此

軍機大臣署名

臣奕

臣世

臣張　假

臣鹿

臣那

八月初八日

890

滿頭班

花翎二品銜領班三品章京英秀

花翎二品銜幫領班四品章京文年

三品銜　記名道府章京郎中榮元

先換頂戴在任即選知府章京員外郎麟祥

花翎三品銜章京侍讀裕銘

章京候補員外郎伊密揚阿

花翎四品銜額外章京理藩部員外郎存瑞

花翎三品銜在任即選道額外章京上行走鍾佩

漢頭班

花翎領班三品章京劉穀孫

花翎領班章京上行走候補五品京堂楊壽樞

幫領班四品章京胡彤恩

三品銜章京員外郎劉慶篤

花翎四品銜章京主事趙國良

四品銜章京主事張潤

四品銜章京主事宋子聯

三品銜章京　記名繁缺知府郎中楊芾

花翎員外郎銜額外章京原工部候補主事曾文玉

花翎四品銜額外章京　記名道府民政部郎中舒鴻貽

額外章京翰林院編修黄彦鴻

滿二班

花翎二品銜領班三品章京文徵

花翎三品銜幫領班四品章京成俊

花翎幫領班上行走聯綬

花翎三品頂戴章京郎中榮奎

花翎三品銜　記名道府即選知府章京郎中常泰
四品銜章京主事鴻恩
四品銜章京候補主事興廉
四品銜章京員外郎星輅
章京錄事官松海
漢二班
二品銜領班三品章京易貞
幫領班四品章京趙廷珍
三品銜　記名道府幫領班章京上行走徐宗溥
三品銜章京　記名繁缺知府郎中孫筍經
三品頂戴章京員外郎陳鴻翼
四品銜章京候補主事盧文明
四品銜章京候補主事邢維經
四品銜章京候補主事徐廣思
三品頂戴章京員外郎萬雲路
章京主事雷延壽
章京　記名遇缺題奏翰林院編修楊渭

891

鈐章

諭旨内務府奏恭辦要差所需款項請由部庫籌撥

軍機大臣欽奉

一揩著覈實酌減數目再行具奏欽此

軍機大臣署名

臣奕
臣世
臣張假
臣鹿
臣那

八月初十日

892

鈐章

宣統元年八月初十日内閣奉

上諭李家駒著協理資政院事務欽此

軍機大臣署名

臣奕
臣世
臣張假

臣鹿
臣那

893

鈐章

宣統元年八月十一日內閣奉
上諭寶棻奏道員才不勝任據實糾參一摺山西巡
警道王為幹自抵任後辦理地方警務迄無起色
難勝監司之任著開缺以同知通判降選該撫保
薦在前茲據自行檢舉尚不迴護著加恩免其議
處該部知道欽此

軍機大臣署名

臣奕
臣世
臣張假
臣鹿
臣那

894

鈐章

宣統元年八月十一日內閣奉
旨玉璋著調補乍浦副都統所遺鑲藍旗蒙古副都
統著恩志補授玉璋未到任以前著瑞興暫行兼
署欽此

滿屋繕旨

軍機大臣署名

臣奕
臣世
臣張假
臣鹿
臣那

895

鈐章

軍機大臣欽奉
諭旨著民政部保舉熟悉警務應放道員數員開單
交軍機處存記欽此

軍機大臣署名

臣奕
臣世
臣張假
臣鹿

臣那

八月十一日

896

鈐章

軍機大臣欽奉

諭旨吏部奏查明恭親王溥偉等奏請開復之已革
廣西候補知州傅沛然已革山西試用通判佘寶
滋被參原案一摺傅沛然佘寶滋均著開復原銜
欽此

軍機大臣署名

臣奕
臣世
臣張假
臣鹿
臣那

八月十二日

897

鈐章

軍機大臣欽奉

諭旨鳳山奏近畿陸軍各鎮上年分收支餉雜各款
第二案報銷一摺著該部知道欽此

軍機大臣署名

臣奕
臣世
臣張
臣鹿
臣那

八月十二日

鈐章署名原件交度支部另鈔交陸軍部

898

鈐章

軍機大臣欽奉

諭旨姚錫光奏校閱陸軍第五第六兩鎮在事出力
各隨員照章擬奬繕單呈覽一摺著該衙門議奏
單併發欽此

軍機大臣署名

臣奕
臣世

899

鈐章署名原件交吏部另鈔交陸軍部

八月十二日

臣張
臣鹿
臣那

鈐章

軍機大臣欽奉

諭旨姚錫光鳳山奏近畿陸軍第五第六兩鎮校閱
著有成效出力各員照章擬奬繕單呈覽一摺著
該衙門議奏又奏記名總兵張永成等請從優鼓
勵一片張永成著仍以總兵記名簡放趙國賢李
進才均著仍以提督記名簡放葉崇質徐世光均
著仍以道員記名簡放聶憲藩著以道員交軍機
處存記單片併發欽此

軍機大臣署名

臣奕
臣世
臣張假
臣鹿

鈐章署名原件交吏部另抄交陸軍部

臣那

八月十二日

900

鈐章

軍機大臣欽奉

諭旨郵傳部奏京張鐵路工竣開車驗收工程情形
並請將出力各員援案優給奬敘一摺著准其酌
保數員毋許冒濫欽此

軍機大臣署名

臣奕
臣世
臣張假
臣鹿
臣那

八月十二日

901

鈐章

宣統元年八月十二日内閣奉

上諭山西巡警道員缺著連印補授欽此

軍機大臣署名

臣奕
臣世
臣張假
臣鹿
臣那

902

鈐章

宣統元年八月十二日内閣奉

上諭湖南巡警道員缺著賴承裕補授欽此

軍機大臣署名

臣奕
臣世
臣張假
臣鹿
臣那

903

鈐章

宣統元年八月十二日内閣奉

上諭浙江衢州府知府員缺著崇興補授欽此

軍機大臣署名

臣奕
臣世
臣張假
臣鹿
臣那

904

鈐章

宣統元年八月十三日内閣奉

上諭本日補行召見京察一等之農工商部員外郎

王大貞著交軍機處記名以道府用欽此

軍機大臣署名

臣奕
臣世
臣張假
臣鹿
臣那

905

鈐章

軍機大臣欽奉

諭旨嗣後補授各項各級軍官應如何分別特簡奏補暨委充之處著軍諮處妥擬章程具奏候朕裁定欽此

軍機大臣署名

臣奕
臣世
臣張假
臣鹿
臣那

八月十三日

906

鈐章

軍機大臣欽奉

諭旨度支部奏請派王大臣盤查金銀庫一摺著派訥勒赫陸潤庠欽此

軍機大臣署名

臣奕

907

硃

○

禮親王世鐸
睿親王魁斌
豫親王懋林
莊親王載功
恭親王溥偉
順承郡王訥勒赫

八月十三日

臣世
臣張假
臣鹿
臣那

908

硃

○

外務部尚書梁敦彥
吏部尚書陸潤庠
民政部尚書肅親王善耆
禮部尚書溥良
學部尚書榮慶
陸軍部尚書鐵良

909

法部尚書戴鴻慈
農工商部尚書溥頲
郵傳部尚書徐世昌
理藩部尚書壽耆
外務部左侍郎聯芳
右侍郎鄒嘉來
吏部左侍郎唐景崇
署右侍郎瑞良
民政部左侍郎烏珍
右侍郎林紹年
禮部左侍郎景厚
右侍郎郭曾炘
學部左侍郎嚴修
右侍郎寶熙
陸軍部左侍郎壽勳
署右侍郎姚錫光
法部左侍郎紹昌
署右侍郎王垿

910

農工商部署左侍郎熙彦
右侍郎楊士琦
郵傳部左侍郎汪大燮
署右侍郎沈雲沛
理藩部左侍郎達壽
右侍郎恩順

鈐章

軍機大臣欽奉
諭旨内務府奏十月初四日
孝欽顯皇后永遠奉安
寶城内陳設香
册香
寶石几安設何處一摺著於金券門内敬謹安設欽此
軍機大臣署名
臣奕
臣世
臣張假
臣鹿

臣那

八月十四日

911

鈐章

軍機大臣欽奉

諭旨會議政務處奏議覆内閣中書章啟槐喀喇沁郡王貢桑諾爾布署歸化城副都統三多條陳蒙古事宜摺又奏議覆編修朱汝珍奏請派蒙王藏僧及殷實商民為資政院議員片又奏移交前給事中李灼華裁缺司業蔭桓條陳海軍片均著依議欽此

軍機大臣署名

臣奕
臣世
臣張假
臣鹿
臣那

八月十四日

912

鈐章

軍機大臣欽奉

諭旨憲政編查館會奏覆核各部院九年籌備未盡事宜分别繕單呈覽一摺著依議欽此

軍機大臣署名

臣奕
臣世
臣張
臣鹿假
臣那

八月十四日

913

鈐章

軍機大臣欽奉

諭旨憲政編查館奏請派候補内閣學士李家駒充提調摺著依議又奏總務處總辦前安徽布政使連甲請出洋考察財政片知道了欽此

軍機大臣署名

臣奕

八月十四日

臣世
臣張假
臣鹿
臣那

914

鈐章

軍機大臣欽奉

諭旨所有陸軍部前奏九年預備一切事宜原摺著

交軍諮處詳細閱看妥議具奏欽此

軍機大臣署名

臣奕假
臣世
臣張假
臣鹿
臣那

八月十五日

仝陸軍部原摺單并憲政館摺單交軍諮處

915

鈐章

軍機大臣欽奉

諭旨

孝欽顯皇后几筵前行十滿月禮由

監國攝政王代詣行禮欽此

軍機大臣署名

臣奕假
臣世
臣張假
臣鹿
臣那

八月十六日

916

鈐章

軍機大臣欽奉

諭旨鑾輿衛奏陝西行在交到萬民傘六十二柄可

否於

孝欽顯皇后梓宮前行祖奠禮後交恭辦喪禮王大臣

焚化抑或在

梓宮前排列執引一揩著於行祖奠禮後交恭辦喪禮
王大臣焚化餘依議欽此

軍機大臣署名

臣奕假
臣世
臣張假
臣鹿
臣那

八月十六日

917

宣統元年八月十七日内閣奉
上諭
監國攝政王面奉
隆裕皇太后懿旨載瀅現在病故著加恩照貝勒例賜
卹該衙門知道欽此
鈐章

軍機大臣署名

臣奕
臣世
臣張假
臣鹿
臣那

918

鈐章
軍機大臣欽奉
諭旨都察院奏查明湖南降補通判沈祖燕被叅冤
抑一揩沈祖燕著交吏部帶領引見欽此

軍機大臣署名

臣奕
臣世
臣張假
臣鹿
臣那

八月十七日

原件交吏部鈔交都察院

919

軍機大臣欽奉
諭旨河南巡撫吳重憙奏揩内漢陵等字樣誤行擡

頭實屬疏忽著傳旨嚴行申飭欽此

附原封寄去

八月十七日

920

鈐章

宣統元年八月十八日奉

旨溥偉現在穿孝其所管正紅旗滿洲都統事務

著載振署理欽此

滿屋繕　旨

軍機大臣署名

臣奕

臣世

臣張假

臣鹿

臣那

921

八月十九日引

見人員

禮部四十六人

正藍旗漢軍二人

火器營二十人

内務府十一人

共七十九人

922

鈐章

宣統元年八月十九日内閣奉

上諭奉天興鳳道員缺著趙臣翼補授欽此

軍機大臣署名

臣奕

臣世

臣張假

臣鹿

臣那

923

鈐章

軍機大臣欽奉

諭旨變通旗制處會同軍機大臣奏遴派提調一摺

又奏請由部撥給辦公經費一片均著依議又奏

請刊刻木質關防一片知道了欽此

軍機大臣署名

臣奕
臣世
臣張假
臣鹿
臣那
八月十九日

924

八月二十日引
見人員
陸軍部十七人
理藩部五人
步軍統領衙門二十人
正黃旗滿洲二十四人
共六十六人

925

鈐章

軍機大臣欽奉
諭旨度支部奏籌撥軍諮處海軍處經費各一摺前
經軍諮處海軍處奏請籌撥經費業經降旨依議
茲據度支部覆奏未能如數籌撥部款支絀自係
實在情形惟軍需重要亦難視為緩圖著照該部
現籌數目暫為撥付其餘不足之數仍著該部盡
力設法籌畫俟有的款時再行酌量撥給欽此
軍機大臣署名
臣奕
臣世
臣張假
臣鹿
臣那
八月二十一日

926

鈐章

宣統元年八月二十一日內閣奉
上諭孫家鼐奏假期屆滿病仍未痊懇請開缺一摺大
學士孫家鼐老成碩望朝廷深資倚畀茲據瀝陳
病狀朕心甚為廑系著再賞假一箇月安心靜養並
賞給人葠二兩俾資調攝一俟病痊即行銷假毋
庸開缺欽此

軍機大臣署名
臣奕
臣世
臣張 假
臣鹿
臣那

927

鈐章

宣統元年八月二十一日內閣奉

上諭張之洞奏病勢日增懇請開去各項差缺一摺

大學士張之洞公忠體國夙著勤勞茲因久病未

痊朕心時深廑念著再行賞假毋庸拘定日期安

心療養病痊即行銷假入直並賞給人葠二兩俾

資調攝所請開去差缺之處著毋庸議欽此

軍機大臣署名
臣奕
臣世
臣張
臣鹿
臣那

928

鈐章

宣統元年八月二十二日內閣奉

上諭正黃旗蒙古副都統善旌由應封宗室二等侍

衛挑在乾清門行走授鎮國將軍擢頭等侍衛洊

升副都統均能勤職茲聞溘逝軫惜殊深加恩著

照副都統例賜卹任內一切處分悉予開復應得

卹典該衙門察例具奏欽此

軍機大臣署名
臣奕
臣世
臣鹿
臣那

929

光緒十九年正月二十一日內閣奉

上諭鑲白旗滿洲副都統布隆阿由廕生於同治年

間挑補侍衛在乾清門當差洊升頭等侍衛補授

副都統均能稱職茲聞溘逝軫惜殊深加恩著照

副都統例賜卹任內一切處分悉予開復應得卹

典該衙門察例具奏欽此

930

光緒三十三年二月初二日内閣奉
上諭鑲藍旗蒙古副都統德峯由廕生三等侍衛挑
在乾清門行走擢頭等侍衛洊升副都統歷充各
差均能勤職兹聞溘逝軫惜殊深加恩著照副都
統例賜卹任内一切處分悉予開復應得卹典該
衙門察例具奏欽此

931

鈐章
軍機大臣欽奉
諭旨貝勒載洵等奏呈進
崇陵工程應用石樣一摺知道了欽此
軍機大臣署名
臣奕
臣世
臣鹿
臣那
八月二十二日

932

鈐章
軍機大臣欽奉
諭旨農工商部奏籌辦實業擬借公債參用外國利
息富籤票辦法一摺著依議欽此
軍機大臣署名
臣奕
臣世
臣鹿
臣那
八月二十二日

933

鈐章
軍機大臣欽奉
諭旨農工商部奏遵章臚列第二年農工商籌備事
宜一摺憲政編查館知道欽此
軍機大臣署名
臣奕
臣世
臣鹿

臣那

八月二十二日

934

鈐章

宣統元年八月二十三日内閣奉

上諭戴鴻慈著以尚書在軍機大臣上學習行走欽此

軍機大臣署名

臣奕 臣世 臣鹿 臣那

935

鈐章

宣統元年八月二十三日内閣奉

上諭法部尚書著廷杰補授未到任以前著紹昌暫

行署理欽此

軍機大臣署名

臣奕 臣世

臣鹿 臣那

936

鈐章

宣統元年八月二十三日内閣奉

上諭大學士張之洞公忠體國廉正無私荷

先朝特達之知由翰林洊升内閣學士簡授山西巡撫

總督兩廣湖廣權理兩江凡所設施皆提倡新政

利國便民庚子之變顧全大局保障東南厥功甚

偉旋以總督晉陟綸扉入參機要管理學部事務

宗旨純正懋著勤勞朕御極後深資倚畀晉加太

子太保銜服官四十餘年擘畫精詳時艱匡濟經

猷之遠大久為中外所共見近因患病屢經賞假

調理並賞賜人葠方冀克享遐齡長資輔弼玆聞

溘逝軫惜殊深著賞給陀羅經被派郡王銜貝勒

載濤帶領侍衛十員即日前往奠醊並賜祭一壇

加恩予謚文襄晉贈太保照大學士例賜卹入祀

賢良祠賞銀三千兩治喪由廣儲司給發任内一

切處分悉予開復應得卹典該衙門察例具奏靈

柩回籍時沿途地方官妥為照料伊子禮部郎中
張權著以四品京堂候補郵傳部學習員外郎張
仁侃著以郎中補用伊孫選拔生張厚璟著賞給
主事分部補用用示篤念藎臣至意欽此

軍機大臣署名

臣奕
臣世
臣鹿
臣那

937

光緒七年正月初三日內閣奉
上諭協辦大學士兵部尚書沈桂芬清慎忠勤老成
端恪由翰林洊升卿貳外任封疆同治年間入參
樞務擢任正卿朕御極後重加倚任晉協綸扉辦
理一切事宜均能殫心竭力勞瘁不辭前因偶患
微痾賞假調理遽聞溘逝震悼實深著賞給陀羅
經被派貝勒載漪帶領侍衛十員即日前往奠醊
加恩晉贈太子太傅照大學士例賜卹入祀賢良
祠任內一切處分悉予開復賞銀二千兩治喪由
廣儲司給發應得卹典該衙門察例具奏靈柩回
原籍時沿途地方官妥為照料伊子沈文壽著賞
給舉人准其一體會試伊孫一品蔭生沈錫珪著
賞給郎中用示篤念藎臣至意欽此

938

光緒二十三年七月初三日內閣奉
上諭協辦大學士吏部尚書李鴻藻守正不阿忠清
亮直由翰林荷
先朝特達之知入直上書房同治元年欽奉
懿旨在弘德殿授讀
穆宗毅皇帝恩禮優加洊擢卿貳簡授軍機大臣朕御
極後晉贊綸扉先後三十餘年辦理一切事宜擘
畫精詳殫心竭力前因患病疊次賞假諭令安心
調理方冀醫治就痊長資倚畀遽聞溘逝悼惜良
深著賞給陀羅經被派貝勒載濂帶領侍衛十員
即日前往奠醊加恩予謚文正晉贈太子太傅照
大學士例賜卹入祀賢良祠任內一切處分悉予
開復應得卹典該衙門查例具奏靈柩回籍時並
著沿途地方官妥為照料伊子刑部員外郎李焜

瀛一品廕生李煜瀛均著賞給郎中伊孫李宗侗
賞給舉人准其一體會試用示篤念藎臣至意欽此

939

光緒二十三年七月初四日内閣奉
上諭朕欽奉
慈禧端佑康頤昭豫莊誠壽恭欽獻崇熙皇太后懿旨
協辦大學士吏部尚書李鴻藻秉性忠誠贊襄樞務
以來深資倚畀去年患病後尚力疾從公本年春間
因骸疾增劇迭次請假調理深宮時殷廑系特派御
醫診視賞給藥餌並派員前往看視深冀就痊長承
恩眷遽聞溘逝軫惜殊深著派親王銜貝勒載瀅帶
領侍衛十員即日前往賜奠用示篤念耆臣至意欽此

940

光緒二十九年三月十五日内閣奉
上諭朕欽奉
慈禧端佑康頤昭豫莊誠壽恭欽獻崇熙皇太后懿旨
已故大學士榮祿翊贊綸扉適在時事艱難之日盡
心經畫獻納周詳有為中外所不及知者朝廷倚畀
之殷相須綦切本年正月間因病給假迭經降旨慰
問方冀調理就痊長資輔弼乃以醫藥罔效遽致不
起披覽遺章拳拳於國計民生用人行政追念前勞
曷勝愴慟昨已加恩賜卹賜祭派員奠醊予謚文忠
追贈太傅晉封一等男爵入祀賢良祠賞銀治喪著
再加恩於靈柩發引前一日賜祭一壇生平事蹟宣
付國史館立傳任内一切處分悉予開復伊嗣子員
外郎良揆著加恩以四五品京堂候補用示篤念藎
臣有加無已之至意欽此

941

光緒三十三年二月十八日内閣奉
上諭郵傳部尚書張百熙公忠清亮學問閎通由翰
林入直南書房疊司文柄洊擢正卿均能恪盡厥
職辦理學務尤著勤勞上年調任郵傳部尚書創
辦伊始正資擘畫旋因患病賞假方冀調理就痊
長承倚畀茲聞溘逝悼惜殊深著賞給陀羅經被
派貝勒載洵帶領侍衛十員即日前往奠醊加恩
追贈太子少保銜賞銀二千兩治喪由廣儲司發
給照尚書例賜卹任内一切處分悉予開復應得
卹典該衙門察例具奏伊子江蘇試用道張振鏞

著以道員即補張振鋆張振鍠均著俟及歲時帶
領引見其靈柩回籍時著沿途地方官妥為照料
用示篤念藎臣至意欽此

942

光緒二十九年三月十四日内閣奉
上諭朕欽奉
慈禧端佑康頤昭豫莊誠壽恭欽獻崇熙皇太后懿旨
文華殿大學士軍機大臣榮祿公忠亮達才識閎深
由廕生起家洊陟正卿歷任總管内務府大臣將軍
總督恪恭匪懈擢登揆席翊贊綸扉竭力盡心調和
中外老成持重匡濟時艱近因患病請假並請開去
要差朝廷倚畀正殷諭令安心調理方冀病痊入直
克享遐齡長資輔弼忽聞溘逝震悼良深榮祿著先
行加恩照大學士例賜卹賞給陀羅經被派恭親王
溥偉帶領侍衛十員前往奠醊賜祭一壇予謚文忠
追贈太傅晉封一等男爵入祀賢良祠賞銀三千兩
治喪由廣儲司給發其餘飾終典禮再行降旨欽此

943

鈐章
軍機大臣欽奉
諭旨粵漢鐵路鄂境川漢鐵路事宜着歸郵傳部妥
協接辦欽此
軍機大臣署名
臣奕 臣世 臣鹿 臣那 臣戴
八月二十四日

944

鈐章
宣統元年八月二十四日内閣奉
上諭禮部尚書着葛寶華補授欽此
軍機大臣署名
臣奕 臣世 臣鹿

945

鈐章

上諭法部左侍郎着吳郁生署理欽此

宣統元年八月二十四日內閣奉

軍機大臣署名

臣那

臣戴

臣奕

臣世

臣鹿

臣那

臣戴

946

應署法部左侍郎名單

內閣學士麒德

瑞豐

毓隆

耆齡

那晋

硃○

榮勳

楊佩璋

李聯芳

吳郁生

大理院正卿定成

少卿劉若曾

法部左丞曾鑑

右丞黃均隆

947

鈐章

宣統元年八月二十四日奉

旨熱河都統着誠勳調補所遺察哈爾都統着溥良

補授欽此

滿屋繕　旨

軍機大臣署名

臣奕

臣世

臣鹿

臣那

臣戴

948

鈐章

宣統元年八月二十四日奉

旨鑲紅旗蒙古都統著載振補授仍兼署正紅旗滿

洲都統欽此

滿屋繕 旨

軍機大臣署名

臣奕

臣世

臣鹿

臣那

臣戴

949

鈐章

宣統元年八月二十五日内閣奉

上諭著派榮慶鹿傳霖充

實錄館正總裁欽此

軍機大臣署名

臣奕

臣世

臣鹿

950

派

應

實錄館滿漢正總裁名單

大學士孫家鼐假

協辦大學士榮慶

鹿傳霖

軍機大臣尚書戴鴻慈

民政部尚書善耆

度支部尚書載澤

禮部尚書葛寶華

陸軍部尚書鐵良

農工商部尚書溥頲

郵傳部尚書徐世昌

理藩部尚書壽耆

都察院都御史張英麟

臣那

臣戴

951

鈐章

軍機大臣欽奉

諭旨翰林院侍讀文華奏江蘇學界習染賭風亟宜

認真查禁一摺著學部知道欽此

軍機大臣署名

臣奕 臣世 臣鹿 臣那 臣戴

八月二十五日

952

鈐章

宣統元年八月二十六日內閣奉

上諭鹿傳霖等奏特叅道員煙癖未斷巧為掩飾請

從嚴懲處一摺江西裁缺督糧道錫恩投所請驗

多方央帶意圖朦混著革職永不敘用江西候補

道江忠賡瞻徇出結咎有應得著交部議處該部知

道欽此

軍機大臣署名

臣奕 臣世 臣鹿 臣那 臣戴

953

鈐章

軍機大臣欽奉

諭旨九月二十五日

孝欽顯皇后几筵前行祖奠禮由

監國攝政王代詣行禮欽此

軍機大臣署名

臣奕 臣世 臣鹿 臣那 臣戴

八月二十六日

954

鈐章

宣統元年八月二十七日内閣奉

上諭順天府奏援案請賞米石各摺片現在節近寒
令近畿一帶貧民生計維艱所有朝陽安定西直
等門外三處粥廠共恩賞粟米一千二百石藍靛
廠粥廠恩賞粟米三百石資善堂暖廠恩賞粟米
三百石同仁粥廠恩賞粟米三百石廣仁堂恩賞
粟米三百石敬節會善堂恩賞粟米一百五十石
均著加恩賞給由順天府具領發交各該處員紳
妥為散放仍着俟各處教養局開辦後另行變通
辦理至恕園等處粥廠現已改設教養局習藝所
所有米石仍着照案賞給以恤窮黎欽此

軍機大臣署名

臣奕
臣世
臣鹿
臣那
臣戴

955

鈐章

宣統元年八月二十七日内閣奉

上諭曹汝霖著轉補外務部左參議並署理左丞曾
述棨著補授外務部右參議並署理右丞陳懋鼎
著署理外務部左參議吴錡着署理外務部右參
議欽此

軍機大臣署名

臣奕
臣世
臣鹿
臣那
臣戴

956

鈐章

軍機大臣欽奉

諭旨學部奏考試游學畢業生選派各科襄校官一
摺知道了欽此

軍機大臣署名

臣奕

臣世
臣鹿
臣那
臣戴
八月二十七日

957
鈐章
軍機大臣欽奉
諭旨署法部尚書紹昌差務較繁著毋庸進文職班
欽此
軍機大臣署名
臣奕
臣世
臣鹿
臣那
臣戴
八月二十七日

958
交學部考試游學畢業生閱卷大臣奉
硃筆圈出聯芳張德彝李家駒塔克什訥欽此相應
傳知
貴部欽遵可也此交
八月二十七日

959
硃
○聯芳
唐景崇
達壽
○李家駒
○張德彝
○塔克什訥

960
鈐章
軍機大臣欽奉
諭旨都察院代奏四川候補直隸州州判唐啟虞條
陳請定政策呈一件著會議政務處知道欽此
軍機大臣署名

961

鈐章

諭旨孫家鼐等奏元史新編簡員校閱已竣謹將原

軍機大臣欽奉

書呈繳並附呈校勘記一冊一摺著依議校勘記

留覽欽此

軍機大臣署名

臣奕

臣世

臣鹿

臣那

臣戴

八月二十七日

臣奕

臣世

臣鹿

臣那

臣戴

八月二十九日

962

鈐章

諭旨徐世昌等奏整飭津浦鐵路情形一摺又奏勘

軍機大臣欽奉

定隄頭地方設立總站一片又奏派員前赴南段

查辦一片均知道了欽此

軍機大臣署名

臣奕

臣世

臣鹿

臣那

臣戴

八月二十九日

963

鈐章

諭旨沈家本等奏編輯秋審條款一片著依議欽此

軍機大臣欽奉

軍機大臣署名

臣奕

臣世

臣鹿
臣那
臣戴
八月二十九日

964

鈐章
軍機大臣欽奉
諭旨沈家本等奏編訂現行刑律告竣繕具黃冊恭
候欽定一摺著憲政編查館核議具奏欽此
軍機大臣署名
臣奕
臣世
臣鹿
臣那
臣戴
八月二十九日

965

鈐章
宣統元年八月三十日內閣奉
上諭各省諮議局為採取輿論之所仰蒙
德宗景皇帝欽奉
孝欽顯皇后懿旨飭辦朕御極後繼述
前徽責成內外諸臣依限辦理業據各省陸續奏報諮
議局選舉事宜均已照章籌辦完竣茲屆九月初
一日各省招集議員開議之期用特重申誥誡各
該諮議局議員於地方利弊情形均當切實指陳
妥善計畫務各恪遵前奉
懿旨勿挾私心以妨公益勿逞意氣以紊成規勿見事
太易而議論稍涉囂張勿權限不明而定法致滋
侵越各該督撫亦當虛公採納裁度施行以期上
下一心漸臻上理至開局以後各該督撫尤應欽
遵定章實行監督務使議決事件不得踰越權限
違背法律共攄忠愛以圖富強上以副朝廷勤求
民隱之衷下不失官民守分盡職之義朕實有厚
望焉著將此諭敬謹繕錄懸掛各省諮議局議場
一體欽遵欽此
軍機大臣署名
臣奕 假

966

鈐章

臣世　臣鹿　臣那（假）　臣戴

軍機大臣欽奉

諭旨陸軍部片奏第一鎮統制官甘肅河州鎮總兵

何宗蓮等在

觀德殿常川守衛卓著勤勩請量予獎勵等語何宗蓮

著賞加提督銜江朝宗著仍交軍機處存記欽此

軍機大臣署名

臣奕（假）　臣世　臣鹿　臣那（假）　臣戴

八月三十日

967

鈐章

宣統元年九月初一日内閣奉

上諭郡王銜多羅貝勒載洵載濤均著賞給郡王爵

章多羅貝勒毓朗著賞給貝勒爵章不入八分輔

國公銜鎮國將軍載摤溥侗均著賞給不入八分

輔國公爵章欽此

軍機大臣署名

臣奕假

臣世

臣鹿假

臣那假

臣戴

968

鈐章

軍機大臣欽奉

諭旨貝勒載洵等奏現修

崇陵工程情形一摺知道了欽此

軍機大臣署名

臣奕假

969

鈐章

軍機大臣欽奉

諭旨法部奏交查要案歷時已久尚未據詳細覆奏

請飭催一摺著署綏遠城將軍信勤確切詳查尅

期具奏欽此

九月初一日

臣世

臣鹿假

臣那假

臣戴

軍機大臣署名

臣奕假

臣世

臣鹿假

臣那假

臣戴

九月初一日

970

鈐章

宣統元年九月初二日内閣奉

上諭河南河北鎮總兵員缺著謝寶勝署理欽此

軍機大臣署名

臣奕

臣世

臣鹿

臣那 假

臣戴

971

鈐章

軍機大臣欽奉

諭旨農工商部郵傳部會奏粤商陳宜禧籌築鐵路

全工告竣援案核給獎勵一摺著依議欽此

軍機大臣署名

臣奕

臣世

臣鹿

臣那 假

972

臣戴

九月初二日

鈐章

軍機大臣欽奉

諭旨郵傳部奏擬定如期歸還度支部贖路借款備

撥充海軍經費一摺著依議又奏擬派連甲兼調

查郵電合一辦法暨各國郵便儲金情形一片又

奏請刊吉長鐵路木質關防一片均知道了欽此

軍機大臣署名

臣奕

臣世

臣鹿

臣那 假

臣戴

973

九月初二日

鈐章

軍機大臣欽奉

諭旨郵傳部奏酌保京張路工出力人員一摺又片
奏總辦候選道詹天佑請以該部丞參候補會辦分省
補用道關冕鈞請以該部參議候補等語均著依
議欽此

軍機大臣署名
臣奕
臣世
臣鹿
臣那假
臣戴

九月初二日

974
鈐章
宣統元年九月初三日内閣奉
上諭禮部奏請派王貝勒恭代行禮並將禮節開單
呈覽一摺九月二十七日奉移
孝欽顯皇后梓宮啟行
蘆殿梓宮前行夕奠禮並沿途行朝夕奠禮
梓宮安奉

隆恩殿畢祭酒行禮
隆恩殿行饗奠禮著派禮親王世鐸恭代
隆恩殿行遷奠禮
梓宮升小舉時奠酒行禮
梓宮安奉龍輴上奠酒行禮
梓宮局奉安吉時奠酒行禮
梓宮永安禮成祭臺前奠酒行禮
隆恩殿行虞祭禮恭捧
神牌升
黄輿行禮著派肅親王善耆恭代
梓宮至
大紅門遥向
祖陵恭代行禮著派豫親王懋林行禮
神牌還京沿途朝夕祭行禮著派順承郡王訥勒赫恭
代欽此

軍機大臣署名
臣奕
臣世
臣鹿

975

臣那 假

臣戴

九月初三日

光緒七年八月二十二日内閣奉

上諭禮部奏請派近支王恭代行禮並將禮節開單

呈覽一摺九月初九日奉移

孝貞顯皇后梓宮啟行朕前詣東直門外大橋迤東恭

送後

蘆殿梓宮前行夕奠禮並沿途行朝夕奠禮

隆恩殿行饗奠禮著派惇親王奕誴恭代

隆恩殿行遷奠禮

梓宮升小轝奠酒行禮

梓宮安奉龍輴上奠酒行禮

梓宮歷奉安吉時奠酒行禮

梓宮永安禮成祭臺前奠酒行禮

隆恩殿行虞祭禮恭捧

神牌升

黄輿行禮著派恭親王奕訢恭代

梓宮至

大紅門遥向

祖陵恭代行禮著派惠郡王奕詳恭代

梓宮安奉

隆恩殿畢祭酒行禮著派莊親王載勛恭代

黄幄沿途朝夕祭行禮著派怡親王載敦恭代欽此

976

鈐章

軍機大臣欽奉

諭旨本月二十七日

孝欽顯皇后梓宮奉移除恭辦喪禮王大臣各項有執事

官員近支王公暨御前大臣御前侍衛乾清門侍

衛内務府值差人等隨行外其餘無執事之王公

百官及軍隊學生等均在東直門外關廂分班祇

候跪送著民政部禮部步軍統領衙門按照上次

所訂章程妥為照料認真稽查務須整齊嚴肅毋

得擁擠雜亂以昭誠敬欽此

軍機大臣署名

臣奕

977

鈐章

上諭正白旗護軍統領伊立布由廕生賞給侍衛在
大門上行走復挑乾清門差使洊升副都統補授
護軍統領均能勤職兹聞溘逝軫惜殊深加恩著
照副都統例賜卹任内一切處分悉予開復應得
卹典該衙門察例具奏欽此

宣統元年九月初五日内閣奉

軍機大臣署名

臣奕 臣世 臣鹿 臣那 臣戴

九月初四日

臣世 臣鹿 臣那假 臣戴

978

鈐章

諭旨御史黄瑞麒奏湘境粤漢鐵路力能自籌的款
興築無須募借外債一摺著郵傳部知道欽此

軍機大臣欽奉

軍機大臣署名

臣奕 臣世 臣鹿 臣那 臣戴

九月初五日

979

九月初六日引

見人員

吏部二十六人

翰林院七人

鑲紅旗滿洲十三人

鑲藍旗滿洲二人

火器營二十二人
共七十人

980

鈐章

軍機大臣欽奉

諭旨吏部奏

孝欽顯皇后梓宮奉移請派行禮文職大臣一摺仍著

派出恭送

梓宮之各衙門官員敬謹行禮欽此

軍機大臣署名

臣奕
臣世
臣鹿
臣那
臣戴

九月初六日

981

鈐章

軍機大臣欽奉

諭旨本日吏部帶領引見州縣事實列入最優等山
東夏津縣知縣在任候選知府張汝鈞著在任以
知府補用欽此

軍機大臣署名

臣奕
臣世
臣鹿
臣那
臣戴

九月初六日

982

鈐章

軍機大臣欽奉

諭旨崇文門監督奏整頓稅課應於官物免稅實力
稽查籌擬辦法一摺又奏請飭郵傳部遇稅務與
鐵路有應行籌商稽查辦法之處由該路員司隨
時協助一片均著依議欽此

軍機大臣署名

臣奕

983

休致前在任候補直隸州河南鄧州知州潘守廉

旨著以知州用

旨著以知縣用

旨著仍照原參休致

硃。

九月初六日

臣世

臣鹿

臣那

臣戴

984

昌西陵禮部員外郎福厚

硃。旨著照舊供職

旨著原品休致

985

昌陵禮部讀祝官兼防禦玉海

硃。旨著照舊供職

旨著原品休致

986

鈐章

軍機大臣欽奉

諭旨都察院代奏陝西京官周爰諏等呈稱已故訓

導魏樹德孝行卓著品學兼優請宣付史館立傳

等語魏樹德著准其宣付史館立傳該衙門知道

欽此

軍機大臣署名

臣奕

臣世

臣鹿

臣那

臣戴

九月初七日

987

鈐章

宣統元年九月初七日内閣奉

上諭成都將軍著趙爾巽暫行兼署欽此

軍機大臣署名

臣奕

臣世
臣鹿
臣那
臣戴

988

鈐章

宣統元年九月初八日内閣奉

上諭

孝欽顯皇后神牌升祔

奉先殿著派慶親王奕劻恭代行禮欽此

軍機大臣署名

臣奕
臣世
臣鹿 假
臣那
臣戴

989

鈐章

宣統元年九月初八日内閣奉

上諭十月初九日

孝欽顯皇后神牌升祔

太廟由

監國攝政王代詣行禮欽此

軍機大臣署名

臣奕
臣世
臣鹿 假
臣那
臣戴

990

滿頭班

花翎二品銜領班三品章京英秀

花翎二品銜幫領班四品章京文年

三品銜　記名道府章京郎中榮元

先換頂戴在任即選知府章京員外郎麟祥

花翎三品銜章京侍讀裕銘

章京候補員外郎伊密揚阿

花翎四品銜額外章京理藩部員外郎存瑞

花翎三品銜在任即選道額外章京上行走鍾佩
漢頭班
花翎領班三品章京劉穀孫
花翎領班章京上行走候補五品京堂楊壽樞
幫領班四品章京胡彤恩
三品銜章京員外郎劉慶篤
花翎四品銜章京主事趙國良
四品銜章京主事張潤
四品銜章京主事宋子聯
三品銜章京　記名繁缺知府郎中楊芾
花翎員外郎銜額外章京原工部候補主事曾文玉
花翎四品銜額外章京　記名道府民政部郎中舒鴻貽
額外章京翰林院編修黄彦鴻
滿二班
花翎二品銜領班三品章京文徵
花翎三品銜幫領班四品章京成俊
花翎幫領班上行走聯綬
花翎三品頂戴章京郎中榮奎
花翎三品銜　記名道府即選知府章京郎中常泰

四品銜章京主事鴻恩
四品銜章京候補主事興廉
四品銜章京員外郎星輅
章京錄事官松海
漢二班
二品銜領班三品章京易貞
幫領班四品章京趙廷珍
三品銜　記名道府幫領班章京上行走徐宗溥
三品銜章京　記名繁缺知府郎中孫筍經
三品頂戴章京員外郎陳鴻翼
四品銜章京候補主事盧文明
四品銜章京候補主事邢經經
四品銜章京候補主事徐廣恩
三品頂戴章京員外郎萬雲路
章京主事雷延壽
章京　記名遇缺題奏翰林院編修楊渭
宣統元年九月初九日内閣奉
鈐章

991

上諭我朝
太廟制度備極尊崇前殿自
太祖高皇帝以下七世皆南向自
宣宗成皇帝以下三世皆分東西向與前古所謂北向
之穆南向之昭本不相同
穆宗毅皇帝
德宗景皇帝同為百世不祧之廟允宜守宋儒朱子之
說以昭穆分左右不以昭穆為尊卑蓋禮緣義起
載記具有明文不必因經說異同遇事拘執也茲
據內閣會奏
升祔大禮一摺謹擬
德宗景皇帝升祔
太廟中殿供奉西又次楹又五室穆位
前殿於西旁
文宗顯皇帝之次恭設坐西東向穆位洵足仰體
先朝兼祧之旨上慰
列聖在天之靈即照所擬著為定制
奉先殿之位序理應一體亦敬遵此制崇奉以隆祀饗
而篤孝思所有應行典禮著該衙門敬謹預備欽此

黄面紅裏

軍機大臣署名

臣奕
臣世
臣鹿
臣那
臣戴

992

交陸軍部考試陸軍游學畢業生主試大臣由
本處開單奏
硃筆圈出毓朗王英楷段祺瑞馮國璋欽此相應傳知
貴部欽遵可也此交

九月初十日

993

硃圈

載濤
。毓朗
載澤
徐世昌
。王英楷
。段祺瑞

。馮國璋
那晉

994
鈐章
軍機大臣欽奉
諭旨此次陸軍貴胄學堂畢業之成全恩厚福蔭祥
林富克錦熀貴善鐸錫明溥琳毓遜著交專司訓
練禁衛軍大臣酌量委用欽此
軍機大臣署名
臣奕
臣世
臣鹿
臣那
臣戴
九月十一日

995
鈐章
宣統元年九月十一日內閣奉
上諭陸軍部奏陸軍貴胄學堂畢業學生照章引見

按照等第謹擬獎勵辦法請分別錄用優予出身
一摺所有考列上等之世襲二等子爵成全著賞
給大門二等侍衛世襲二等男爵二等侍衛恩厚
著賞升頭等侍衛世襲二等子爵兼世管察哈爾
佐領福蔭著賞給大門二等侍衛世襲一等男爵
祥林著賞給大門二等侍衛和碩額駙品級二等
侍衛世襲恩騎尉富克錦著賞升頭等侍衛考列
中等之世襲二等男爵熀貴著賞給大門三等侍
衛三品頂戴應封將軍宗室善鐸著賞給大門三
等侍衛委散秩大臣分獻大臣世襲一等信勇公
兼勳舊佐領錫明著賞挑乾清門侍衛三品頂戴
應封將軍溥琳著賞給大門三等侍衛奉國將軍
毓遜著賞給大門三等侍衛考列上等之分省試
用知府陳昌穀著以道員分省補用法部候補主事魁瀛
著以三等侍衛用
定陵禮部郎中光泰著以陸軍部郎中儘先補用候補
缺後以應升之缺升用主事銜郭則澍著補授陸
軍副　軍校宗人府候補筆帖式宗室常貴著以
四等侍衛用主事銜張徵著補授陸軍副軍校貴

筠著以陸軍部主事學習法部八品錄事宗室松生著以四等侍衛用候選道法部即補郎中劉朝望著以陸軍部郎中補用候補缺後在任以應升之階儘先升用陸軍部候補員外郎文厚著作為本部郎中儘先補用宗室榮華著補授陸軍副軍校郵傳部學習郎中克興額著以陸軍部郎中學習候補缺後在任以應升之階儘先升用禮部學習筆帖式成蔭著以藍翎侍衛用宗室希敬著補授陸軍副軍校宗室毓麟著以陸軍部主事學習宗室毓莊著補授陸軍副軍校徐傳元著以陸軍部主事學習宗室豐申著以主事分部學習分省試用知縣李晉祥著以藍翎侍衛用度支部學習主事錢承懋著以三等侍衛用選用理事官宗室寶文著以陸軍部郎中補用候補缺後在任以應升之階儘先升用宗室薩佑著補授陸軍副軍校吏部學習主事宗室厚良著以三等侍衛用宗室繼賢著補授陸軍副軍校宗室長績著以陸軍部主事學習宗室榮良著補授陸軍副軍校驍騎校崇勳著以印務章京儘先升用宗室頤慶著補授

陸軍副軍校大理院學習六品推事宗室志清著以三等侍衛用選用筆帖式國源著以陸軍部主事學習知縣用安徽試用縣丞顧思範著以陸軍部七品小京官補用陸軍部候補主事慶格著作為本部員外郎儘先補用宗室玉輝著補授陸軍副軍校宗室玉崑著以陸軍部主事學習法部候補筆帖式齊敏著補授陸軍副軍校同知銜候選通判胡同林著以四等侍衛用宗室銅銀著補授陸軍副軍校宗室柏昆著以陸軍部主事學習忠旭著補授陸軍副軍校宗室毓翰著補授陸軍副軍校陸軍部學習主事宗室濟昌著作為本部員外郎儘先補用宗室麟湛著補授陸軍副軍校宗室謙順著以陸軍部主事學習陸軍部筆帖式選用知縣威格著作為本部主事儘先補用宗室錫泉著補授陸軍副軍校候選七品筆帖式恆緒著以陸軍部主事學習宗室文林著補授陸軍副軍校宗室溥經著補授陸軍副軍校候選通判繼馥著以四等侍衛用宗室世昌著以陸軍部主事學習內務府即補郎中立賢著以三等侍衛用宗室連

通著補授陸軍副軍校陸軍部學習主事鍾麟著
作為本部員外郎儘先補用宗室存昌著補授陸
軍副軍校考列中等之宗室恆琤著補授陸軍協
軍校龔齊坊著補授陸軍協軍校奉純著補授陸
軍協軍校宗人府候補筆帖式宗室志庚著以陸
軍部筆帖式儘先補用補用驍騎校麟濟著仍以
驍騎校儘先補用宗室樂欽著補授陸軍協軍校
候選知縣姜兆璜著以陸軍部七品小京官補用
德玉著補授陸軍協軍校宗室德通著補授陸軍
協軍校同知職銜賢麟著以陸軍部七品筆帖式
學習陸軍部學習郎中耆年著仍以郎中歸本部
儘先補用宗人府候補七品筆帖式宗室溥露著補授
陸軍協軍校選用知州璧瑜著以陸軍部員外郎
學習宗室恒寅著補授陸軍協軍校三等侍衛松
年著以二等侍衛記名宗室毓英著補授陸軍協
軍校麟昭著補授陸軍協軍校
昌陵禮部郎中光瀛著在任以應升之階升用步軍統
領衙門學習員外郎良豫著仍以員外郎歸本衙
門儘先酌補廕生常麟宗室熙昌松耆承啟均俟

廕生引見時再行降旨欽此
軍機大臣署名
臣奕 臣世 臣鹿 臣那 臣戴

996

鈐章
軍機大臣欽奉
諭旨郵傳部奏遵議密雲滿城電線請由北洋官電
局酌核情形辦理一摺著依議欽此
軍機大臣署名
臣奕 臣世 臣鹿 臣那 臣戴
九月十二日

997

鈐章

軍機大臣欽奉

諭旨津浦鐵路大臣徐世昌等奏津浦鐵路南段購
地員司通同舞弊請旨將候選通判郭行健豫河
候補通判查彭年分省補用知縣郭曾龢候選縣
丞高煥文閔乃榮蔣爾穀一併先行革職楊毓濱
撤銷州同銜統行歸案訊辦一摺著依議欽此

軍機大臣署名

臣奕
臣世
臣鹿
臣那
臣載

九月十二日

998

鈐章

宣統元年九月十二日内閣奉

上諭孟冬時享

太廟遣魁斌恭代行禮

後殿派毓璋行禮兩廡派承蔭德壽各分獻欽此

軍機大臣署名

臣奕
臣世
臣鹿
臣那
臣載

999

鈐章

宣統元年九月十二日内閣奉

上諭郵傳部奏特參鐵路貪劣職員一摺分省補用
知府陸錫珪前充京奉鐵路總繙譯膽大妄為貪
汙無恥候選同知王慶驥前充汴洛鐵路總繙譯貪
鄙嗜利勒索包工直隸候補直隸州知州羅春煦
前充京奉鐵路文案行為卑鄙勒索有據知縣用
分省補用縣丞林秉璋前充京奉鐵路站長居心
險詐私索規費均著革職永不敘用其陸錫珪一
員並著地方官驅逐回籍不准逗留滋事該部知
道欽此

軍機大臣署名

臣奕 臣世 臣鹿 臣那 臣戴

1000

鈐章

軍機大臣欽奉

諭旨嗣後應派王公各項差使除有差請假外其餘

王公全行開列欽此

軍機大臣署名

臣奕 臣世 臣鹿 臣那 臣戴

九月十三日

1001

鈐章

軍機大臣欽奉

諭旨資政院會奏擬訂資政院議員選舉章程開單

呈覽一摺著依議欽此

軍機大臣署名

臣奕 臣世 臣鹿 臣那 臣戴

九月十三日

1002

鈐章

軍機大臣欽奉

諭旨著派善耆訥勒赫博迪蘇陸潤庠溥頲景厚會同原派恭辦喪禮王大臣等在梁格莊

暫安殿輪流值班欽此

軍機大臣署名

臣奕

1003

臣世
臣鹿
臣那
臣戴

九月十四日

順承郡王訥勒赫
肅親王善耆
博迪蘇
榮慶
陸潤庠
溥頲
奎俊
景厚
景豐

1004

豫親王懋林
成章
奎順
壽蔭

1005

鈐章
軍機大臣欽奉
諭旨御史趙熙奏試學入官宜名實相符一摺著學
部議奏欽此
軍機大臣署名
臣奕
臣世
臣鹿
臣那
臣戴

九月十四日

1006

鈐章
宣統元年九月十四日内閣奉
上諭此次
隆裕皇太后恭送
孝欽顯皇后梓宫奉移
山陵並祗謁
東陵所有經行道路著派出之管道大臣及直隸總督

督飭各該員弁兵丁嚴行稽查如有隨扈員役以
及太監人等車馬踐踏並沿途藉差騷擾勒索等
事即著該管大臣暨該督等查拏条奏至辦道各
員如有草率偷減修墊不平藉口車馬踐踏希圖
卸責情弊亦著該督嚴查条辦欽此

軍機大臣署名

臣奕
臣世
臣鹿
臣那
臣戴

1007

鈐章

宣統元年九月十四日内閣奉

上諭陸軍正參領良弼著派充禁衛軍步隊第一
協統領官並賞給陸軍協都統銜欽此

軍機大臣署名

臣奕
臣世

1008

鈐章

宣統元年九月十五日内閣奉

上諭前據御史儼忠奏稱大員煙癖素深請飭調驗
一摺當經諭令沈秉堃確查具奏茲據查明覆奏
貴州巡撫龐鴻書先曾吸食數年前即已戒斷提
學使陳驤實未吸食均著毋庸置議布政使松堮
因疾致癮疾發時仍未盡除按察使嚴雋熙年老
衰病確未戒斷均著照章革職永不敘用龐鴻書
於該司等曾否斷癮未能切實調驗咎實難辭著
交部議處沈秉堃查辦此案尚屬認真所有自請
議處之處著加恩寬免該衙門知道欽此

軍機大臣署名

臣奕假
臣世
臣鹿假
臣那
臣戴

1009

九月十六日引

見人員

吏部二十六人

禮部八人

學部三人

共三十七人

臣那

臣戴

1010

上諭朝廷簡任疆臣畀以用人重寄近來辦理新政

遇有奏調人員無不俯如所請惟念該督撫等果

能於本省屬員認真考察何至一省之中竟致無

員可用必須借材他省方收臂指之資雖其中為

事擇人者在所常有而引用私人者亦難保必無

嗣後除邊遠省分於舉辦要政准其酌量調用外

其餘省分所有差委事宜務須先儘本省人員擇

能委用不准任意奏調他省人員致滋紛擾該督

撫等各宜公爾忘私破除成見用副朝廷整飭官

常之至意該部知道欽此

宣統元年九月十六日内閣奉

鈐章

軍機大臣署名

臣奕假

臣世

臣鹿

臣那

臣戴

1011

上諭此次引見進士館畢業之度支部學習主事唐

桂馨著以主事留部儘先補用庶吉士李椝著授

職編修並加侍講銜辦學期滿之庶吉士江孔殷

著授職編修欽此

宣統元年九月十六日内閣奉

鈐章

軍機大臣署名

臣奕假

臣世

臣鹿
臣那
臣戴

1012

鈐章
軍機大臣欽奉
諭旨
孝欽顯皇后几筵前行十一滿月禮由
監國攝政王代詣行禮欽此
軍機大臣署名
臣奕 假
臣世
臣鹿
臣那
臣戴

九月十六日

1013

鈐章
軍機大臣欽奉
諭旨本日吏部帶領引見州縣事實列入最優等在
任候選道山東德州知州楊學淵著在任以道員
儘先補用欽此
軍機大臣署名
臣奕 假
臣世
臣鹿
臣那
臣戴

九月十六日

1014

鈐章
軍機大臣欽奉
諭旨本日吏部帶領引見之降補通判前署湖南勸
業道沈祖燕著開復原官欽此
軍機大臣署名
臣奕 假
臣世
臣鹿

1015

前湖南平江縣知縣何革耕

旨著仍照部議降二級調用

九月十六日

臣那

臣戴

九月十六日

未奉

硃圈堂諭交吏部

1016

鈐章

宣統元年九月十七日内閣奉

上諭貴州布政使著沈瑜慶補授欽此

軍機大臣署名

臣奕

臣世

臣鹿

臣那

臣戴

1017

鈐章

宣統元年九月十七日内閣奉

上諭貴州按察使著文徵補授欽此

軍機大臣署名

臣奕

臣世

臣鹿

臣那

臣戴

1018

鈐章

宣統元年九月十七日内閣奉

上諭廣西巡撫張鳴岐前得降二級留任處分著加

恩開復欽此

軍機大臣署名

臣奕

臣世

臣鹿

臣那

臣戴

1019

鈐章

軍機大臣欽奉

諭旨御史黄瑞麒奏富籤債票流弊甚多一摺著農工商部按照所奏各節悉心籌議詳細具奏欽此

軍機大臣署名

臣奕
臣世
臣鹿
臣那
臣戴

九月十七日

1020

鈐章

軍機大臣欽奉

諭旨都察院奏代遞舉人張毓英等條陳銅元充斥請設法挽救呈一件著度支部議奏欽此

軍機大臣署名

臣奕
臣世

1021

臣那
臣那
臣戴

九月十七日

鈐章

軍機大臣欽奉

諭旨都察院奏代遞主事胡柏年條陳憲政利弊呈一件著憲政編查館知道欽此

軍機大臣署名

臣奕
臣世
臣鹿
臣那
臣戴

九月十七日

1022

九月十八日引

見人員

度支部二人
理藩部四人
步軍統領衙門十八人
正紅旗滿洲四人
鑲白旗滿洲二人
前鋒護軍統領二十人
圓明園八旗十八人
武備院二人
共七十人

1023

鈐章

軍機大臣　字寄

河南巡撫吳　宣統元年九月十八日奉

上諭吳重憙奏豫河霜降安瀾一摺本年大汛期内

黄河漲發猛驟水勢大於往年各工險要環生時

有剛蟄仰賴

河神默佑得以化險為夷普慶安瀾實深寅感著

發去大藏香十枝交吳重憙祇領虔詣

河神廟恭代祀謝用答

神庥所有辦理河工出力之河南布政使朱壽鏞

本任開歸道曹福元河北道石庚前署開歸道王

夢熊現署開歸道于滄瀾均著交部從優議敘候

補知府署開封府知府實綱著俟補缺後離任歸

道員班賞加二品銜餘著照所議辦理該部知道

欽此遵

旨寄信前來

軍機大臣署名

臣奕

臣世

臣鹿

臣那

臣戴

1024

鈐章

軍機大臣欽奉

諭旨河南巡撫吳重憙奏豫河霜降安瀾請獎尤為

出力各員一摺所有河南布政使朱壽鏞本任開

歸道曹福元河北道石庚前署開歸道王夢熊現

署開歸道于滄瀾均著交部從優議敘候補知府
署開封府知府寶綱著俟補缺後離任歸道員班
賞加二品銜餘著照所議辦理該部知道欽此

軍機大臣署名

臣奕
臣世
臣鹿
臣那
臣戴

九月十八日

1025

鈐章

宣統元年九月十九日內閣奉
上諭誠勳額勒渾奏查明盟旗被災情形懇恩撫恤
一摺西林果勒盟旗阿巴嘎阿巴哈那爾浩齊特
烏珠穆沁等八旗游牧地方連遭亢旱上年冬季
又復大雪成災牲畜倒斃實多蒙民困苦情形殊
堪軫念加恩著賞給帑銀三萬兩由度支部給發
交誠勳等派委妥員馳往災區查明户口被災輕
重分别妥為散放毋任失所用副朝廷撫恤蒙艱
之至意該部知道欽此

軍機大臣署名

臣奕
臣世
臣鹿
臣那
臣戴

1026

鈐章

軍機大臣　字寄
署山東巡撫孫　宣統元年九月二十日奉
上諭孫寶琦奏黃河霜降安瀾一摺現在節交霜降
普慶安瀾著發去大藏香十枝並著南書房恭書
匾額一方交孫寶琦祇領虔詣
大王廟敬謹懸挂祀謝用答
神庥所有在工出力之兗沂曹濟道吴永著賞加
二品銜候選道王麟著仍以道員留東補用補用
知府辛績勳著免補本班以道員仍留原省補用

同知銜候補知縣孫福昌著免補本班以直隸州
知州仍留原省補用試用府經歷丁業修試用縣
丞陳汝穀均著免補本班以知縣仍留原省補用
分省試用縣丞儲春浦著免補本班以知縣分
省補用餘著照所議辦理該部知道欽此

軍機大臣署名

臣奕 臣世 臣鹿假 臣那 臣戴

九月二十日

1027

鈐章

宣統元年九月二十日内閣奉
上諭鹿傳霖著授為大學士陸潤庠著以吏部尚書
協辦大學士欽此

軍機大臣署名

臣奕

臣世 臣鹿假 臣那 臣戴

1028

鈐章

宣統元年九月二十日内閣奉
上諭陝西榆林府知府員缺著張啟藩補授欽此

軍機大臣署名

臣奕 臣世 臣鹿假 臣那 臣戴

1029

鈐章

軍機大臣欽奉
諭旨孫寶琦奏黃河霜降安瀾請奬尤為出力各員
一摺所有兗沂曹濟道吳永著賞加二品銜候選

道玉麟著仍以道員留東補用補用知府辛績勳
著免補本班以道員仍留原省補用同知銜候補
知縣孫福昌著免補本班以直隸州知州仍留原
省補用試用府經歷丁業修試用縣丞陳汝穀均
著免補本班以知縣仍留原省補用分省試用縣
丞儲春浦著免補本班以知縣分省補用餘著照
所議辦理該部知道欽此

軍機大臣署名

臣奕 臣世 臣鹿假 臣那 臣戴

1030

鈐章

軍機大臣欽奉
諭旨給事中高潤生奏陸軍游學生考試規則並
内外場事宜請飭認真妥定一摺著陸軍部知道
欽此

軍機大臣署名

臣奕 臣世 臣鹿假 臣那 臣戴

九月二十日

1031

鈐章

宣統元年九月二十一日内閣奉
上諭孫家鼐奏假期又滿病仍未痊懇請開缺一摺
大學士孫家鼐著再賞假一個月並賞給人葠二
兩以資調攝毋庸開缺欽此

軍機大臣署名

臣奕 臣世 臣鹿 臣那 臣戴

1032

鈐章

宣統元年九月二十二日内閣奉

上諭此次驗看之學部考驗游學畢業生項驤著賞給法政科進士王若儼王煥文均著賞給醫科進士劉鍾華王兆枏均著賞給格致科進士唐有恆程鴻書均著賞給農科進士林大閭林志琇劉崇倫濮登青朱光燾均著賞給工科進士馮閲模謝曉石李祖虞汪振聲金泯瀾唐演張競仁陳爾錫何竣業劉成志辛漢單毓華祁耀川郭經陳遵統凌士鈞褚嘉猷王愷憲均著賞給法政科舉人羅昌夏錫祺錢家治李家桐均著賞給文科舉人王若宜厲家福彭樹滋侯毓汶均著賞給醫科舉人王兼善陳英才均著賞給格致科舉人于樹楨周藻祥彭望恕周秉琨吴肅徐天敘均著賞給農科舉人高近宸梁志和陳步麟趾王頌賢錢漢陽劉勳麟蔡耀卿均著賞給工科舉人陳訓旭潘承福曾耀垣朱祖鋐向瑞琨楊汝梅均著賞給商科舉人廖治楊禧王國樑汪祖澤謝健曹敦錄袁榮叜莊璟珂李懷亮朱文焯馮國鑫王保孫潤家高方

潞何奇陽鍾震川梁宓劉文嘉劉鎣澤虞熙正張毓驊湯中曹濬湘張清澤劉懋昭鄧塄章世荚郭開文吴經銓陳緯狀梁孫吴成章董玉墀張德馨劉頌虞涂壽田汪郁年駱通戴彬陳天輔李棟李杭文黄希仲趙一德張清擬張汝翹邱心榮安永昌王淮琛黎炳文彭光祜褚辛培張翅汪芳績陳經朱彰年丁漤孫德泰邱在元沈其昌馬彝德周祚章張景栻劉重熙熊成章陸龍翔易翔何崇禮盂繼旦趙曾翔曹祖蕃許萬全張雲閣王泰鎔康寶忠許企謙張務本吴榮鈉張德滋嚴維坤王毓崑王煥功許孝綬丁兆冠戴汝佳陳培琛趙鴻藻林覲光傅定祥沙曾詒吴天寵張慶苹蔡寅柯鴻烈張文烺涂景新汪翔何應恆石德純王雙歧左文炬何道濰蹇先榘楊仰程郭憲章董修武王倫章劉德昭崔斯哲區謔區金均王庚西葛為輔佘琛張伯楨邵修文廖德典劉彥卿熊懋儒趙莫雲江洪杰傅振舉葉衍華劉濬楊先湛吴松覃壽公陳光陳學釗鄒本銓郭衛村馬家麟黄毓鼎吴淪姚生范李讜傅廷楨譚汝鼎蕭度孫蔭蘭均著賞

給法政科舉人馮世德蕭友梅過耀根均著賞給
文科舉人胡晴崖曾貞均著賞給醫科舉人郭玉
清談錫恩毛邦偉均著賞給格致科舉人劉學誠
吳達黃錫齡楊永貞張青選均著賞給農科舉人
林大同彭應蕃袁翼梁楚珩春梁張文廉全殿勳
沈秉鍇均著賞給工科舉人金天祿鄭釗胡光第
朱學曾王治昌李成林沈祚延趙保泰高彤墀陳
福頤黃鳴盛楊湘張覲雯臧在琦臧在琨陸近禮
孫方尚徐煇謝存薛光鉞均著賞給商科舉人欽此

1033

鈐章

軍機大臣欽奉
諭旨郵傳部奏遵章臚陳第二屆籌備成績一摺著
憲政編查館知道欽此

軍機大臣署名

臣奕
臣世
臣鹿
臣那
臣戴

九月二十二日

1034

鈐章

軍機大臣欽奉
諭旨民政部修訂法律大臣會奏酌擬禁煙條例繕
單呈覽一摺著憲政編查館核覆具奏欽此

軍機大臣署名

臣奕
臣世
臣鹿
臣那
臣戴

九月二十二日

1035

鈐章

宣統元年九月二十四日內閣奉
上諭山東曹州鎮總兵陸建章著開缺來京另候簡
用山東登萊青膠道徐撫辰著開缺送部引見欽此

軍機大臣署名

臣奕假 臣世 臣鹿 臣那 臣戴

1036

鈐章

宣統元年九月二十四日内閣奉

上諭陳夔龍奏布政使患病懇請開缺據情代奏一摺湖北布政使李岷琛著准其開缺欽此

軍機大臣署名

臣奕假 臣世 臣鹿 臣那 臣戴

1037

鈐章

宣統元年九月二十四日内閣奉

上諭增韞奏提學使患病懇請開缺據情代奏一摺浙江提學使支恒榮著准其開缺欽此

軍機大臣署名

臣奕假 臣世 臣鹿 臣那 臣戴

1038

鈐章

宣統元年九月二十四日内閣奉

上諭鹿傳霖著充體仁閣大學士欽此

軍機大臣署名

臣奕假 臣世 臣鹿 臣那 臣戴

1039

鈐章

宣統元年九月二十五日內閣奉

上諭湖北布政使著楊文鼎補授李樹棠著補授湖北按察使欽此

軍機大臣署名

臣奕
臣世
臣鹿
臣那
臣戴

1040

鈐章

宣統元年九月二十五日內閣奉

上諭山東登萊青膠道員缺著徐世光補授欽此

軍機大臣署名

臣奕
臣世
臣鹿
臣那
臣戴

1041

鈐章

宣統元年九月二十五日內閣奉

上諭山東曹州鎮總兵員缺著靳呈雲補授欽此

軍機大臣署名

臣奕
臣世
臣鹿
臣那
臣戴

1042

鈐章

宣統元年九月二十五日內閣奉

上諭外務部右丞梁如浩著開缺所遺右丞著曹汝霖補授左參議著曾述棨轉補右參議著陳懋鼎補授欽此

軍機大臣署名

臣奕
臣世
臣鹿

1043

鈐章

上諭毛慶蕃奏考覈吏治據實糾參一摺甘肅前署海城縣事試用知縣陶崧年貪婪昏縱丈地擾民前調署武威縣事鎮番縣知縣方景周膽大妄為不恤民隱崇信縣知縣史文光謬戾鄙瑣不顧累民碾伯縣知縣楊麟瑞氣習浮誕工於取巧開缺另補前武威縣知縣梅樹南才疏識闇縱差釀命西甯縣典史華廷洵荒謬無恥罔知檢束試用巡檢田瑞麟辦事糊塗形同聾瞶均著即行革職統捐局文案委員試用知州張鳴鸞粗戾任性罔識商艱著以府經縣丞降補該部知道欽此

宣統元年九月二十五日内閣奉

軍機大臣署名

臣那
臣戴
臣奕
臣世
臣鹿

1044

鈐章

上諭浙江提學使著袁嘉穀署理欽此

宣統元年九月二十五日内閣奉

軍機大臣署名

臣那
臣戴
臣奕
臣世
臣鹿
臣那
臣戴

1045

鈐章

上諭直隸清河道員缺著段書雲補授欽此

宣統元年九月二十五日内閣奉

軍機大臣署名

臣奕
臣世

臣鹿
臣那
臣戴

1046
鈐章
軍機大臣欽奉
諭旨學部奏僑民倡設學堂辦有成效請賞給匾額
一摺著依議欽此
軍機大臣署名
臣奕
臣世
臣鹿
臣那
臣戴
九月二十五日

1047
鈐章
軍機大臣欽奉
諭旨學部片奏舉人邱心榮僑居爪島學習專門現
經部試合格請以主事分部補用等語著俟廷試
後再行降旨欽此
軍機大臣署名
臣奕
臣世
臣鹿
臣那
臣戴
九月二十五日

1048
鈐章
軍機大臣欽奉
諭旨會議政務處奏議覆內閣侍讀學士延昌等變
通翰林院官制一摺又奏議覆李稷勳奏變通翰
林院舊制一摺均著依議欽此
軍機大臣署名
臣奕
臣世
臣鹿

九月二十五日

臣那
臣戴

1049

鈐章

宣統元年九月二十六日内閣奉
上諭陸軍部右侍郎廕昌現在丁憂著改為署任仍
著姚錫光署理廕昌俟百日孝滿後仍留出使德
國大臣之任欽此

軍機大臣署名

臣奕
臣世
臣鹿 差
臣那
臣戴

1050

鈐章

軍機大臣 字寄
署江北提督王 宣統元年九月二十九日奉

上諭王士珍奏霜降安瀾一摺本年五月間江北大
雨時行湖河盛漲隄工甚險現在節逾霜降普慶
安瀾著發去大藏香十五枝交王士珍祗領恭詣
大王將軍各廟虔誠祀謝用答
神庥在事出力各員准其擇尤酌保以示鼓勵該
部知道欽此遵
旨寄信前來

軍機大臣署名

臣奕
臣世
臣鹿 差
臣那
臣戴

1051

鈐章

軍機大臣欽奉
諭旨毓朗等奏酌擬變通貴胄法政學堂課程繕單
呈覽一摺又片奏請頒賜大清會典圖書集成各
一部等語著照所請該衙門知道欽此

軍機大臣署名

臣奕

臣世

臣鹿 差

臣那

臣戴

九月二十九日

1052

鈐章

軍機大臣欽奉

諭旨王士珍奏霜降安瀾一摺在事出力各員准其擇尤酌保以示鼓勵該部知道欽此

軍機大臣署名

臣奕

臣世

臣鹿 差

臣那

臣戴

九月二十九日

1053

軍機大臣臣慶親王奕　等謹
奏查本處章京員外郎麟祥補授員外郎已滿二
年照奏定新章擬以郎中升補候補主事盧文
明那維經補額均滿三年照章均擬補主事實
缺翰林院編修楊渭到班已滿一年照章擬銷
去本衙門字様以原官品秩充補本處章京為
此謹
奏宣統元年十月初一日奉
旨知道了欽此

1054

鈐章
宣統元年十月初一日內閣奉
上諭成都將軍馬亮由行伍隨同多隆阿等轉戰陝
甘新疆等處卓著戰功旋經簡授密雲副都統洊
擢將軍宣力有年克勤厥職茲聞溘逝悼惜殊深
加恩著照將軍例賜卹任內一切處分悉予開復
應得卹典該衙門察例具奏靈柩回旗時沿途地
方官妥為照料伊子候選同知廣榮著以知府分
省補用用示篤念藎臣至意欽此

軍機大臣署名
臣奕　臣世　臣鹿　臣那　臣戴

1055

光緒二十六年正月十三日內閣奉
上諭黑龍江將軍恩澤由荆州佐領隨同全順辦理
新疆軍務卓著戰功旋經簡授吉林副都統洊擢
將軍宣力有年克勤厥職茲聞溘逝悼惜殊深著
加恩照將軍例賜卹任內一切處分悉予開復應
得卹典該衙門察例具奏靈柩回旗時沿途地方
官妥為照料伊長孫二品廕生長齡著賞給主事
俟及歲時分部學習行走用示篤念藎臣至意欽此

1056

鈐章
宣統元年十月初一日奉
旨此次查辦文職廢員圈出之溥善丁振鐸同四品

以下圈出各員著吏部帶領引見欽此

軍機大臣署名

臣奕　臣世　臣鹿差　臣那　臣載

1057

鈐章

宣統元年十月初一日奉

旨此次查辦武職廢員圈出之蘇掄元曹春發同三

品以下圈出各員均著陸軍部帶領引見欽此

軍機大臣署名

臣奕　臣世　臣鹿差　臣那　臣載

1058

鈐章

軍機大臣欽奉

諭旨郵傳部奏請賞給洋員寶星一摺著照所請外

務部知道又奏吉長鐵路借款如數收訖從速興

工一片知道了又奏吉長鐵路遴員派充總辦會

辦一片著依議欽此

軍機大臣署名

臣奕　臣世　臣鹿差　臣那　臣載

十月初二日

1059

鈐章

軍機大臣欽奉

諭旨貝勒載洵等奏

崇陵現修工程情形一摺知道了欽此

軍機大臣署名

臣奕

十月初二日

臣世　臣鹿左　臣那　臣戴

1060

鈐章

軍機大臣　字寄

各直省督撫　宣統元年十月初三日奉

上諭本年因甘肅連遭亢旱吉林湖北猝被水災當經分別頒發帑銀並由該督撫等妥籌賑撫其餘奉天湖南廣東福建等省據報偏災亦經先後諭令該督撫等籌辦急賑妥為撫恤小民諒可不至失所惟念來春青黃不接之時民力未免拮据著該督撫等體察情形如有應行接濟之處即著認真查明據實覆奏務於封印以前奏到候朕於新正降旨加恩此外各該省有無被災地方應行調劑之處並著一體查明具奏該督撫等務當痛除積習飭屬確查不得稍有捏飾以副朝廷實惠及民之至意將此通諭知之欽此遵

旨寄信前來

原件寄直督另鈔分寄各督撫

軍機大臣署名

臣奕　臣世　臣鹿　臣那　臣戴

1061

鈐章

宣統元年十月初三日內閣奉

上諭宗人府印鑰著派慶親王奕劻暫行佩帶欽此

滿屋繕旨

軍機大臣署名

臣奕　臣世　臣鹿左　臣那　臣戴

1062

鈐章

軍機大臣欽奉

諭旨給事中涂國盛奏鄂境粵漢川漢鐵路均應仍
照原奏集股興修一摺著度支部郵傳部知道欽此

軍機大臣署名

鈐章著名原件交度支部

臣奕 臣世 臣鹿 臣那 臣戴

十月初三日

1063

鈐章

宣統元年十月初四日內閣奉

上諭貴州貴陽府知府員缺緊要著該督撫於通省
知府內揀員調補所遺員缺著文瀛補授欽此

軍機大臣署名

臣奕 臣世

臣鹿 臣那 臣戴

1064

鈐章

宣統元年十月初四日內閣奉

上諭沈秉堃奏雲南署平彝縣准補新平縣知縣陳
策賢辦理禁煙不遵定章自私自利卸辦羅平釐
金試用典史傅明賢抽釐舞弊確有贓私均著即
行革職傅明賢贓款並著嚴行追究卸辦平彝釐
金即用班補用知縣楊寬卸辦陸涼釐金即用班
補用知縣曹瀛於司巡舞弊毫無覺察均屬庸懦
無能惟係正途出身文理尚優俱著以教職歸部
銓選餘著照所議辦理該部知道欽此

軍機大臣署名

臣奕 臣世 臣鹿 臣那 臣戴

1065

鈐章

宣統元年十月初四日內閣奉

上諭前據御史胡思敬奏疆臣嗜酒廢事貪黷營私
並貴陽府知府謝文翹縱子行兇嫉民如仇各摺
片當經諭令沈秉堃確查具奏茲據查明奏稱貴
州巡撫龐鴻書被參各款查無實據惟嚴於律己
馭下未免稍寬等語龐鴻書被參各款既無實據
著免其置議該撫身任疆寄嗣後務當振刷精神
於行政用人力求整飭儻敢因循敷衍斷難稍示
姑容貴州貴陽府知府謝文翹雖無縱子行兇等
事惟性情謬戾不恤人言署天柱縣知縣印江縣
知縣鄒毅洪居心殘忍辦事欺飾按察司照磨劉
名晉揑稟移局致釀重案均著即行革職試用知
府李祖章查無實在劣迹著俟起復回省後隨時
查看候選通判劉澤沛物議滋多著勒令回籍宗
彝呂聯奎辦理學務尚能認真著免其置議什長
聶紹初著飭鄒毅洪交案審辦歲貢生蕭堉熙著
地方官嚴加管束餘著照所議辦理該部知道欽此

軍機大臣署名

臣奕　臣世　臣鹿左　臣那　臣戴

1066

鈐章

宣統元年十月初五日內閣奉

上諭肅親王善耆等奏承差不力據實糾參一摺
孝欽顯皇后梓宮永遠奉安典禮至為重要承辦各員
應如何恪恭將事以昭誠敬乃馬蘭鎮總兵恩霖
事前毫無預備實屬咎無可辭內務府郎中文蔭
於應行典禮漫不經心尤屬異常疏忽恩霖文蔭
均著交部嚴加議處欽此

軍機大臣署名

臣奕假　臣世　臣鹿左

臣那
臣戴

1067
鈐章
軍機大臣欽奉
諭旨肅親王善耆現在有差
孝欽顯皇后升祔
太廟恭請
穆宗毅皇帝神牌之差著改派禮親王世鐸欽此
軍機大臣署名
臣奕
臣世
臣鹿 差
臣那
臣戴
十月初七日

1068
鈐章
軍機大臣欽奉
諭旨都察院代奏翰林院侍講李經畬等呈稱已故五品卿銜山西即用知縣汪宗沂經學卓越請宣付史館立傳並將經學書四種進呈一摺著將所著書交南書房閱看後再行請旨欽此
軍機大臣署名
臣奕
臣世
臣鹿 差
臣那
臣戴
十月初七日

1069
鈐章
宣統元年十月初八日內閣奉
上諭本年九月二十七日
孝欽顯皇后梓宮奉移
菩陀峪
定東陵永遠奉安禮成後恭奉
神牌黃輿還京業經降旨將沿途經過之大輿等五州

縣本年錢糧及各項旗租全行蠲免惟現當麥苗
茁發之時所有由京至遵化州一帶經過地方除
隙地不計外凡有平毀麥田者著再加恩每畝賞
給銀一錢俾農民藉資補助即於直隸藩庫節年
耗羨款內動支給領覈實報銷欽此

軍機大臣署名

臣奕 臣世 臣鹿 臣那 臣戴

1070

鈐章

宣統元年十月初八日內閣奉

上諭連日恭請

隆裕皇太后輪之鑾輿衛校尉著加恩每名賞給一兩

重銀錁一箇由廣儲司給發欽此

軍機大臣署名

臣奕

臣世 臣鹿 臣那 臣戴

1071

鈐章

宣統元年十月初八日內閣奉

上諭

隆裕皇太后恭送

孝欽顯皇后梓宮奉安

山陵直隸官員辦理一切差務均屬妥協除總督端方

外辦差文武員弁著加恩各賞加一級所有沿途

當差兵丁著加恩賞給一月錢糧該部知道欽此

軍機大臣署名

臣奕 臣世 臣鹿 臣那 臣戴

1072

鈐章

宣統元年十月初八日内閣奉

上諭恭送

孝欽顯皇后梓宫並隨扈

隆裕皇太后之陸軍部派出兵丁等着每名賞給半箇

月餉銀由陸軍部照數發給欽此

軍機大臣署名

臣奕 臣世 臣鹿 臣那 臣載

1073

鈐章

宣統元年十月初八日内閣奉

上諭九月二十七日奉移

孝欽顯皇后梓宫所有修道之步甲着每名賞給半月

錢糧欽此

軍機大臣署名

1074

鈐章

宣統元年十月初八日内閣奉

上諭鑾輿衛恭請

孝欽顯皇后小昇舉之校尉及内務府雇備夫役俱着

加恩每名賞銀一兩由廣儲司給發欽此

軍機大臣署名

臣奕 臣世 臣鹿 臣那 臣載

臣奕 臣世 臣鹿 臣那 臣載

1075

鈐章

宣統元年十月初八日内閣奉

上諭

孝欽顯皇后梓宮奉安

山陵沿途恭請

大轝之直隸僱備民夫著加恩賞銀八千兩在廣儲司

動支由端方分別給領欽此

軍機大臣署名

臣奕 臣世 臣鹿 臣那 臣載

1076

鈐章

宣統元年十月初八日内閣奉

上諭恭送

孝欽顯皇后梓宮之王公幷隨扈

隆裕皇太后之御前乾清門各員均著賞加一級欽此

軍機大臣署名

臣奕 臣世 臣鹿 臣那 臣載

1077

鈐章

宣統元年十月初八日内閣奉

上諭

孝欽顯皇后奉安

山陵所有各營派出

鑾殿管營各官已有旨均賞加一級其

鑾殿管營大臣兜欽達賚蘇嚕岱著加恩再各賞加一

級其所管該營兵丁均著賞給半月錢糧欽此

軍機大臣署名

臣奕 臣世 臣鹿

1078

鈐章

宣統元年十月初八日内閣奉

上諭本月初四日

孝欽顯皇后梓宮永遠奉安

地宮大禮告成在事諸臣敬謹襄辦妥協周詳允宜仰體

慈懷特加恩敘所有隨入

地宮之禮親王世鐸肅親王善耆莊親王載功順承郡

王訥勒赫貝勒載潤貝子溥倫喀爾沁公博迪蘇

協辦大學士榮慶陸潤庠農工商部尚書溥頲内

務府大臣奎俊景豐禮部左侍郎景厚均著賞加

二級欽此

軍機大臣署名

臣奕 臣世 臣鹿 臣那 臣戴

臣那 臣戴

1079

鈐章

宣統元年十月初八日内閣奉

上諭本月初四日敬題

孝欽顯皇后神主之協辦大學士榮慶大學士鹿傳霖

齋肅潔誠恪恭將事榮慶著賞加太子少保銜鹿

傳霖著賞加太子太保銜欽此

軍機大臣署名

臣奕 臣世 臣鹿 臣那 臣戴

1080

鈐章

宣統元年十月初八日内閣奉

上諭

隆裕皇太后恭送

孝欽顯皇后梓宮永遠奉安

山陵禮成後恭奉

神牌黃輿還京沿途經過地方百姓追思
德澤哀慕孔殷允宜特沛恩施以示軫恤所有大輿通
州三河薊州遵化五州縣經過地方應徵本年錢
糧著全行蠲免其應徵本年各項旗租並著一體
蠲免順天府府尹直隸總督速即刊刻謄黃徧行
曉諭俾閭閻均霑實惠該部即遵諭行欽此

軍機大臣署名

臣奕　臣世　臣鹿　臣那　臣載

1081

鈐章

宣統元年十月初八日内閣奉
上諭本月初四日
孝欽顯皇后梓宮永遠奉安
菩陀峪
定東陵在事王大臣均能恪恭將事謹慎無愆所有恭
辦喪禮之恭親王溥偉肅親王善耆順承郡王訥
勒赫都統喀爾沁公博迪蘇協辦大學士榮慶陸
潤庠尚書溥頲總管内務府大臣奎俊景豐禮部
左侍郎景厚均著各賞加三級除民政部堂官善
耆禮部堂官景厚均經賞加三級外民政部侍郎
烏珍林紹年察哈爾都統前禮部尚書溥良禮部
尚書葛寶華侍郎郭曾炘及承辦喪禮之内務府
堂司各官暨民政部禮部司官辦理一切悉臻妥
協均各賞加二級並著恭辦王大臣及該堂官查
照成案酌量保奏候旨施恩各營派出
蘆殿管營等官均各賞加一級恭送
梓宮及隨從
皇太后赴
陵之文武大小官員侍衛章京等並守護
陵寢貝勒載瀛公壽全均著賞加一級隨從
皇太后之各營兵丁均賞給半月錢糧以示朕推廣仁
施至意該部知道欽此

軍機大臣署名

1082

鈐章

軍機大臣欽奉

諭旨恭備

孝欽顯皇后梓宮奉移差務之民政部丞參廳丞禮部

丞參步軍統領衙門堂司各官除已加恩外餘均

賞加二級欽此

臣奕 臣世 臣鹿 臣那 臣載

軍機大臣署名

臣奕 臣世 臣鹿 臣那 臣載

十月初八日

1083

鈐章

宣統元年十月初八日內閣奉

上諭李國杰奏據實糾參大員一摺

孝欽顯皇后梓宮永遠奉安

山陵禮節隆重應差各員宜如何敬謹將事乃直隸總

督端方沿途派人照相初三日舉行遷奠禮焚化

冠服時該督乘輿橫衝

神路而過又於風水牆內借行樹為電桿等語實屬恣

意任性不知大體直隸總督端方著交部議處欽此

軍機大臣署名

臣奕 臣世 臣鹿 臣那 臣載

1084

鈐章

軍機大臣欽奉

諭旨大學士鹿傳霖奏

景陵東配殿等處要工接續完竣一併驗收一摺又奏
驗收
裕陵聖德神功碑亭工程一片又奏請將承修
景陵隆恩殿等處暨
裕陵聖德神功碑亭各工餘款撥歸内閣
實錄紅本大庫工程應用一片均著依議欽此
軍機大臣署名
臣奕 臣世 臣鹿 臣那 臣戴
十月初八日

1085

滿頭班
花翎二品銜領班三品章京英秀
花翎二品銜幫領班四品章京文年
三品銜 記名道府章京郎中榮元
先換頂戴在任即選知府章京郎中麟祥
花翎三品銜章京侍讀裕銘

章京候補員外郎伊密揚阿
花翎四品銜額外章京理藩部員外郎存瑞
花翎三品銜在任即選道額外章京上行走鍾佩
漢頭班
花翎領班三品章京劉穀孫
花翎領班章京上行走候補五品京堂楊壽樞
幫領班四品章京胡彤恩
三品銜章京員外郎劉慶篤
花翎四品銜章京主事趙國良
四品銜章京主事張潤
四品銜章京主事宋子聯
三品銜章京 記名繁缺知府郎中楊芾
花翎員外郎銜額外章京原工部候補主事曾文玉
花翎四品銜額外章京 記名道府民政部郎中舒鴻貽
額外章京翰林院編修黄彥鴻
滿二班
花翎署理領班三品章京聯綬
花翎三品銜幫領班四品章京成俊
花翎三品頂戴章京郎中榮全

花翎三品銜　記名道府即選知府章京郎中常泰
四品銜章京主事鴻恩
四品銜章京候補主事興康
四品銜章京員外郎星輅
章京錄事官松海
漢二班
二品銜領班三品章京易貞
幫領班四品章京趙廷珍
三品銜　記名道府幫領班章京上行走徐宗溥
三品銜章京　記名繁缺知府郎中孫筍經
三品頂戴章京員外郎陳鴻莫
四品銜章京主事盧文明
四品銜章京主事邢維經
四品銜章京候補主事徐廣恩
三品頂戴章京員外郎萬雲路
章京主事雷延壽
四品銜章京編修楊渭

1086

鈐章

宣統元年十月初十日奉
旨本月初九日
孝欽顯皇后升祔禮成所有
太廟讀祝官景明贊引官常清典容官瑞鐸唱樂官德
祿著各紀錄三次獻帛爵之宗室章京載熙惠普
毓照載霞崧雄溥棠聯福毓佑廷慶瑞亮載岳毓
盈德岫安齡玉通恩鈺恆圻毓錦善岫溥崟溥凱
松瑞春元恩棻毓樸毓杲祥增載鈺載岭興瑞載
莊棻昌恩厚溥霱溥霖載勵益秀扎朗阿溥陽毓
英載勃載煒盛昆等四十三員並著各紀錄二次
欽此

軍機大臣署名
臣奕　臣世　臣鹿　臣那　臣戴

1087

鈐章

宣統元年十月初十日內閣奉

上諭恭送

神牌黃輿回京之王公大臣均着賞加一級各旗營派

出護送官員着一併賞加一級兵丁着賞給半月

錢糧其沿途恭請

黃輿之鑾輿衛校尉五百四十八名着每名賞給一兩

重銀錁一箇由廣儲司支領欽此

軍機大臣署名

臣奕 臣世 臣鹿 臣那 臣戴

1088

鈐章

宣統元年十月初十日奉

旨成都將軍着玉崑補授欽此

人奉

旨涼州副都統着恩志調補欽此

軍機大臣署名

臣奕 臣世 臣鹿 臣那 臣戴

滿屋給

旨

1089

鈐章

軍機大臣欽奉

諭旨會議政務處奏議覆趙爾巽電奏成都將軍權

限一摺着依議欽此

軍機大臣署名

臣奕 臣世 臣鹿 臣那 臣戴

十月初十日

1090

鈐章

宣統元年十月十一日内閣奉
上諭本年湖北大水爲災業經頒發帑銀飭令妥籌
賑撫茲據陳夔龍電奏沔陽五州縣八月間襄水
復漲田禾重遭淹浸受災奇重等語若將應徵錢
漕照常徵收民力實有未逮加恩著照所請所有
沔陽江陵公安石首監利五州縣應徵本年錢糧
漕米蘆課屯餉等項一律停徵並著將光緒三十
四年分原緩銀米遞緩一年徵收其餘被災較輕
各州縣仍飭屬勘查實收分數分别應徵應緩奏
明辦理該督即刊刻謄黄遍行曉諭務使實惠均
霑毋令吏胥舞弊用副朝廷軫念民艱至意該部
知道欽此
軍機大臣署名
臣奕 臣世 臣鹿 臣那 臣戴

1091

鈐章

宣統元年十月十一日内閣奉
上諭此次驗放陸軍部游學畢業生考列優等之王
風清長青丁慕韓孫國英沈同午張榮光胡謙楊
廷溥林肇民陳乾車駕龍穆恩堂劉宗紀景斌紹
祺朱啟弈馮衡均著賞給陸軍步兵科舉人並授
副軍校張炳標楊志澄吳和宣殷承瓛林文琪均
著賞給陸軍工兵科舉人並授副軍校李鐸張奠
鵬張鳳翽汪鎬基均著賞給陸軍馬兵科舉人並
授副軍校朱綬光簡業敬得全温壽泉蘇渙岡葉
秉甲童錫良陳時彦史秉直均著賞給陸軍礮兵
科舉人並授副軍校考列上等之萬德尊王肇基
厲爾康歐陽武鍾體乾秉鉞黄國樑印榮志元官
其彬張華輔陳晉楊邦藩何成濬周駿陳強劉祖
武梁廣謙孔昭度謝昭吳藻華劉存厚寓什圖覃
鎣欽蒲鑑蔣蔭曾劉國棟李孔嘉邱志龍榮宣彭
道成劉成梅焯敏譚瀛仇亮戈寶琛趙士槐何佩
瑢楊文愷胡百鍊莫擎宇程子楷馬名驥林夬蔣
國經夏占奎鄭長垣葉成林石鐸閆錫山盧焕吳

劍學尹昌衡謝武焯李萬祥黃金桂紀堪頤余英
華孫傳芳沈靖劉春臺石星川張瑜姚以价連城
李致梁王振楊曾蔚棻焜劉汝贊炳炎崇恭張一
爵王兆翔王裕光喬煦胡萬泰蔡紹忠潘志岵鄭
開文梅馨張濟元高聲震李德瑚王璇李瑞坤均
著賞給陸軍步兵科舉人並授協軍校李實茂趙
恆惪譚學夔唐繼堯楊尚志陳元泳陳毅丁緒餘
蕭奇斌王相楚春眷周蔭人涂永鍾鼎基韓麟春
李烈鈞孫永安泰覺顧祥麟馬林武滋榮高兆華
李煥章葛光廷張國威松俊哲筠劉虎臣田過東
王寶善周宗祥楊祖謙張耀姚家振金榮藩均著
賞給陸軍礮兵科舉人並授協軍校韓鳳樓袁宗
翰劉家佺陳其蔚梁心田董紹祺禧光成炳榮危
道豐徐家瑢王永泉余鶴松朱先志吳樂三陳宏
萼劉洪基華世中李任羅焯均著賞給陸軍工兵
科舉人並授協軍校張鵾翎耿覲文許烈壇綏生
李顯謨陳模羅虔王樹榕林仲墉傅鑫鄒致權盧
香亭張學騫張九維金鳳巢張維清唐豸馬開崧
錫琨魏邦屏李衡歐陽幹劉法坤均著賞給陸軍

馬兵科舉人並授協軍校蕭祖康陳其善焦純禮
江雋楊集祥徐定清劉乃勳吳炳元均著賞給陸
軍輜重兵科舉人並授協軍校考列中等之梁訓
勤徐朔杜澐張厚德均著賞給陸軍礮兵科舉人
並以協軍校記名補用吳元鈞著賞給陸軍馬兵
科舉人並以協軍校記名補用謝家琛著賞給陸
軍輜重兵科舉人並以協軍校記名補用恩錫左
全忠王陞中王文卿程經邦均著賞給陸軍步兵
科舉人並以協軍校記名補用該部知道欽此

軍機大臣署名

臣奕 臣世 臣鹿 臣那 臣戴

1092

鈐章

宣統元年十月十一日內閣奉

上諭吏部奏遵議大員處分一摺直隸總督端方著

照部議即行革職欽此

軍機大臣署名

臣奕　臣世　臣鹿　臣那　臣戴

1093

鈐章

宣統元年十月十一日内閣奉

上諭吏部陸軍部奏遵議總兵司員處分一摺馬蘭
鎮總兵恩霖内務府郎中文蔭均著照部議即行
革職欽此

軍機大臣署名

臣奕　臣世　臣鹿　臣那　臣戴

1094

鈐章

宣統元年十月十一日内閣奉

上諭直隸總督兼北洋大臣著陳夔龍調補未到任
以前著崔永安暫行護理欽此

軍機大臣署名

臣奕　臣世　臣鹿　臣那　臣戴

1095

鈐章

宣統元年十月十一日内閣奉

上諭湖廣總督著瑞澂署理江蘇巡撫著寶棻調補
丁寶銓著補授山西巡撫欽此

軍機大臣署名

臣奕　臣世　臣鹿

1096

上諭山東巡撫著孫寶琦補授欽此

鈐章

宣統元年十月十一日内閣奉

軍機大臣署名

臣那

臣戴

1097

上諭馬蘭鎮總兵兼總管内務府大臣著耆齡補授

欽此

鈐章

宣統元年十月十一日内閣奉

軍機大臣署名

臣奕

臣世

臣鹿

臣那

臣戴

1098

諭旨内閣侍讀學士甘大璋奏川鹽産旺銷隘淮鹽

銷廣産缺宜變通引界以暢川銷而濟淮絀一摺

著度支部妥議具奏欽此

鈐章

軍機大臣欽奉

軍機大臣署名

十月十二日

臣世

臣鹿

臣那

臣戴

1099

鈐章

宣統元年十月十二日内閣奉

臣奕

臣世

臣鹿

臣那

臣戴

上諭山西布政使著志森補授王慶平著補授山西
按察使浙江鹽運使著衛吉補授欽此
軍機大臣署名
臣奕 臣世 臣鹿 臣那 臣戴

1100
鈐章
軍機大臣欽奉
諭旨本日吏部帶領引見之溥善丁振鐸張翼著於
本月十三日起每日一員預備召見欽此
軍機大臣署名
臣奕 臣世 臣鹿 臣那 臣戴
十月十二日

1101
十月十二日引
見人員
外務部八人
吏部三人
陸軍部十六人
鑲黃旗漢軍四人
共三十一人

1102
查本處章京候補主事徐廣恩補額已滿三年
照奏定新章擬請補實缺主事為此謹
奏宣統元年十月十三日奉
旨知道了欽此

1103
鈐章
宣統元年十月十三日內閣奉
上諭前奉
先朝諭旨諄諄以籌備立憲為要圖業經嚴定年限各
專責成期於計日程功屆時頒布不啻三令五申
朕臨御以來又復疊降明諭或於批摺內諄誡再

三其於憲政前途實事求是之心早為天下臣民
所共見現據各部院堂官暨各直省督撫奏陳第
一二屆籌備事宜均尚妥協果能實心實力次第
興辦何難日起有功所慮積習相沿難保無但以
一奏塞責者須知此項要政上稟
前謨下慰民望關繫至為重大自茲以往益當振刷精
神認真整飭無取乎虛文粉飾徒事鋪張若捨諸
現在情形辦理或有窒礙亦准其剴切臚陳並妥
籌善法仍一面持以毅力務底於成斷不可遇事
畏難互相諉過方今時事多艱朝廷宵旰憂勞無
時或息爾內外諸臣受國厚恩理宜殫竭血誠擔
負責任儻稍涉虛假將來憲政不克依限實行試
問能當此重咎否即即著憲政編查館將所奏成
績隨時稽覈如查有措辦遲逾或因循敷衍毫無
實際者據實參奏朕惟有懍遵上年八月初一日
諭旨按照溺職例懲處紀綱具在決不姑寬要之仔肩
固無旁貸而協力乃克有成尤望爾內外諸臣共
矢和衷屏除私見毋黨同而伐異毋勤始而怠終

1104
庶幾上下一心蔚成郅治朕心實嘉賴焉將此通
諭知之欽此
軍機大臣署名
臣奕 臣世 臣鹿 臣那 臣戴

1105
鈐章
宣統元年十月十三日內閣奉
上諭馬蘭鎮總兵耆齡未到任以前著載瀛暫行署
理欽此
軍機大臣署名
臣奕 臣世 臣鹿 臣那 臣戴

1106

鈐章

軍機大臣欽奉

諭旨理藩部奏查明故漢扎薩克郡王出缺無嗣亦
無親兄弟應行遴選承襲聲明例案請旨辦理一
摺着依議欽此

軍機大臣署名

臣奕 臣世 臣鹿 臣那 臣戴

十月十三日

1107

交吏部 陸軍部 軍機大臣欽奉

諭旨一等子爵兼騎都尉又一雲騎尉悚發廣西知
府李長祿度支部員外郎一等男爵劉朝仰一等
男爵蕭年玉均着預備召見欽此希即查明各該
員是否在京咨報本處以憑辦理此交

十月十三日

1108

鈐章

宣統元年十月十四日内閣奉

上諭憲政編查館會奏覆覈各省州縣事實分別勸
懲開單呈覽一摺着依議行各省州縣事實原以
考覈吏治鼓勵人才乃近來各督撫所開事實詳
覈者固多而疏略者在所不免於諸事理殊難憑
信似此積習相沿實於憲政前途大有妨礙即如
巡警一項所報事實或僅寥寥數名或尚未經舉
辦餘事可以類推定限綦嚴豈容任意諉飾着各
督撫查照歷次奏定章程認真辦理務將事實表
册據實造報嚴定等第毋得稍涉虛濫致負朝廷
實事求是之至意該衙門知道單併發欽此

軍機大臣署名

臣奕 臣世 臣鹿 臣那 臣戴

1109

鈐章

宣統元年十月十四日內閣奉

上諭庫倫辦事大臣延祉因病懇請開缺一摺延祉

著准其開缺欽此

滿屋繕旨

軍機大臣署名

臣奕　臣世　臣鹿　臣那　臣戴

1110

鈐章

軍機大臣欽奉

諭旨憲政編查館奏考覈提法使官制繕單呈覽一

摺著依議欽此

軍機大臣署名

臣奕　臣世　臣鹿

十月十四日

臣那　臣戴

1111

鈐章

宣統元年十月十五日內閣奉

上諭十一月初十日冬至大祀

天於

圜丘遣豫親王懋林恭代行禮

四從壇派德茂錫露榮整德壽各分獻欽此

軍機大臣署名

臣奕　臣世　臣鹿　臣那　臣戴

1112

宣統元年十月十五日內閣奉

上諭

監國攝政王面奉

隆裕皇太后懿旨十一月初三日崇上徽號是日皇帝
在宮內行禮王大臣着在
慈甯宮行禮三品以下文武百官着在午門行禮在外
公主福音命婦均着進內行禮欽此

鈐章　軍機大臣署名

臣奕　臣世　臣鹿　臣那　臣戴

黄　而黄來

1113

鈐章

宣統元年十月十五日內閣奉
上諭張人駿等電奏蘇屬溧陽等縣冬賑需款籲懇
恩施等語本年溧陽金壇荆溪宜興四縣被災奇
重且頻年災祲倉穀空虛元氣未復餘如丹徒丹
陽震澤等處同受偏災現在節屆隆冬饑民待哺
朝廷殊深憫惻加恩着賞給帑銀三萬兩由度支
部給發該督等即派委妥員按照所屬災區查明
戶口災情輕重分別散放務使實惠均霑毋任失
所用副朝廷軫念災黎至意餘着照所議辦理該
部知道欽此

軍機大臣署名

臣奕　臣世　臣鹿　臣那　臣戴

1114

鈐章

軍機大臣欽奉
諭旨禮部奏崇上
皇太后徽號恭進奏書等日王公百官入內奏事及在
署辦事服色一摺十一月初三日均穿補褂掛朝
珠初二初四日應穿貂褂者穿貂褂掛朝珠不應
穿貂褂者常服掛朝珠欽此

軍機大臣署名

臣奕

黃面黃本

十月十五日

臣世 臣鹿 臣那 臣戴

1115

鈐章

宣統元年十月十六日內閣奉

上諭溥善著以內閣學士用丁振鐸著以侍郎候補

張翼著賞還頭品頂戴以三品京堂用欽此

軍機大臣署名

臣奕 臣世 臣鹿 臣那 臣戴

1116

鈐章

宣統元年十月十六日內閣奉

上諭本日引見一品廕生前陸軍貴胄學堂畢業考

列上等之松者著以陸軍部郎中補用二品廕生

前陸軍貴胄學堂畢業考列上等之常麟著以陸

軍部員外郎補用欽此

軍機大臣署名

臣奕 臣世 臣鹿 臣那 臣戴

1117

鈐章

宣統元年十月十六日內閣奉

上諭署江西提學使林開謩著開去提學使署缺以

道員發往南洋交張人駿差遣委用欽此

軍機大臣署名

臣奕 臣世 臣鹿

臣那
臣戴

1118

鈐章
宣統元年十月十六日內閣奉
上諭江西提學使著湯壽潛補授欽此
軍機大臣署名
臣奕 臣世 臣鹿 臣那 臣戴

1119

鈐章
軍機大臣欽奉
諭旨御史崇芳奏京城警政漸不如前請飭下民政
部加力整頓一摺京師地方繁盛警務關繫重要
若如該御史所奏殊屬不成事體著民政部嚴飭
內外城廳於各區巡警認真督察力求整頓以重
警政而保治安欽此
軍機大臣署名
臣奕 臣世 臣鹿 臣那 臣戴
十月十六日

1120

鈐章
軍機大臣欽奉
諭旨雲南按察使湯壽潛奏敬陳標本治法以資採
擇一摺著會議政務處議奏欽此
軍機大臣署名
臣奕 臣世 臣鹿 臣那 臣戴
十月十六日

1121

鈐章

軍機大臣欽奉

諭旨大學士鹿傳霖奏遵保

景陵隆恩殿等處要工出力人員開單呈覽一摺著依

議該部知道單二件併發欽此

軍機大臣署名

臣奕 臣世 臣鹿 臣那 臣戴

十月十六日

1122

硃。旨著交軍機處存記

卓異官在任儘先補用道山東德州知州楊學淵

1123

硃。旨著以陸軍部郎中補用

一品廕生貴胄學堂畢業生松者

旨著以三等侍衛用

二品廕生貴胄學堂畢業生常麟

。旨著以陸軍部員外郎補用

旨著以三等侍衛用

1124

十月十六日引

見人員

吏部二十五人

陸軍部四人

郵傳部二十人

鑲藍旗滿洲二人

上駟院二人

共五十三人

1125

軍機大臣 字寄

直隸總督陳 宣統元年十月十七日奉

上諭端方業經革職不應陳奏事件所有摺片十一

件著發交陳夔龍覈覆具奏欽此遵

旨寄信前來

軍機大臣署名

臣奕

1126

鈐章

宣統元年十月十七日内閣奉

上諭雲南按察使着秦樹聲補授欽此

軍機大臣署名

臣世 臣鹿 臣那 臣戴

1127

鈐章

宣統元年十月十七日内閣奉

上諭雲南昭通府知府員缺着聶寶琛補授欽此

軍機大臣署名

臣奕 臣世 臣鹿 臣那 臣戴

1128

雲南昭通府知府員缺請

旨簡放

臣奕 臣世 臣鹿 臣那 臣戴

1129

鈐章

軍機大臣欽奉

諭旨都察院代奏候選道前署江西廣豐縣知縣王

萬育條陳一件着會議政務處知道欽此

軍機大臣署名

臣奕 臣世 臣鹿 臣那 臣戴

十月十七日

1130

鈐章

宣統元年十月十八日内閣奉
上諭現在天氣漸寒所有食餉之閒散宗室覺羅人
等生計維艱殊堪軫念著加恩賞給一月錢糧其
宗室覺羅孤寡除有恩賞錢糧外著再加賞半月
錢糧以示體恤欽此

軍機大臣署名

臣奕 臣世 臣鹿 臣那 臣載

1131

鈐章

宣統元年十月十八日内閣奉
上諭現在天氣漸寒京師兵丁當差勤苦殊深軫念
所有八旗及綠步各營官兵均著加恩賞給半月
錢糧以示體恤欽此

軍機大臣署名

1132

鈐章

宣統元年十月十八日内閣奉
上諭大學士孫家鼐品學純正志慮忠誠由翰林受
先朝特達之知入直上書房屢掌文衡得人稱盛條陳
大計持論閎通光緒四年欽奉
懿旨命在毓慶宮授讀兼祧
皇考德宗景皇帝恩禮優加洊擢正卿晉登揆席前因
創立學務授為管理大臣於一切應辦事宜擘畫
周詳規模正大前年設立資政院簡任總裁釐訂
章程悉臻妥洽朕御極後眷顧老成深資倚畀嗣
因患病屢請開缺疊經賞假並賞給人葠以資調
攝方冀永享遐齡長資輔弼茲聞溘逝悼惜殊深
著賞給陀羅經被派貝勒毓朗帶領侍衛十員前

臣奕 臣世 臣鹿 臣那 臣載

往奠醊加恩予謚文正晉贈太傅照大學士例賜
卹入祀賢良祠賞銀三千兩治喪由廣儲司給發
任內一切處分悉予開復應得卹典該衙門察例
具奏靈柩回籍時沿途地方官妥為照料伊子陸
軍部郎中孫傳棨著以四品京堂補用伊孫一品廕
生孫多墢孫多熾均著以郎中分部補用用示篤
念藎臣至意欽此

軍機大臣署名

臣奕 臣世 臣鹿 臣那 臣戴

1133

鈐章

宣統元年十月十八日內閣奉
上諭陸潤庠著充翰林院掌院學士欽此

軍機大臣署名

臣奕

1134

應
派翰林院掌院學士名單

陸潤庠
戴鴻慈
徐世昌
張英麟

臣世 臣鹿 臣那 臣戴

1135

鈐章

宣統元年十月十八日內閣奉
上諭江西提學使湯壽潛奏瀝述下情懇請收回成
命一摺覽奏具見孝思惟江西學務重要該員學
問素優正資整頓且就近迎養亦屬甚便著仍遵
前旨赴任勿庸固辭欽此

軍機大臣署名

臣奕 臣世 臣鹿 臣那 臣戴

1136

鈐章

軍機大臣欽奉

諭旨陸潤庠等奏閱看汪宗沂所著經學書四種潛研古訓篤守師承洵屬經學卓越等語已故五品卿銜山西即用知縣汪宗沂著宣付史館立傳欽此

軍機大臣署名

臣奕 臣世 臣鹿 臣那 臣戴

十月十八日

1137

同治十年四月二十二日內閣奉

上諭大學士倭仁學術純正志慮忠誠受

先朝知遇之隆由翰林洊躋卿貳

特恩命直上書房旋授盛京侍郎均能恪恭盡職朕御

極之初蒙兩宮

皇太后簡用耆碩擢任正卿旋晉綸扉並命在弘德殿

授讀朝夕納誨於茲十年深資啟沃前因患病屢

請開缺疊經賞假並賞給人葠以資調攝遽聞溘

逝悼惜良深披覽遺章於修齊治平之道敷陳剴

切語不及私閱之尤深悽愴著賞給陀羅經被派

貝勒奕劻帶領侍衛十員即日前往奠醊加恩晉

贈太保照大學士例賜卹入祀賢良祠任內一切

處分悉予開復應得卹典該衙門察例具奏伊子

廣東候補同知福綸著俟服闋後以同知留於該

省即補理藩部員外郎福裕著俟服闋後以該衙

門郎中補用伊孫戶部候補員外郎衡峻著以本

部員外郎即補衡瑞著賞給舉人准其一體會試

衡齡著賞給主事衡珊衡琪均著賞給內閣中書

用示篤念耆臣至意欽此

1138 光緒二十三年七月初三日內閣奉
上諭協辦大學士吏部尚書李鴻藻守正不阿忠清
亮直由翰林荷
先朝特達之知入直上書房同治元年欽奉
懿旨在弘德殿授讀
穆宗毅皇帝恩禮優加洊擢卿貳簡授軍機大臣朕御
極後晉贊綸扉先後三十餘年辦理一切事宜殫
盡精詳殫心竭力前因患病疊次賞假諭令安心
調理方冀醫治就痊長資倚畀遽聞溘逝悼惜良
深著賞給陀羅經被派貝勒載濂帶領侍衛十員
即日前往奠醊加恩予謚文正晉贈太子太傅照
大學士例賜卹入祀賢良祠任內一切處分悉予
開復應得卹典該衙門查例具奏靈柩回籍時並
著沿途地方官妥為照料伊子刑部員外郎李焜
瀛一品蔭生李煜瀛均著賞給郎中伊孫李宗侗
賞給舉人准其一體會試用示篤念藎臣至意欽此

1139 鈐章
宣統元年十月十九日內閣奉
上諭鹿傳霖著充稽察欽奉上諭事件處欽此
軍機大臣署名
臣奕 臣世 臣鹿 臣那 臣戴

1140 應
派稽察欽奉
上諭事件處漢大學士名單
大學士鹿傳霖

1141 鈐章
宣統元年十月十九日內閣奉
上諭鹿傳霖著充國史館總裁林紹年著充國史館
副總裁欽此
軍機大臣署名
臣奕

臣世 臣鹿 臣那 臣戴

1142

應

派國史館正總裁名單

大學士世

大學士那

大學士鹿 現充國史館副總裁

協辦大學士吏部尚書陸潤庠 現充國史館副總裁

尚書戴

民政部尚書善耆

度支部尚書載澤

陸軍部尚書鐵良

法部尚書廷杰

農工商部尚書溥頲

郵傳部尚書徐世昌

理藩部尚書壽耆

都察院都御史張英麟

1143

應

派國史館副總裁名單

吏部左侍郎唐景崇

民政部右侍郎林紹年

度支部左侍郎紹英

禮部左侍郎景厚

學部左侍郎嚴修

右侍郎寶熙

陸軍部左侍郎壽勳

法部左侍郎紹昌

署農工商部左侍郎熙彥

理藩部左侍郎達壽

右侍郎恩順

1144

鈐章

宣統元年十月二十日内閣奉

上諭浙江衢州鎮總兵著沈大龍調補何祥麟著補
授温州鎮總兵欽此

軍機大臣署名

臣奕 臣世 臣鹿 臣那 臣戴

1145

鈐章

軍機大臣欽奉

諭旨郵傳部奏湖北賑糶米捐備還粤漢鐵路本息
暨充鐵路經費請飭該省仍照原案支付一摺著
度支部妥議具奏又奏請由部隨時前往各路察
看一片著依議欽此

軍機大臣署名

臣奕 臣世 臣鹿

十月二十二日

臣那 臣戴

1146

鈐章

軍機大臣 字寄

護理直隷總督崔 宣統元年十月二十四日奉

上諭崔永安奏東明黄河獲慶安瀾一摺現届霜清
通工一律鞏固獲慶安瀾著發去大藏香十枝由
崔永安祇領交大順廣道大沖虔詣李連莊高村
黄莊
大王廟敬謹祀謝以答
神庥丈沖等各員均著照所請給獎餘依議該部
知道欽此遵
旨寄信前來

軍機大臣署名

臣奕 臣世 臣鹿

臣那
臣戴

1147

鈐章

宣統元年十月二十四日內閣奉

上諭

監國攝政王面奉

隆裕皇太后懿旨現據總管內務府大臣奏稱

慈寧宮工程為期較近修理不及等語十一月初三日

崇上徽號王大臣均著在

養性殿行禮三品以下文武官員仍在午門外行禮欽此

軍機大臣署名

臣奕 臣世 臣鹿 臣那 臣戴

1148

鈐章

軍機大臣欽奉

諭旨貝勒載洵等奏謹陳現修

崇陵工程情形並冬令暫停興作一摺知道了又奏拉

運石料沿途支搭浮橋等工估計工料一片又奏

改派監修一片均著依議欽此

軍機大臣署名

臣奕 臣世 臣鹿 臣那 臣戴

十月二十四日

1149

鈐章

軍機大臣欽奉

諭旨崔永安奏東明黃河安瀾請獎出力各員一摺

大順廣道文沖等各員均照所請給獎餘依議該

部知道欽此

軍機大臣署名

臣奕 臣世 臣鹿 臣那 臣戴

十月二十四日

1150

查本處額外章京原工部候補主事曾文玉民政部郎中舒鴻貽到班均滿一年照奏定新章均擬銷去本衙門字樣曾文玉作為本處候補主事舒鴻貽作為本處實缺郎中均充補章京額缺為此謹

奏

宣統元年十月二十四日奉

旨知道了欽此

1151

鈐章

軍機大臣欽奉

諭旨翰林院侍講景潤奏敬陳管見一摺著憲政編

查館知道欽此

軍機大臣署名

臣奕 臣世 臣鹿 臣那 臣戴

十月二十五日

1152

鈐章

宣統元年十月二十六日奉

旨溥善著補授內閣學士兼禮部侍郎銜欽此

軍機大臣署名

臣奕 臣世 臣鹿 臣那 臣戴

1153
辦理軍機處為咨行事據本處四品章京胡彤
恩遣家丁呈報於本年十月二十四日接電知
親父於十月二十日在籍病故當即成服回籍
守制等語前來查該員係屬親子例應丁憂相
應咨行
貴部查照可也
右咨行
吏部
宣統元年十月　二十六　日

1154
鈐章
軍機大臣欽奉
諭旨翰林院侍讀吴士鑑奏請申明裁奪議案權限
摺又奏各省議員宜限制兼差摺又片奏籌備立
憲各省行政司法官吏宜慎擇其人由憲政編查
館覆覈奏派等語均著憲政編查館議奏欽此
軍機大臣署名
臣奕　假
臣世
臣鹿
臣那
臣戴
十月二十七日

1155
鈐章
軍機大臣欽奉
諭旨都察院奏代遞翰林院學士許澤新等呈請將
已故開復原銜革職禮部尚書李端棻開復原官
一摺李端棻著加恩開復原官該部知道欽此
軍機大臣署名
臣奕　假
臣世
臣鹿
臣那
臣戴
十月二十七日

1156

鈐章

軍機大臣欽奉

諭旨給事中聯魁奏保舉太監請將已保實官升階
人員分别開去底缺歸入所保官階候補一摺着
吏部議奏欽此

軍機大臣署名

臣奕（假） 臣世 臣鹿 臣那 臣戴

十月二十七日

1157

十月二十八日引
見人員
學部二人
陸軍部十三人
鑾輿衛二人
鑲白旗滿洲二人
鑲紅旗漢軍五人
內務府十六人
共四十人

1158

鈐章

宣統元年十月二十八日內閣奉
上諭本日引見之降補都司補用總兵李家昌着以
副將用欽此

軍機大臣署名

臣奕 臣世 臣鹿 臣那 臣戴

1159

鈐章

宣統元年十月二十八日內閣奉
上諭毛慶蕃奏考覈吏治據實舉劾一摺甘肅署臯
蘭縣事議敘通判賴恩培署河州事丹噶爾同知

1160

張庭武署狄道州事甯州知州陳必淮既據該護
督臚陳政績均著傳旨嘉奬前署甯州知州候補
知縣惠占鰲妄報開墾荒謬糊塗前辦新固渠工
即用知縣薛位執拗性成頗有心疾西大通縣丞
馬朝襄浮躁喜事妄改渠章前辦法政學堂收支
委員試用典史周錦章無帳可稽有意侵蝕均著
即行革職前署甯州事補用知縣陳文明貌似有
才辦案草率著以府經歷縣丞降補開缺循化廳
同知王開试年老多病縱用門丁著勒令休致署
華亭縣事張掖縣知縣汪宗瀚才識庸闇年力就
衰惟文理尚優著以教職歸部銓選該部知道欽此

軍機大臣署名

臣奕　臣世　臣鹿　臣那　臣戴

鈐章

軍機大臣欽奉

1161

諭旨本日引見之記名總兵馬文翰著仍交軍機處
存記已革記名提督韓大武著以總兵用欽此

軍機大臣署名

臣奕　臣世　臣鹿　臣那　臣戴

十月二十八日

鈐章

軍機大臣欽奉

諭旨憲政編查館奏遵限考覈京外各衙門第二屆
籌辦憲政成績一摺著依議欽此

軍機大臣署名

臣奕　臣世　臣鹿　臣那

臣戴

十月二十九日

1162

鈐章

軍機大臣欽奉

諭旨順天府奏據紳士惲毓鼎等呈稱已故戶部尚
書立山內閣學士聯元忠藎可嘉擬業懇請於宣
武門外擇地捐建祠宇一摺又奏請頒給高等學
堂大清會典一部均着依議欽此

軍機大臣署名

臣奕 臣世 臣鹿 臣那 臣戴

十月二十九日

1163

鈐章

軍機大臣欽奉

諭旨徐世昌等奏查明津浦鐵路南段總辦舞弊營
私各款據實覆陳一摺着依議欽此

軍機大臣署名

臣奕 臣世 臣鹿 臣那 臣戴

十月二十九日

1164

鈐章

宣統元年十月三十日內閣奉

上諭外務部尚書梁敦彥正白旗滿洲都統符珍鑲
白旗蒙古都統苏車吏部左侍郎唐景崇禮部左
侍郎景厚均着加恩在紫禁城內騎馬欽此

軍機大臣署名

臣奕 臣世 臣鹿

臣那
臣戴

硃○
1165
外務部尚書梁敦彥
吏部尚書陸潤庠
民政部尚書善耆
度支部尚書載澤
禮部尚書葛寶華
陸軍部尚書鐵良
農工商部尚書溥頲
郵傳部尚書徐世昌
理藩部尚書壽耆

1166
外務部左侍郎聯芳
右侍郎鄒嘉來
吏部左侍郎唐景崇
右侍郎于式枚
硃○
民政部左侍郎烏珍
右侍郎林紹年

度支部左侍郎紹英
右侍郎陳邦瑞
禮部左侍郎景厚
右侍郎郭曾炘
陸軍部左侍郎壽勳
○
法部左侍郎紹昌
右侍郎沈家本
農工商部左侍郎熙彥
右侍郎楊士琦
郵傳部左侍郎汪大燮
理藩部左侍郎達壽
右侍郎恩順

1167
查本處幫領班四品章京胡彤恩據報丁憂所
遺員缺擬請以幫領班章京上行走徐宗溥允
補謹
奏
宣統元年十月三十日奉
旨知道了欽此

1168

一品大員未經

賞馬名單

硃○外務部尚書梁敦彥

法部尚書廷杰尚未到任

○正白旗滿洲都統符珍

正白旗漢軍都統成章

○鑲白旗蒙古都統岙車

鑲黃旗漢軍都統鳳山

正紅旗漢軍都統色楞額

鑲藍旗蒙古都統張德彝

鑲藍旗漢軍都統明啟

1169

二品大員未經

賞馬名單

硃○吏部左侍郎唐景崇年六十三歲

○禮部左侍郎景厚年六十三歲

正白旗滿洲副都統兜欽年六十一歲

正白旗漢軍副都統慶綿年六十九歲

鑲白旗滿洲副都統敬昌年七十歲

鑲白旗蒙古副都統瑞啟年六十二歲

正黃旗滿洲副都統祥普年七十三歲

鑲黃旗蒙古副都統文泰年六十一歲

廣綺年六十三歲

鑲黃旗滿洲副都統希朗阿年六十七歲

正紅旗滿洲副都統全福年六十六歲

正紅旗蒙古副都統吉陞年七十五歲

鑲紅旗滿洲副都統英信年六十八歲

正藍旗滿洲副都統蘇嚕岱年七十三歲

正藍旗漢軍副都統額勒春年六十一歲

鑲藍旗滿洲副都統祥年年七十歲

塔克什訥年六十三歲

鑲藍旗蒙古副都統岳樑年七十歲

鑲藍旗漢軍副都統良秦年六十五歲

敖漢扎薩克多羅郡王勒恩扎勒諾爾賛出缺無嗣

勒恩扎勒諾爾賛之胞叔已領度牒之台吉喇嘛棍布扎布年五十歲認識字

勒恩扎勒諾爾賛之胞叔協理二等台吉克什克希濟木年四十歲識蒙字

勒恩扎勒諾爾賛之堂弟未授職台吉阿喇瑪斯圖呼年二十一歲認識字

勒恩扎勒諾爾賛之族高祖二等台吉哩克散年六十四歲識蒙字

勒恩扎勒諾爾贊之族曾祖四等台吉桑齋扎布年三十七歲識蒙字
勒恩扎勒諾爾贊之族曾祖四等台吉鞥克布林年三十五歲不識字
勒恩扎勒諾爾贊之族曾祖四等台吉龐泰年四十七歲不識字
勒恩扎勒諾爾贊之族曾祖四等台吉巴拉固爾扎布年四十四歲不識字
勒恩扎勒諾爾贊之族曾祖四等台吉倭雲畢里克年四十二歲不識字
勒恩扎勒諾爾贊之族祖四等台吉色爾固楞年四十歲不識字
勒恩扎勒諾爾贊之族祖四等台吉阿勒達年三十四歲不識字
勒恩扎勒諾爾贊之族祖四等台吉扎木彥達里克年三十一歲不識字
勒恩扎勒諾爾贊之族高祖四等台吉烏勒哲依托克達呼年五十二歲認識字
勒恩扎勒諾爾贊之族高祖四等台吉烏勒恩濟爾噶勒年四十四歲不識字
勒恩扎勒諾爾贊之族高祖四等台吉克什克巴哩克奇年六十一歲不識字
勒恩扎勒諾爾贊之族曾祖四等台吉烏呼托克達呼年三十五歲不識字
勒恩扎勒諾爾贊之族曾祖二等台吉喇什那木扎勒年六十六歲認識字
勒恩扎勒諾爾贊之族曾祖四等台吉三音諾木圖年四十九歲不識字
勒恩扎勒諾爾贊之族祖四等台吉額爾德呢托克達呼年四十八歲不識字
勒恩扎勒諾爾贊之族祖四等台吉索特那木年三十八歲識蒙字
勒恩扎勒諾爾贊之族祖四等台吉薩爾濟郭爾羅年三十歲不識字
勒恩扎勒諾爾贊之族祖四等台吉吹濟郭爾羅年二十八歲不識字
勒恩扎勒諾爾贊之族叔四等台吉孟柯托克達呼年二十八歲不識字

勒恩扎勒諾爾贊之族曾祖四等台吉密濟特多爾濟年四十六歲識蒙字
勒恩扎勒諾爾贊之族曾祖四等台吉愛星阿年五十五歲識蒙字
勒恩扎勒諾爾贊之族高祖二等台吉散巴勒扎布年五十四歲識漢字
勒恩扎勒諾爾贊之族高祖四等台吉克什克托克達呼年四十七歲不識字
勒恩扎勒諾爾贊之族四世祖四等台吉棍噶爾扎布年七十一歲不識字

1170

鈐章

宣統元年十一月初一日内閣奉

上諭軍機大臣上學習行走尚書戴鴻慈著加恩賞穿帶膝貂褂欽此

軍機大臣署名

臣奕
臣世
臣鹿
臣那
臣戴

1171

鈐章

軍機大臣欽奉

諭旨鑲紅旗漢軍都統崇勳等奏應襲伯爵揀選承繼聲明請旨一摺著該旗將廣俊帶領引見應銓照例進籤欽此

軍機大臣署名

臣奕
臣世

1172

鈐章

宣統元年十一月初二日内閣奉

上諭崔永安奏查明災歉州縣請蠲緩糧租一摺本年順直地方入夏以來雨澤愆期至六七月間霪雨連綿河水漲發以致濱臨各河窪地禾稼均多被水並因天時不齊各屬有被雹被蟲被旱之處若將應徵錢糧照常徵收民力實有未逮加恩著照所請所有武清等四十一縣廳成災五六分村莊應徵本年錢糧著蠲免十分之一成災七分村莊應徵本年錢糧著蠲免十分之二各項旗租著蠲免十分之一成災八分村莊應徵本年錢糧著蠲免十分之四各項旗租著蠲免十分之二成災九分村莊應徵本年錢糧著蠲免十分之六各項旗租著蠲免十分之四成災十分村莊應徵本年

十一月初一日

臣鹿
臣那
臣戴

錢糧著蠲免十分之七各項旗租著蠲免十分之五應徵屯米穀豆草束竈課學租旗產錢糧河淤海防經費儲備軍餉廣恩庫租通津二帮屯租一併分別蠲緩其陸軍部馬館租鑾輿衛租永濟庫租代徵租及出借倉穀籽種口糧牛具等項著一體緩徵並分別減免差徭又三河等二十四州縣歉收四分村莊應徵本節年糧租並歉收三分村莊應徵節年糧租屯米穀豆草束竈課學租旗產錢糧河淤海防經費儲備軍餉廣恩庫租陸軍部馬館租鑾輿衛地租通津二帮屯租永濟庫租代徵租並出借倉穀籽種口糧牛具等項均著緩至宣統二年麥後啟徵並減免差徭以紓民力餘著照所議辦理該護督即刊刻謄黃徧行曉諭務使實惠均霑毋任吏胥舞弊用副朝廷軫念民艱至意該部知道欽此

軍機大臣署名

臣奕

臣世

臣鹿

臣那

臣戴

1173

鈐章

宣統元年十一月初二日內閣奉

上諭崔永安奏查明開州等三州縣災歉情形分別蠲緩糧賦一摺直隸開州東明長垣三州縣濱臨黃河村莊本年被水秋禾歉收若將應徵糧賦照常徵收民力實有未逮加恩著照所請所有開州等三州縣成災五六分村莊應徵本年錢糧著蠲免十分之一成災七分村莊應徵本年錢糧著蠲免十分之二成災八分村莊應徵本年錢糧著蠲免十分之四其成災五六七分村莊蠲賸錢糧著緩至宣統二年秋後起分作二年帶徵成災八分村莊蠲賸錢糧著緩至宣統二年秋後起分作三年帶徵至被災各村莊未完節年糧銀及歉收四分村莊未完本年節年錢糧同歉收三分村莊未完節年糧銀暨出借倉穀等項均著緩至宣統二

年秋後起徵仍減免差徭以紓民力餘著照所議
辦理該護督即刊刻謄黃徧行曉諭務使實惠均
霑毋任吏胥舞弊用副朝廷軫念民艱至意該部
知道欽此

軍機大臣署名

臣奕 臣世 臣鹿 臣那 臣戴

1174

鈐章

軍機大臣欽奉

諭旨郵傳部奏派員查辦粵路弊混以肅路政一摺
著依議欽此

軍機大臣署名

臣奕 臣世 臣鹿

臣那 臣戴

十一月初二日

1175

鈐章

軍機大臣欽奉

諭旨御史趙熙奏振理庶務請自近始一摺著憲政
編查館知道欽此

軍機大臣署名

臣奕 臣世 臣鹿 臣那 臣戴

十一月初五日

1176

十一月初六日引
見人員
起居注二人

吏部三十一人
度支部四人
學部三人
法部六人
理藩部十一人
正藍旗漢軍二人
共五十九人

1177
鈐章
軍機大臣欽奉
諭旨本日引見之鄭應韶著以通判用欽此
軍機大臣署名
臣奕
臣世
臣鹿
臣那
臣戴
十一月初六日

1178
特旨及歲引見官鄭應韶
旨著以主事用
硃○
旨著以通判用

1179
鈐章
軍機大臣欽奉
諭旨本日引見之暫革河南信陽州知州徐佐垚著以知縣用已革山東高苑縣知縣張之仁著以縣丞用欽此
軍機大臣署名
臣奕
臣世
臣鹿
臣那
臣戴
十一月初六日

1180
鈐章
軍機大臣欽奉

諭旨本日引見之京察二等逾歲官
慕陵禮部員外郎瑞恆著照舊供職欽此

軍機大臣署名

臣奕
臣世
臣鹿
臣那
臣戴

十一月初六日

1181
京察二等逾歲官
慕陵禮部員外郎瑞恆
硃○
旨著照舊供職
旨著原品休致

1182
休致前孟津縣知縣田務本
硃○
旨著以縣丞用
旨著以從九品用
旨著仍照原衔休致

1183
鈐章
宣統元年十一月初六日内閣奉
上諭度支部奏藩司玩誤要政據實糾衆一摺清理
財政為豫算決算入手辦法於立憲前途大有關
繫乃甘肅布政使毛慶蕃於藩庫款項既不定期
盤查亦不遵章造報違抗玩誤實屬咎無可辭毛
慶蕃著即行革職以為貽誤憲政者戒欽此

軍機大臣署名

臣奕
臣世
臣鹿
臣那
臣戴

1184
鈐章
宣統元年十一月初七日内閣奉
上諭甘肅布政使著何彥昇補授直隸按察使著王
乃徵補授欽此

軍機大臣署名

1185

鈐章

軍機大臣欽奉

諭旨都察院代奏江西舉人廖爾焱以地方罰款諸多浮濫呈請飭下法部申明定章切實整頓條陳一件著法部知道欽此

軍機大臣署名

臣奕

臣世

臣鹿

臣那

臣戴

十一月初七日

臣奕

臣世

臣鹿

臣那

臣戴

1186

鈐章

軍機大臣欽奉

諭旨民政部奏擬訂府廳州縣自治章程繕單呈覽一摺著憲政編查館覆覈具奏欽此

軍機大臣署名

臣奕

臣世

臣鹿

臣那

臣戴

十一月初七日

1187

滿頭班

花翎二品銜領班三品章京英秀

花翎二品銜幫領班四品章京文年

三品銜　記名道府章京郎中榮元

先換頂戴在任即選知府章京郎中麟祥

花翎三品銜章京侍讀裕銘

章京候補員外郎伊密揚阿

花翎四品銜額外章京理藩部員外郎存瑞
花翎三品銜在任即選道額外章京上行走鍾佩
漢頭班
花翎領班三品章京劉毅孫
花翎領班章京上行走候補五品京堂楊壽樞
二品銜幫領班四品章京徐宗溥
三品銜章京員外郎劉慶篤
花翎四品銜章京主事趙國良
四品銜章京主事張潤
四品銜章京主事宋子聯
三品銜章京　記名繁缺知府郎中楊芾
花翎員外郎銜章京候補主事曾文玉
花翎四品銜章京　記名道府郎中舒鴻貽
額外章京翰林院編修黄彦鴻
滿二班
花翎署理領班三品章京聯綬
花翎三品銜幫領班四品章京成俊
花翎三品頂戴章京郎中榮奎
花翎三品銜　記名道府即選知府章京郎中常泰

四品銜章京主事鴻恩
四品銜章京候補主事興廉
四品銜章京員外郎星輅
章京錄事宫松海
漢二班
二品銜領班三品章京易貞
幫領班四品章京趙廷珍
三品銜章京　記名繁缺知府郎中孫筍經
三品頂戴章京員外郎陳鴻異
四品銜章京主事盧文明
四品銜章京主事邢維經
四品銜章京主事徐廣恩
三品頂戴章京員外郎萬雲路
章京主事雷延壽
四品銜章京編修楊渭

1188
鈐章
宣統元年十一月初八日内閣奉
上諭湖南岳常澧道員缺著熙楨補授欽此

軍機大臣署名

臣奕 臣世 臣鹿 臣那 臣戴

1189

湖南岳常澧道員缺請

旨簡放

1190

鈐章

軍機大臣欽奉

諭旨御史趙熙奏瀝陳川鹽官運積弊請變通辦法

一摺著度支部歸入趙爾巽前奏廢票通改官運

摺一併詳查覈議具奏欽此

軍機大臣署名

臣奕 臣世 臣鹿

臣那 臣戴

十一月初八日

1191

鈐章

宣統元年十一月初九日內閣奉

上諭湖南提學使著吳慶坻補授江甯提學使著陳

伯陶補授廣西提學使著李翰芬補授河南提學

使著孔祥霖補授福建提學使姚文倬著留任欽此

軍機大臣署名

臣奕 臣世 臣鹿 臣那假 臣戴

1192

鈐章

宣統元年十一月初九日內閣奉

上諭前據御史胡思敬奏叅大員罔利營私一摺當

即諭令張人駿確查具奏茲據查明已革直隸總
督端方前在兩江總督任内被參各款尚無罔利
行私實迹惟束身不檢用人太濫難辭疏忽之咎
現在業已革職即著毋庸置議知縣陳潤藻前辦
釐捐不能杜弊聲名平常都司夏鳴皋行止卑汚
冠裳不齒米占元紀律不嚴屢招物議均著即行
革職湖北候補道孫廷林前辦裕甯官銀錢局公
家獲利甚微該員私積日豐有無虧挪情弊著澈
底清查奏明辦理候補道王燮候補知府許星璧
均著隨時察看升任湖北布政使楊文鼎前在淮
揚海道任内辦理賑務雖無侵呑情弊惟在服官
省分置産究屬不合著交部議處該部知道欽此

軍機大臣署名

臣奕
臣世
臣鹿
臣那 假
臣戴

1193

鈐章

軍機大臣欽奉

諭旨禮部奏恭辦

孝欽顯皇后永遠奉安在事出力各員分别奬敘繕單

呈覽一摺所保人數較多著另覈請奬欽此

軍機大臣署名

臣奕
臣世
臣鹿
臣那 假
臣戴

十一月初九日

1194

鈐章

軍機大臣欽奉

諭旨貝勒毓朗等奏續擬貴胄法政學堂章程並預

籌常年經費繕單呈覽一摺著依議欽此

軍機大臣署名

臣奕

臣世
臣鹿
臣那假
臣戴

十一月初九日

1195
鈐章
宣統元年十一月十一日內閣奉
上諭雲南巡警道著楊福璋補授欽此
軍機大臣署名
臣奕
臣世
臣鹿
臣那
臣戴

1196
鈐章
軍機大臣欽奉
諭旨會議政務處奏遵議東三省總督錫良等奏錦

新興鳳兩道職掌擬請循照定例辦理一摺著依
議欽此
軍機大臣署名
臣奕
臣世
臣鹿
臣那
臣戴

十一月十一日

1197
鈐章
軍機大臣欽奉
諭旨法部奏律學館開辦三年著有成效在事出力
各員援案請奬繕單呈覽一摺著依議欽此
軍機大臣署名
臣奕
臣世
臣鹿
臣那

臣戴

十一月十一日

1198

鈐章

軍機大臣欽奉

諭旨法部奏建築京城模範監獄籌款不敷請飭度
支部撥款添助興修一摺又奏籌築京城地方審
判廳公署現款不敷請飭部添撥興造一摺又奏
築造模範監獄擬派監督等員一片均著依議欽此

軍機大臣署名

臣奕 臣世 臣鹿 臣那 臣戴

十一月十一日

1199

鈐章

宣統元年十一月十二日內閣奉

上諭內閣侍讀學士承瀛聲名平常行止不端著即
行革職欽此

軍機大臣署名

臣奕 臣世 臣鹿 臣那 臣戴

1200

鈐章

軍機大臣欽奉

諭旨農工商部奏籌議勸業富籤公債票辦法一摺
此項債票與彩票是否有別有無流弊仍著該部
詳細妥議具奏欽此

軍機大臣署名

臣奕 臣世 臣鹿 臣那 臣戴

十一月十二日

1201

鈐章

軍機大臣欽奉

諭旨郵傳部奏承辦差務出力各員請奬繕單呈覽

各摺片李焜瀛梁士詒均著交部議敘其餘各員

所保較優著另覈請奬欽此

軍機大臣署名

臣奕 臣世 臣鹿 臣那 臣戴

十一月十二日

1202

鈐章

軍機大臣欽奉

諭旨郵傳部奏汴洛鐵路裁併員司更定職掌一摺

知道了欽此

軍機大臣署名

臣奕

十一月十二日

1203

鈐章

軍機大臣欽奉

諭旨郵傳部奏查明上海交通銀行總辦李厚祐被

parallel各款一摺著依議欽此

軍機大臣署名

臣奕 臣世 臣鹿 臣那 臣戴

十一月十二日

臣世 臣鹿 臣那 臣戴

十一月十二日

1204

十一月十三日引

見人員

軍諮處十三人

鑲黄旗滿洲八人

外務部二人

鑲黄旗蒙古二人

正黄旗漢軍十人

鑲紅旗漢軍一人

前鋒護軍統領二十二人

内務府四人

茶膳房二人

共六十四人

1205

鈐章

宣統元年十一月十三日内閣奉

上諭本日軍諮處帶領引見之京師陸軍測繪學堂

考列優上等畢業學生佘炘文著賞給舉人授為

測繪副軍校張翮鴻劉永淦萬文鳴邱岱郭恩榮

覺羅豫震陸是翼敬權張福謙蕭廷球常萬選耿

俊卿均著賞給舉人授為測繪協軍校欽此

軍機大臣署名

臣奕 臣世 臣鹿 臣那 臣戴

1206

鈐章

宣統元年十一月十五日内閣奉

上諭現值天氣嚴寒

實錄館人員朝夕恭纂書籍著加恩於十一月十二月

正月每月賞給柴炭銀五十兩在廣儲司支領

欽此

軍機大臣署名

臣奕 臣世 臣鹿 臣那 臣戴

1207

鈐章

宣統元年十一月十六日內閣奉

上諭四川川東道員缺著朱有基補授欽此

軍機大臣署名

臣奕 臣世 臣鹿 臣那 臣戴

1208

鈐章

宣統元年十一月十六日內閣奉

上諭江西建昌府知府員缺著張其鐩補授欽此

軍機大臣署名

臣奕 臣世 臣鹿 臣那 臣戴

1209

鈐章

宣統元年十一月十六日內閣奉

上諭本日引見分發廣東試用道劉慶鏜著發往雲南交李經羲差遣委用欽此

軍機大臣署名

臣奕 臣世 臣鹿 臣那 臣戴

1210

鈐章

宣統元年十一月十六日內閣奉

上諭本日引見之陸軍部員外郎伊里布年力就衰著原品休致欽此

軍機大臣署名

臣奕 臣世 臣鹿

1211

上諭奉天高等檢察廳檢察長著汪世杰補授吉林高等檢察廳檢察長著史葊補授欽此

宣統元年十一月十六日内閣奉

鈐章

臣那

臣戴

軍機大臣署名

臣奕 臣世 臣鹿 臣那 臣戴

1212

諭旨候補四品京堂勞乃宣奏請於簡易識字學塾内附設簡字一科一摺著學部議奏欽此

軍機大臣欽奉

鈐章

軍機大臣署名

1213

諭旨繼祿代奏據太醫院院使張仲元等呈稱請將太醫院官階變通一摺著會議政務處議奏欽此

軍機大臣欽奉

鈐章

十一月十六日

臣奕 臣世 臣鹿 臣那 臣戴

軍機大臣署名

十一月十六日

臣奕 臣世 臣鹿 臣那 臣戴

1214

鈐章

軍機大臣欽奉

諭旨本日引見之京察二等逾歲官斌英松慶明祥

吉賡均著照舊供職欽此

軍機大臣署名

臣奕

臣世

臣鹿

臣那

臣戴

十一月十六日

1215

京察二等逾歲官

裕陵禮部員外郎斌英

旨著照舊供職

旨著原品休致

定東陵禮部員外郎松慶

旨著照舊供職

旨著原品休致

定陵禮部贊禮郎明祥

旨著照舊供職

旨著原品休致

泰陵禮部員外郎吉賡

旨著照舊供職

旨著原品休致

1216

鈐章

軍機大臣欽奉

諭旨本日引見之明保候選道甘肅補用直隸州知

州趙長鑑著仍以道員選用欽此

軍機大臣署名

臣奕

臣世

臣鹿

臣那

臣戴

十一月十六日

1217

鈐章

軍機大臣欽奉

諭旨本日引見之暫革河南試用知縣曹毓齡已革同知銜廣東東莞縣知縣李滋然均著以縣丞用欽此

軍機大臣署名

臣奕 臣世 臣鹿 臣那 臣戴

十一月十六日

1218

鈐章

軍機大臣欽奉

諭旨御史文鑑奏内務府慶豐司行取羊隻請令察哈爾都統按照行取數目折價交納等語著該衙門知道欽此

軍機大臣署名

1219

鈐章

宣統元年十一月十七日内閣奉

上諭法部尚書廷杰著加恩在紫禁城内騎馬欽此

軍機大臣署名

臣奕 臣世 臣鹿 臣那 臣戴

十一月十六日

1220

鈐章

宣統元年十一月十七日内閣奉

臣奕 臣世 臣鹿 臣那 臣戴

上諭副都統段祺瑞著充陸軍第六鎮統制官趙國
賢著即赴廣東潮州鎮總兵本任欽此
軍機大臣署名
臣奕
臣世
臣鹿
臣那
臣戴

1221

鈐章
軍機大臣欽奉
諭旨民政部奏籌議整頓京城警務並經費支絀請
飭部籌濟一摺著度支部議奏欽此
軍機大臣署名
臣奕
臣世
臣鹿
臣那
臣戴
十一月十七日

1222

鈐章
軍機大臣欽奉
諭旨農工商部奏遵旨覆陳籌辦富籤公債票利弊
一摺著該部妥擬試辦詳章奏明辦理欽此
軍機大臣署名
臣奕
臣世
臣鹿
臣那
臣戴
十一月十七日

1223

鈐章
軍機大臣欽奉
諭旨都察院奏代遞翰林院祕書郎田智枚等請將
已故革職福建巡撫張兆棟開復原官併宣付史
館呈一件張兆棟著加恩開復原官該部知道
欽此
軍機大臣署名

1224

臣奕 臣世 臣鹿 臣那 臣戴

十一月十七日

鈐章

軍機大臣欽奉

諭旨都察院奏查覆已革推補山東嘉祥縣知縣郭
鴻賓等被參冤抑等情著禁煙王大臣查覈具奏
欽此

軍機大臣署名

臣奕 臣世 臣鹿 臣那 臣戴

十一月十七日

1225

鈐章

宣統元年十一月十八日内閣奉

上諭瑞澂奏特參貪劣不職各員一摺江蘇前署吳
縣事試用通判王士暄人本無賴性復卑鄙前署
吳江縣事候補知縣李國琮佻達性成敗禮蔑法
均著即行革職永不敘用前署武進縣事試用通
判徐之模遇案索賄怨聲載道前充巡警委員試
用知縣程開吳虐待商民幾釀命案試用縣丞馬
洪勳前在上海幫審案件營私武斷罔恤商艱均
著即行革職調署山陽縣事清河縣知縣陳維藻
遇事偏執不洽輿情試用知縣朱賡旦工於趨避
難膺民社均著以府經歷縣丞降補海州直隸州
知州謝元洪勸捐苛勒輿情未洽著開缺另補掘
港營遊擊張熙於千總薛恩賄縱私運米船一案
有心袒庇張熙薛恩著一併先行革職澈究審辦
該部知道欽此

軍機大臣署名

臣奕 臣世

臣鹿 臣那 臣戴

1226
鈐章
軍機大臣欽奉
諭旨高等檢察廳檢察長徐謙奏編定現行刑律應
遵憲政籌備清單預為規畫以便逐漸施行新律
一摺著憲政編查館知道欽此
軍機大臣署名
臣奕 臣世 臣鹿 臣那 臣戴
十一月十八日

1227
鈐章
軍機大臣欽奉
諭旨沈家本奏法律學堂學員畢業屆期應請考驗
一摺著依議欽此
軍機大臣署名
臣奕 臣世 臣鹿 臣那 臣戴
十一月十八日

1228
鈐章
軍機大臣欽奉
諭旨理藩部奏接據駐藏辦事大臣電稱達賴喇嘛
於十一月初九日回至拉薩一摺知道了欽此
軍機大臣署名
臣奕 臣世 臣鹿 臣那

臣戴

十一月十八日

1229
辦理軍機處為咨行事據本處四品銜主事章
京徐廣思遣家丁呈報於本年十一月十六日
接家信知親母病故當即成服回籍守制等語
前來查該員係屬親子例應丁憂相應咨行
貴部查照可也
右咨行
吏部
宣統元年十一月十八日

1230
鈐章
宣統元年十一月十九日內閣奉
上諭度支部奏陳明淮浙鹽務大概情形一摺朕詳
加披覽深悉各省鹽務糾轕紛紜疲敝日甚非統
一事權修明法令無以提挈大綱維持全局著派
貝子銜鎮國公載澤為督辦鹽政大臣凡鹽務一
切事宜統歸該督辦大臣管理以專責成其產鹽
省分各督撫本有兼管鹽政之責均著授為會辦
鹽政大臣行鹽省分各督撫於地方疏銷緝私等
事考覈較近呼應亦靈均著兼會辦鹽政大臣銜
該大臣等務當和衷共濟通盤籌畫尤須體恤民
艱一切事宜隨時奏明辦理以示朝廷整飭鹺綱
興利除弊之至意欽此
軍機大臣署名
臣奕 臣世 臣鹿 臣那 臣戴

1231
鈐章
軍機大臣欽奉
諭旨翰林院奏遵旨併案保奬繕單呈覽一摺著吏
部議奏欽此

軍機大臣署名

臣奕 臣世 臣鹿 臣那 臣戴

十一月十九日

1232

鈐章

軍機大臣欽奉

諭旨學部奏議覆度支部奏宗室學堂應酌量裁併
一摺著依議又片奏設立貴冑女學堂等語著暫
緩辦理欽此

軍機大臣署名

臣奕 臣世 臣鹿 臣那 臣戴

十一月十九日

1233

鈐章

軍機大臣欽奉

諭旨御史麥秩嚴奏各省警察腐敗有礙憲政懇飭
部速定民政司巡警道選任章程一摺著民政部
議奏欽此

軍機大臣署名

臣奕 臣世 臣鹿 臣那 臣戴

十一月十九日

1234

十一月二十日引

見人員

宗人府十二人

禮部六人

鑲紅旗蒙古三人

内務府二人

中正殿二人
共二十五人

1235
鈐章
上諭陸潤庠著授為大學士戴鴻慈著以尚書協辦
宣統元年十一月二十日内閣奉
大學士欽此
軍機大臣署名
臣奕 假
臣世
臣鹿
臣那
臣戴

1236
鈐章
諭旨吏部奏議覆給事中聯魁奏保舉太滥請將已
軍機大臣欽奉
保實官升階人員分别開去底缺由部酌擬辦法
一摺著依議欽此

軍機大臣署名
臣奕 假
臣世
臣鹿
臣那
臣戴
十一月二十日

1237
鈐章
諭旨肅親王善耆等奏遵旨酌保隨同承辦恭理玄
軍機大臣欽奉
務各員開單呈覽各摺片生辦堂郎中榮銓著交
部議敘餘依議欽此
軍機大臣署名
臣奕 假
臣世
臣鹿
臣那
臣戴
十一月二十日

1238

鈐章

軍機大臣欽奉

諭旨御史蕭丙炎奏正途部員壅滯外省州縣需才

擬請量予保送截取一摺著吏部議奏欽此

軍機大臣署名

臣奕 假

臣世

臣鹿

臣那

臣戴

十一月二十日

1239

鈐章

宣統元年十一月二十一日內閣奉

上諭吏部尚書著李殿林補授欽此

軍機大臣署名

臣奕 假

臣世

臣鹿

臣那

臣戴

1240

鈐章

宣統元年十一月二十一日內閣奉

上諭正黃旗漢軍都統著載潤補授欽此

軍機大臣署名

臣奕 假

臣世

臣鹿

臣那

臣戴

1241

鈐章

宣統元年十一月二十一日內閣奉

上諭江西吉安府知府員缺著夏啟瑜補授欽此

軍機大臣署名

臣奕 假

臣世

臣鹿

臣那

臣戴

1242

鈐章

軍機大臣欽奉

諭旨張家口監督文綬奏關稅一年收支數目繕單

呈覽一摺又奏皮張變價銀兩請交廣儲司一片

該衙門知道單併發欽此

軍機大臣署名

臣奕假

臣世

臣鹿

臣那

臣戴

十一月二十一日

1243

鈐章

軍機大臣欽奉

諭旨給事中陳慶桂奏廣東粵漢鐵路迭起風潮請

飭部認眞整理派員查覈一摺著郵傳部議奏欽此

軍機大臣署名

臣奕假

1244

應升尚書名單

外務部左侍郎聯芳

右侍郎鄒嘉來

吏部左侍郎唐景崇

右侍郎于式枚

民政部左侍郎烏珍

右侍郎林紹年

度支部左侍郎紹英

右侍郎陳邦瑞

禮部左侍郎景厚

右侍郎郭曾炘

陸軍部左侍郎壽勳

右侍郎廕昌現在出差

十一月二十一日

臣世

臣鹿

臣那

臣戴

法部左侍郎紹昌
右侍郎沈家本 現充修訂法律大臣
署農工商部左侍郎熙彥
右侍郎楊士琦
理藩部左侍郎達壽
右侍郎恩順
學部左侍郎嚴修
右侍郎寶熙
郵傳部左侍郎汪大燮
右侍郎盛宣懷 現在出差
倉場侍郎桂春
俞廉三
大理院卿定成

1245
應調尚書名單
外務部尚書梁敦彥
民政部尚書善耆
度支部尚書載澤
禮部尚書葛寶華
學部尚書榮慶
陸軍部尚書鐵良
法部尚書廷杰
農工商部尚書溥頲
郵傳部尚書徐世昌
理藩部尚書壽耆
都察院都御史張英麟
尚書呂海寰

1246
應補侍郎名單
候補侍郎唐紹怡
候補侍郎丁振鐸
前署吏部右侍郎瑞良

1247
鈐章
宣統元年十一月二十二日內閣奉
上諭世續著充文華殿大學士那桐著充文淵閣大學士鹿傳霖著充東閣大學士陸潤庠著充體仁閣大學士欽此

1248

軍機大臣欽奉

諭旨内閣奏遵保恭備要差出力各員開單呈覽各摺片前内閣中書御史蕭丙炎著交部議敘餘依議欽此

軍機大臣署名

臣奕

臣世

臣鹿

臣那

臣戴

十一月二十二日

1249

軍機大臣欽奉

諭旨資政院奏遴保堪勝祕書長人員先請試署一摺又奏工程重要派員隨同辦理一摺又奏請續撥開辦經費一片均著依議欽此

軍機大臣署名

臣奕

臣世

臣鹿

臣那

臣戴

十一月二十二日

1250

軍機大臣欽奉

諭旨郵傳部奏請將宗人府理事官毓厚等留部分别補用一摺毓厚著毋庸留部餘依議又奏吉長張綏兩路購運機器材料援案請免稅三年一片著該衙門議奏欽此

軍機大臣署名

臣奕 臣世 臣鹿 臣那 臣戴

十一月二十二日

1251

鈐章

軍機大臣欽奉

諭旨段祺瑞奏懇請開去陸軍第六鎮統制之差一

摺著不准行欽此

軍機大臣署名

臣奕 臣世 臣鹿 臣那 臣戴

十一月二十二日

1252

鈐章

宣統元年十一月二十五日內閣奉

上諭毓朗現在服闋著補授步軍統領欽此

軍機大臣署名

臣奕 臣世 臣鹿 臣那 臣戴

1253

鈐章

軍機大臣欽奉

諭旨修訂法律大臣奏籌辦事宜繕單呈覽一摺著

憲政編查館知道欽此

軍機大臣署名

臣奕 臣世 臣鹿 臣那

臣戴

十一月二十五日

原件交憲政館
鈔交法律大臣

1254

鈐章

軍機大臣欽奉

諭旨御史趙炳麟奏財政學務亟須整頓一摺著會

議政務處妥議具奏欽此

軍機大臣署名

臣奕 臣世 臣鹿 臣那 臣戴

十一月二十六日

1255

鈐章

宣統元年十一月二十七日內閣奉

上諭雲南永昌府知府員缺著耿葆煃補授欽此

軍機大臣署名

臣奕 臣世 臣鹿 臣那 臣戴

1256

鈐章

軍機大臣欽奉

諭旨都察院代奏候選訓導王元穉請將東漢趙岐

援案從祀

文廟呈一件著禮部議奏欽此

軍機大臣署名

臣奕 臣世 臣鹿 臣那 臣戴

十一月二十七日

1257

鈐章

軍機大臣欽奉

諭旨都察院奏酌擬互選詳細規則繕單呈覽一摺

又奏舉行互選需用經費請飭部照數籌撥一片

均著依議欽此

軍機大臣署名

臣奕　臣世　臣鹿　臣那　臣戴

十一月二十七日

1258

鈐章

軍機大臣欽奉

諭旨都察院代奏民政部主事王荃善等呈稱川鹽

收票改官弊害甚大等語著該衙門議奏欽此

軍機大臣署名

臣奕

1259

臣世　臣鹿　臣那　臣戴

十一月二十七日

鈔交 督辦鹽政大臣 度支部

辦理軍機處為咨行事據本處三品頂戴員外

郎章京陳鴻翼呈報母親於本年十一月十八

日在京寓病故應行回籍守制等語前來查該

員係屬親子例應丁憂相應咨行

貴部查照可也須至咨者

右咨

吏部

宣統元年十一月二十七日

1260
十一月二十八日引
見人員
宗人府十六人
民政部二人
鑲白旗滿洲六人
鑲白旗漢軍三人
正藍旗滿洲十二人
鑲藍旗滿洲十五人
鑲藍旗漢軍三人
中正殿二人
共五十九人

1261
鈐章
軍機大臣欽奉
諭旨倉場衙門奏本屆漕務完竣在事出力文武員
弁援案請奬一摺又奏本屆江浙海運糙白糧一
律純潔援案酌保兩省糧道及各局員一摺均著
該部議奏單四件併發欽此
軍機大臣署名

1262
十一月二十八日
查本處章京員外郎陳鴻翼主事徐廣思先後
據報丁憂應行添傳二員臣等公同商酌擬傳
記名在前之法部七品小京官呂式斌內閣候補中
書江保傳在額外章京上行走謹
奏
宣統元年十一月二十八日奉
旨知道了欽此
臣奕
臣世
臣鹿
臣那
臣戴

1263
鈐章
宣統元年十一月二十九日內閣奉
上諭本年十二月二十九日歲暮祫祭
太廟遣載功恭代行禮東西廡派錫露榮整各分獻欽此

1264

軍機大臣署名
臣奕
臣世
臣鹿
臣那
臣戴

鈐章
軍機大臣欽奉
諭旨總管内務府奏遵旨查辦三旗發放米石參案
據實覆奏一摺著依議欽此
軍機大臣署名
臣奕
臣世
臣鹿
臣那
臣戴
十一月二十九日

1265

鈐章
軍機大臣欽奉
諭旨學部奏籌辦京師分科大學大概情形一摺又
奏經科大學酌定簡章一片均著依議欽此
軍機大臣署名
臣奕
臣世
臣鹿
臣那
臣戴
十一月二十九日

1266

鈐章

宣統元年十二月初一日內閣奉

上諭十二月初十日

德宗景皇帝神牌升祔

奉先殿由

監國攝政王代詣行禮欽此

軍機大臣署名

臣奕 臣世 臣鹿 臣那 臣戴

黃面黃裏

1267

鈐章

軍機大臣欽奉

諭旨翰林院侍讀榮光奏已修鐵路請速籌添設護

路巡警一摺著郵傳部知道欽此

軍機大臣署名

臣奕

1268

十二月初一日

臣世 臣鹿 臣那 臣戴

宣統元年十二月初二日內閣奉

上諭

監國攝政王面奉

隆裕皇太后懿旨明年元旦皇帝毋庸行禮停止筵宴

在外公主福晉命婦亦毋庸進內行禮欽此

鈐章

軍機大臣署名

臣奕 臣世 臣鹿 臣那 臣戴

黃面黃裏

1269

宣統元年十二月初二日内閣奉

上諭

監國攝政王面奉

隆裕皇太后懿旨明年元旦皇帝毋庸行禮停止筵宴

在外公主福晋命婦亦毋庸進内行禮欽此

鈐章

黄面黄裹

軍機大臣署名

臣奕

臣世

臣鹿

臣那

臣戴

1270

鈐章

宣統元年十二月初二日内閣奉

上諭禮部奏明年元旦禮節請旨遵行一摺著停止

升殿受賀欽此

黄面黄裹

軍機大臣署名

臣奕

臣世

臣鹿

臣那

臣戴

1271

鈐章

軍機大臣欽奉

諭旨郵傳部會奏議覆陝西巡撫奏籌辦延長油礦

修築運路暫行緩辦一摺提倡商業爲當務之急

著該撫體察情形廣籌行銷一俟出油較旺即行

議修運路以興實業而濬利源欽此

軍機大臣署名

臣奕

臣世

臣鹿

臣那

臣戴

十二月初三日

1272

鈐章

軍機大臣欽奉
諭旨順天府奏查明知州被參各款暨整頓順屬營
務情形一摺着依議欽此

軍機大臣署名

臣奕
臣世
臣鹿
臣那
臣戴

十二月初三日

1273

鈐章

宣統元年十二月初四日內閣奉
上諭朕敬維
列祖
列宗至仁極聖臨民敷政無時不廣開言路博採羣謀
朕御極以來勤求治理於嘉言直諫凡有益於國
計民生者罔不虛衷采納見諸施行即由該長官
代奏者亦必詳加披覽酌核辦理惟近來建言諸
臣其直言敢諫披瀝忠忱者固不乏人而懷挾私
見及毛舉細故不知大體者亦嘗有之否則毫無
建白緘默偷安甚負朕殷殷求言本意自此申諭
以後朝廷寬其既往嚴其將來其有言責諸臣暨
代奏抒誠進言者果能關懷時局為國為民條陳
得當朕不但立准施行且加以獎敘儻敢如前不
悛任意嘗試亦必予以懲處不貸用示廣納忠言
勵精圖治之至意欽此

軍機大臣署名

臣奕
臣世
臣鹿
臣那
臣戴

1274

鈐章

宣統元年十二月初四日內閣奉
上諭正白旗滿洲都統固倫額駙公符珍持躬謹

綀達老成由散秩大臣補授副都統内大臣充御
前侍衛洊升都統管理圓明園八旗官兵事務宣
力有年克勤厥職兹聞溘逝軫惜殊深加恩著賞
給陀羅經被派鎮國公溥信帶領侍衛十員即日
前往奠醊照都統例賜卹任内一切處分悉予開
復應得卹典該衙門察例具奏伊子記名二等侍
衛三等侍衛松年陸軍部補用郎中松耆頭品廕
生松茂均著俟百日孝滿後由該旗帶領引見用
示篤念藎臣至意欽此

軍機大臣署名
臣奕
臣世
臣鹿
臣那
臣戴

1275 光緒十五年六月二十一日内閣奉
上諭正白旗領侍衛内大臣正黄旗滿洲都統固倫
額駙公景壽持躬端謹綀達老成蒙

宣宗成皇帝賞給散秩大臣
文宗顯皇帝擢授都統御前大臣
穆宗毅皇帝復加倚任賞派各項差使朕御極後派令
管理神機營等處事務並賜在紫禁城内乘坐二
人椅轎賞坐四人肩輿宣力有年克勤厥職前因
患病迭次賞假方冀調理就痊長承恩眷兹聞溘
逝軫惜殊深加恩賞給陀羅經被派輔國公載澤
帶領侍衛十員即日前往奠醊照都統例賜卹並
著賞銀二千兩治喪由廣儲司給發任内一切處
分悉予開復應得卹典該衙門查例具奏伊子候
補五品京堂志勳工部候補郎中志崇均著俟百
日孝滿後由該旗帶領引見署正衛監生志常著
俟及歲時由該旗帶領引見用示篤念藎臣至意
欽此

1276 光緒二十四年五月初四日内閣奉
上諭正藍旗蒙古都統和碩額駙札拉豐阿持躬謹
恪綀達老成由散秩大臣挑在乾清門當差充御
前侍衛補授副都統洊升都統管理健鋭營神機

營各處事務宣力有年克勤厥職前因患病賞假
調理遽聞溘逝軫惜殊深加恩著照都統例賜䘏
任內一切處分悉予開復應得䘏典該衙門察例
具奏欽此

1277

鈐章

軍機大臣欽奉

諭旨理藩部奏查明使用僞文案內人證供詞閃鑠

請飭交大理院訊辦一摺著依議欽此

軍機大臣署名

臣奕 臣世 臣鹿 臣那 臣戴

十二月初四日

1278

鈐章

宣統元年十二月初五日內閣奉

上諭耆齡奏因病懇請開缺一摺馬蘭鎮總兵兼總
管內務府大臣耆齡著准其開缺欽此

軍機大臣署名

臣奕 臣世 臣鹿 臣那 臣戴

1279

鈐章

宣統元年十二月初五日內閣奉

上諭馬蘭鎮總兵兼總管內務府大臣著蘇噜岱補授
欽此

軍機大臣署名

臣奕 臣世 臣鹿 臣那 臣戴

1280

欽奉

軍機大臣欽奉

諭旨御史趙熙奏學部奏擬檢定小學教員章程妨

礙教育一摺著會議政務處議奏欽此

軍機大臣署名

臣奕

臣世

臣鹿

臣那

臣戴

十二月初五日

1281

八旗副都統名單

希朗阿

桊綏章

祥普

秀吉

兜欽

景恩

全福

硃

○

毓秀

敬昌

棍布札布

英信

善豫

誠全

蘇嚕岱

瑞啟

塔克什訥

文泰

廣綺

溥倬

王英楷

吉陞

達賚

恒順

祺誠武

承祐

常山

成安

岳棵
福海
德麟
段祺瑞
卓凌阿
都凌阿
慶綿
麟光
豐深
希璋
顧璜
馮國璋
志鈞
載擭
訥欽泰
額勒春
文璞
良秦

1282

外務部左侍郎聯芳
右侍郎鄒嘉來
吏部左侍郎唐景崇
右侍郎于式枚
民政部左侍郎烏珍
右侍郎林紹年
度支部左侍郎紹英
右侍郎陳邦瑞
禮部左侍郎景厚
右侍郎郭曾炘
學部左侍郎嚴修
右侍郎寶熙
陸軍部左侍郎壽勳
右侍郎廕昌差
法部左侍郎紹昌
右侍郎沈家本
農工商部左侍郎熙彥
右侍郎楊士琦
郵傳部左侍郎汪大燮

1283

右侍郎盛宣懷
理藩部左侍郎達壽
右侍郎恩順
倉場侍郎桂春
俞廉三
内閣學士麒德
瑞豐
毓隆
那晋
榮勲
溥善
楊佩璋
李聯芳
吴郁生
王垿

1284

鈐章
宣統元年十二月初六日内閣奉
上諭本年十二月二十八日告祭
太廟後殿派魁斌行禮
中殿派訥勒赫行禮二十九日祭
太歲壇派訥勒赫行禮兩廡派麒德瑞豐各分獻欽此
軍機大臣署名
臣奕
臣世
臣鹿
臣那
臣戴

1285

鈐章
宣統元年十二月初六日内閣奉
上諭陸軍部尚書鐵良奏懇請續假並請派員署缺
一摺鐵良著賞假一箇月毋庸派員署理欽此
軍機大臣署名
臣奕
臣世
臣鹿

臣那
臣戴

1286

鈐章

宣統元年十二月初六日内閣奉
上諭孫寶琦電奏山東署濮州知州蔣茲非刑斃命
曹州府知府王賡廷徇私溺職等語朝廷慎重民
命停止刑訊不啻三令五申凡為地方官者自當
一體遵守乃署濮州知州蔣茲於文童蕭春旺一
案擅用非刑斃命實屬殘酷妄為著即行革職歸
案訊辦曹州府知府王賡廷於屍親迭次控告置
之不理著一併革職聽候查辦以為玩視民命者
戒該部知道欽此

軍機大臣署名

臣奕
臣世
臣鹿
臣那
臣戴

1287

鈐章

軍機大臣欽奉
諭旨明年元旦梁格莊
行宮
德宗景皇帝几筵前致祭著該衙門按照滿月禮敬謹
預備併派值班王大臣恭代行禮
陵寢大臣官員等一體齊集欽此

軍機大臣署名

臣奕
臣世
臣鹿
臣那
臣戴

十二月初六日

1288

鈐章

軍機大臣欽奉
諭旨會議政務處奏議覆東三省總督錫良等奏長
白府治内增設安圖撫松兩縣員缺一摺著依議

欽此

軍機大臣署名

臣奕 臣世 臣鹿 臣那 臣戴

十二月初六日

1289

鈐章

軍機大臣欽奉

諭旨欽天監奏現署滿右監副常海服滿請旨一摺

常海著補授欽天監右監副欽此

軍機大臣署名

臣奕 臣世 臣鹿 臣那 臣戴

十二月初六日

1290

鈐章

軍機大臣欽奉

諭旨稅務處會奏議覆郵傳部奏吉長張綏兩路購

運機器材料免稅三年援案照准一摺著依議欽此

軍機大臣署名

臣奕假 臣世 臣鹿 臣那 臣戴

十二月初七日

1291

鈐章

軍機大臣欽奉

諭旨稅務處會奏議覆郵傳部奏吉長張綏兩路購

運機器材料免稅三年援案照准一摺著依議欽此

軍機大臣署名

臣奕假 臣世

十二月初七日

臣鹿
臣那
臣戴

1292

鈐章

軍機大臣欽奉

諭旨本日引見州縣事實列入最優等在任候補知府陝西商州直隸州知州胡啟虞著仍以知府在任儘先即補欽此

軍機大臣署名

臣奕假
臣世
臣鹿
臣那
臣戴

1293

鈐章

軍機大臣欽奉

諭旨本日引見之已革奉天候補知府陶鏞著以同知用降補縣丞前河南候補同知張慰祖著以通判用欽此

軍機大臣署名

臣奕假
臣世
臣鹿
臣那
臣戴

十二月初七日

1294

鈐章

軍機大臣欽奉

諭旨本日陸軍部引見未到之軍政逾歲官二等侍衛明瑞著陸軍部照例辦理欽此

軍機大臣署名

臣奕假
臣世
臣鹿

臣那
臣戴
十二月初七日

1295
鈐章
軍機大臣欽奉
諭旨本日引見之已革總管若麟著以翼長用已革
翼長春林著以防禦用欽此
軍機大臣署名
臣奕假
臣世
臣鹿
臣那
臣戴
十二月初七日

1296
審案平反並明保官直隸大名府知府現署保
定府知府錫齡阿
硃○旨著以道員交軍機處存記

1297
州縣事實列入最優等在任候補知府陝西商
州直隸州知州胡啟虞
旨著仍以知府在任儘先即補

1298
已革奉天候補知府陶鏞
旨著以同知用

1299
降補縣丞前河南候補同知張恩祖
旨著以通判用

1300
軍政逾歲官二等侍衛明瑞
旨著照舊供職
旨著原品休致

1301
已革總管若麟
旨著以翼長用
已革翼長春林
旨著以防禦用

1302
鈔章
宣統元年十二月初七日内閣奉
上諭雲南昭通府知府員缺著石家銘補授欽此
軍機大臣署名
臣奕
臣世
臣鹿
臣那
臣戴
假

1303
旨簡放
雲南昭通府知府員缺請

1304
鈔章
宣統元年十二月初七日内閣奉
上諭梁敦彦等奏遵章核定游學專門各員開單呈
覽一摺擬列一等之詹天佑著賞給工科進士嚴
復著賞給文科進士魏瀚李維格鄭清濂酈榮光
吴仰曾均著賞給工科進士章湯生著賞給文科
進士楊廉臣著賞給工科進士張康仁著賞給法
科進士伍光建王劭廉均著賞給文科進士擬列
二等之酈佑昌李大受温秉仁均著賞給工科舉
人陳聯祥著賞給格致科舉人盧守孟劉冠雄江
起鵬均著賞給工科舉人餘依議欽此
軍機大臣署名
臣奕
臣世
臣鹿
臣那
臣戴
假

1305
見人員
十二月初八日引
上虞備用處四人
鑲黄旗滿洲三人
正紅旗蒙古二人
鑲白旗滿洲三人
前鋒護軍統領二十四人

内務府五人
茶膳房十四人
共五十五人

1306
鈐章
軍機大臣欽奉
諭旨都察院代奏法部郎中陸觀麟條陳各部院調用外官留補京職應補交實銀呈一件著該部議
奏欽此
軍機大臣署名
臣奕假
臣世
臣鹿
臣那
臣戴
十二月初八日

1307
滿頭班
花翎二品銜領班三品章京英秀

花翎二品銜幫領班四品章京文年
三品銜　記名道府章京郎中榮元
先換頂戴在任即選知府章京郎中麟祥
花翎三品銜章京侍讀裕銘
章京候補員外郎伊密揚阿
花翎四品銜額外章京理藩部員外郎存瑞
花翎三品銜在任即選道額外章京上行走鍾佩
漢頭班
花翎領班三品章京劉穀孫
花翎領班章京上行走候補五品京堂楊壽樞
二品銜幫領班四品章京徐宗溥
三品銜章京員外郎劉慶篤
花翎四品銜章京主事趙國良
四品銜章京主事張潤
四品銜章京主事宋子聯
三品銜章京　記名繁缺知府郎中楊芾
花翎員外郎銜章京候補主事曾文玉
花翎四品銜章京　記名道府郎中舒鴻貽
額外章京翰林院編修黄彦鴻

滿二班
花翎署理領班三品章京聯綬
花翎三品銜幫領班四品章京成俊
花翎三品頂戴章京郎中榮奎
花翎三品銜　記名道府即選知府章京郎中常泰
花翎四品銜章京主事鴻恩
四品銜章京候補主事興廉
四品銜章京員外郎星輅
章京錄事官松海
漢二班
二品銜領班三品章京易貞
幫領班四品章京趙廷珍
三品銜章京　記名繁缺知府郎中孫筍經
四品銜章京主事盧大明
四品銜章京主事邢維經
三品頂戴章京員外郎萬雲路
章京主事雷延壽
四品銜章京編修楊渭

額外章京法部小京官呂式斌
額外章京內閣候補中書江保傅
鈐章

1308

宣統元年十二月初八日內閣奉
上諭周樹模奏考察屬員賢否分別舉劾一摺黑龍江署呼蘭府知府留江補用直隸州知州黃維翰
奏調補用知府王杜署大賚廳通判候補同知鍾毓既據該撫臚陳政績著傳旨嘉奬湯源縣知縣劉虞卿才具平庸性情貪鄙於任內自領腴荒轉售漁利被控有案拜泉縣知縣王明跋懦弱無能羣小用事認民婦為義母出入衙署物議沸騰候選知縣朱建功管理軍械漫不經心揑寫帳簿浮冒侵蝕候選知縣熊恩溥查拏私煙詐贓受賄均著即行革職該部知道欽此
軍機大臣署名
臣奕　假
臣世
臣鹿

臣那

臣戴

1309

鈐章

宣統元年十二月初八日内閣奉

上諭此次京察一等圈出之

東陵郎中麟祥明盛

西陵員外郎富基著各該管堂官再行出具切實考語

交内務府帶領引見其麟祥等五員均著准其一

等加一級欽此

軍機大臣署名

臣奕（假）

臣世

臣鹿

臣那

臣戴

1310

鈐章

宣統元年十二月初八日内閣奉

上諭孫寶琦奏查明本年山東各屬秋禾被災情形

懇恩蠲緩錢漕一摺本年山東青城等八十九州

縣及收併衛所並各鹽場夏秋兩季雨暘失時沿

黄沿運一帶大汛泛濫積水不消若將被淹村莊

應徵錢漕照常徵收民力實有未逮加恩著照所

請所有成災最重之青城縣屬各村莊應徵本年

錢粮漕米漕倉等項全行蠲免其餘成災輕重不

等之東平州等州縣應徵錢漕等項按照單開各

村莊地畝分別蠲緩該撫即刊刻謄黄徧行曉諭

務使實惠均霑毋任吏胥舞弊用副朝廷軫念民

艱之至意餘著照所議辦理該部知道單併發欽此

軍機大臣署名

臣奕（假）

臣世

臣鹿

臣那

臣戴

1311

鈐章

宣統元年十二月初十日内閣奉

上諭禮部奏萬壽聖節應否照案行禮一摺明年正月十三日萬壽朕在宫内恭詣
隆裕皇太后前行禮王公百官均毋庸行禮十三日王公百官均著常服掛朝珠十六日十七日均常服不掛朝珠欽此
黄面黄裏
軍機大臣署名
臣奕假
臣世
臣鹿假
臣那
臣戴

1312
宣統元年十二月初十日内閣奉
上諭
監國攝政王面奉
隆裕皇太后懿旨明年正月初十日萬壽皇帝在宫内行禮王公百官毋庸行禮停止筵宴在外之公主福晋命婦均毋庸進内行禮萬壽正日王公百官均著補褂掛朝珠初六初八初九十二十三十五等日均常服掛朝珠欽此
鈐章
黄面黄裏
軍機大臣署名
臣奕假
臣世
臣鹿假
臣那
臣戴

1313
十二月十一日引
見人員
宗人府二人
學部六人
理藩部十七人
領侍衛内大臣二十人
鑲紅旗滿洲四人
共四十九人

1314

鈐章

宣統元年十二月十一日內閣奉

上諭禮部奏參讀祝官讀祝錯誤一摺昨日由

監國攝政王代詣

奉先殿恭奉

德宗景皇帝神牌升祔大典禮節隆重其執事各官宜

如何謹慎將事乃讀祝官景明竟將

祝版內讀作恭代字樣其任意錯誤非尋常疏忽可比

景明著即行革職發往軍臺効力贖罪以示懲儆

欽此

軍機大臣署名

臣奕 假

臣世

臣鹿

臣那

臣戴

1315

鈐章

軍機大臣欽奉

諭旨明保官直隸邢臺縣知縣岳齡著吏部帶領引

見欽此

軍機大臣署名

臣奕 假

臣世

臣鹿

臣那

臣戴

十二月十一日

1316

鈐章

軍機大臣欽奉

諭旨貝勒毓朗等奏陳明學堂考試情形並預定開

學日期分科辦法一摺知道了欽此

軍機大臣署名

臣奕 假

臣世

臣鹿

臣那

1317

十二月十二日引

見人員

吏部三十一人

欽天監二人

值年旗二人

鑲白旗滿洲十人

虎槍處二人

內務府十三人

共六十人

十二月十一日

臣載

1318

鈐章

宣統元年十二月十二日內閣奉

上諭湖北按察使著沈潛補授茹泰著補授陝西陝

安道欽此

軍機大臣署名

臣奕

1319

鈐章

宣統元年十二月十二日內閣奉

上諭本日引見之明保官在任候補直隸州知州直

隸邢臺縣知縣岳齡著在任以知府補用欽此

軍機大臣署名

臣世

臣鹿

臣那

臣載

臣奕

臣世

臣鹿

臣那

臣載

1320

鈐章

軍機大臣欽奉

諭旨會議政務處奏遵議繼祿代奏太醫院使張

仲元等呈請變通官階請欽定施行一摺太醫院
院使著定為四品餘依議欽此

軍機大臣署名

臣奕 臣世 臣鹿 臣那 臣戴

十二月十二日

1321

鈐章

軍機大臣欽奉

諭旨法部奏交審要案憑證不全請飭迅速查明以
便歸併審辦一摺著依議欽此

軍機大臣署名

臣奕 臣世 臣鹿 臣那

臣戴

十二月十二日

1322

鈐章

軍機大臣欽奉

諭旨內務府奏恭辦要差需用款項請由部庫籌撥
一摺著核實數目再行具奏欽此

軍機大臣署名

臣奕 臣世 臣鹿 臣那 臣戴

十二月十二日

1323

鈐章

軍機大臣欽奉

諭旨郵傳部奏另核保獎繕單呈覽一摺著依議又

奏前考察政治大臣奏保選用知府唐元湛保案
重複請改奬俟得知府後以道員用一片著吏部
議奏欽此

鈐章署名原件交郵傳部
另鈔交吏部

軍機大臣署名

臣奕
臣世
臣鹿
臣那
臣戴

十二月十三日

1324

鈐章

軍機大臣欽奉

諭旨郵傳部奏推廣修理電綫並整頓大概情形一
摺知道了欽此

軍機大臣署名

臣奕
臣世
臣鹿

臣那
臣戴

十二月十三日

1325

鈐章

軍機大臣欽奉

諭旨郵傳部奏陳明輪船招商局歷年官督商辦情
形並擬查賬辦法一摺又奏廣東粵漢鐵路已派
員前往澈查歸併前案辦理一片知道了欽此

軍機大臣署名

臣奕
臣世
臣鹿
臣那
臣戴

十二月十三日

1326

鈐章

軍機大臣欽奉

諭旨內務府奏遵保承辦差務各員繕單呈覽各摺
片所保人數較多著另核請獎欽此
軍機大臣署名
臣奕
臣世
臣鹿
臣那
臣戴
十二月十三日

1327
辦理軍機處為咨行事本處奏保滿漢章京出
力請獎一摺宣統元年十二月初七日奉
旨依議欽此相應鈔錄原摺單件咨行
貴部查照辦理可也須至咨者
右　咨　計黏鈔摺鈔單各一件
吏　部
宣統元年十二月　日

1328
鈐章
宣統元年十二月十三日內閣奉
上諭昨日召見之承襲一等子爵廣西委用知府李
長祿著仍以知府補用承襲一等男爵候選道度
支部員外郎劉朝仰著以道員即選欽此
軍機大臣署名
臣奕
臣世
臣鹿
臣那
臣戴

1329
鈐章
宣統元年十二月十三日內閣奉
上諭前經查明咸豐同治以來勘定髮捻回各匪文
武大員之子孫業已加恩錄用茲據續行查出各
員自應一體施恩前雲貴總督劉長佑之長孫截
取安徽直隸州知州劉繩武著以知府仍留原省
補用曾孫知府銜儘先選用同知劉鶴慶著以知

府選用前巡撫一等男爵劉銘傳之次孫候選道陸軍部郎中劉朝望著以道員即選贈布政使銜道員王鑫之長孫花翎同知銜江蘇補用知縣王禮峘著以直隸州知州仍留原省補用曾孫王傳薪著以主事分部補用前綏遠城將軍福興之長孫度支部郎中鐵保著以道員記名簡放前河南歸德鎮總兵一等子爵李臣典之孫李榮萼著以主事分部補用前浙江提督鄧紹良之長孫湖北候補通判鄧世勳著以直隸州知州仍留原省即補曾孫鄧守清著以主事分部補用都統銜前廣東副都統烏蘭泰之孫二等輕車都尉普霖著以員外郎分部補用曾孫世昌著以主事分部補用前署廣西提督甘肅肅州鎮總兵張玉良之長孫應襲騎都尉張錫恩著以直隸州知州分省即補前工部左侍郎呂賢基之嫡長曾孫承襲騎都尉兼一雲騎尉湖北候補知府呂美璟著以知府仍留原省即補前漕運總督袁甲三之孫度支部郎中袁世勳著以道員記名簡放前都察院副都御史江西巡撫張芾之孫承襲騎都尉兼一雲騎尉張

溎著以直隸州知州分省補用前署貴州巡撫韓超之孫湖北候補主簿選用知縣保升直隸州知州韓方朴著以知府遇缺即選布政使銜前福建督糧道趙景賢之次子開復前廣西柳州府知府趙洣彥著以道員分省補用孫江蘇試用通判趙之驌著以直隸州知州仍留原省補用前雲南鶴麗鎮總兵朱洪章之子應襲騎都尉朱桂著以主事分部補用孫朱家炯著以通判分省補用前直隸提督郭松林之長子世襲一等輕車都尉兵部主事截取河南直隸州知州郭人凱著以知府仍留原省即補前廣東等省巡撫蔣益澧之孫優附生蔣祖耀著以主事分部補用布政使銜前江南道員温紹原之嫡長孫温祖蘧著以主事分部補用曾孫附生承襲騎都尉師範學堂畢業生温翶著以直隸州知州分省補用前署安徽廬鳳潁道金光筯之嗣孫應襲騎都尉兼一雲騎尉金志鵬著以直隸州知州遇缺即選前護軍統領恆齡之曾孫法部主事蔭康著以員外郎仍留本部補用元孫志海著以主事分部補用前新疆巡撫一等

男爵劉錦棠之子新疆候補直隸州知州劉國祉著以知府仍留原省補用記名提督前廣西右江鎮總兵張樹珊之子襲騎都尉兼一雲騎尉浙江候補道張雲逵著以道員記名簡放孫監生員外郎職銜張紹烈著以員外郎分部補用贈布政使銜升用知府前天津縣知縣謝子澄之子候選直隸州州判謝觀瀾著以直隸州知州選用孫附貢生謝焜著以主事分部補用用示朝廷培植世臣激勵將士之至意欽此

軍機大臣署名

臣奕 臣世 臣鹿 臣那 臣載

1330

鈐章

宣統元年十二月十四日內閣奉

上諭明年正月初六日祭

祈穀壇遣懋林恭代行禮欽此

軍機大臣署名

臣奕 臣世 臣鹿 臣那 臣載

1331

鈐章

宣統元年十二月十四日內閣奉

上諭明年正月初十日孟春時享

太廟遣載功恭代行禮

後殿派懋林行禮兩廡派扎克丹延秀各分獻欽此

軍機大臣署名

臣奕 臣世 臣鹿 臣那 臣載

1332

鈐章

宣統元年十二月十五日內閣奉

上諭貝勒載潤等奏考試宗室氣槍暨識滿漢文字開單呈覽一摺中氣槍五槍識滿漢字之錫啟保善溥佑齡秀均著賞給三等侍衛中氣槍五槍識漢字之卬符裕瀛長續清鑑榮謙榮沛松順榮俊富森寶鑫玉崑常福均著賞給四等侍衛中氣槍四槍識漢字之松錕著賞給大緞一疋銀十兩中氣槍三槍識漢字之鐵超全斌樸清雙山連啟成崑升復溥芳並識滿漢字之常年均著賞銀五兩欽此

軍機大臣署名

臣奕 臣世 臣鹿 臣那 臣戴

1333

鈐章

宣統元年十二月十五日內閣奉

上諭前據御史江春霖奏參疆臣素相朋比肆為謾欺一摺當經諭令張人駿確查茲據查明覆奏江西巡撫馮汝騤謹飭和平所參煙癮甚重貴缺徇私各節均無實迹可指至其用人間有未當已將各員分別參撤毋庸再議惟該撫於提回公費及委用丁憂人員沈銘照二事雖有文牘可稽或前任曾經派委與私行提取濫加委任者有別但均未奏報難辭疏忽之咎馮汝騤著交部議處候補知縣何慧曾承辦供張任子私用浮開濫數希圖冒領迹近侵欺著即行革職餘著照所議辦理該部知道欽此

軍機大臣署名

臣奕 臣世 臣鹿 臣那 臣戴

1334

鈐章

軍機大臣欽奉

諭旨會議政務處奏議覆督辦川滇邊務大臣趙爾

豐奏德格土司納還全境請改土歸流一摺著依

議欽此

軍機大臣署名

臣奕

臣世

臣鹿

臣那

臣戴

十二月十五日

1335

查李臣典之孫李榮孚十三日繕寫

諭旨誤作李榮芳謹請更正俟

發下後由臣等知照吏部辦理謹

奏　宣統元年十二月十六日奉

旨知道了欽此

十二月十五日

1336

十二月十六日引

見人員

值年旗三十三人

1337

鈐章

軍機大臣欽奉

諭旨劉廷琛奏假期屆滿病仍未痊懇請開缺一摺

大學堂總監督劉廷琛著賞假一箇月毋庸開缺欽此

軍機大臣署名

臣奕

臣世

臣鹿

臣那

臣戴

十二月十六日

1338

十二月十七日引

見人員

值年旗四十四人

1339

鈐章

軍機大臣欽奉

諭旨慶親王奕劻面奏職任繁重難以兼顧懇請開
去管理陸軍貴胄學堂之差等語著如所請俾稍
節勞以示優眷著派貝勒載潤會同陸軍部管理
陸軍貴胄學堂事務欽此

軍機大臣署名

臣奕
臣世
臣鹿
臣那
臣戴

十二月十七日

1340

鈐章

軍機大臣欽奉

諭旨農工商部奏遵章預籌次年農工商政實行辦
法一摺又奏憲政編查館原單所開應行酌核更
定各節已量為變通亟為籌辦一片均著憲政編
查館知道欽此

軍機大臣署名

臣奕
臣世
臣鹿
臣那
臣戴

十二月十七日

1341

鈐章

軍機大臣欽奉

諭旨農工商部奏遵擬勸業富籤公債票試辦章程
開單呈覽一摺著即緩辦欽此

軍機大臣署名

臣奕
臣世
臣鹿
臣那
臣戴

十二月十七日

1342

鈐章

軍機大臣欽奉

諭旨郵傳部奏遵章預陳次年籌備實情一摺著憲

政編查館知道欽此

軍機大臣署名

臣奕

臣世

臣鹿

臣那

臣戴

十二月十七日

1343

鈐章

軍機大臣欽奉

諭旨郵傳部奏擬訂船路電郵四政專律並開辦大

概情形一摺著依議又奏核覆黑龍江鐵路交涉

局報銷一片知道了欽此

軍機大臣署名

臣奕

1344

臣世

臣鹿

臣那

臣戴

十二月十七日

鈐章

軍機大臣欽奉

諭旨給事中張世培奏稅關經徵木課積弊太深請

旨飭下度支部專派監督核實徵收一摺著度支

部議奏欽此

軍機大臣署名

臣奕

臣世

臣鹿

臣那

臣戴

十二月十七日

1345

鈐章

軍機大臣欽奉

諭旨變通旗制處會奏遵議歸化城副都統三多奏
變通旗制應多立手工學校專設勸業銀行一摺
又奏議覆東三省總督錫良奏奉省旗官出缺不
補逐漸變通一片又奏議覆内閣侍讀學士延昌
奏請設變通旗制處諮議官一片均著依議欽此

軍機大臣署名

臣奕
臣世
臣鹿
臣那
臣戴

十二月十七日

1346

鈐章

軍機大臣欽奉

諭旨給事中張世培奏新出小學教科書善本甚少
請飭學部嚴行釐訂並慎編模範善本一摺著學
部知道欽此

軍機大臣署名

臣奕
臣世
臣鹿
臣那
臣戴

十二月十七日

1347

鈐章

宣統元年十二月十八日内閣奉

上諭馮汝騤奏特參文武不職各員請分別懲處一
摺江西廣信府河口鎮同知鮑祖祥偏聽妄控擾
累無辜泰和縣知縣陳善垣聲名甚劣難膺民社
候補知縣張炳華辦理玉山稅卡縱容巡丁苛擾
商賈試用知縣夏顯斌居心險詐專務鑽營試用
知縣邱錫淵前代理德化縣辦事輕浮不諳政體
試用知縣胡會昌前辦義甯州官銀分號司事舞
弊故為徇縱武甯縣訓導熊舒長交結劣紳唆訟

多事廣豐縣縣丞成富春習為巧詐玉山縣典史
祝襄擅受民詞洋口司巡檢黃兆棠被控有據湖
坊司巡檢曹國英縱庇地保署小池司巡檢劉炳
南丁役用事吉水縣典史柏長青行為謬妄補用
直隸州知州朱上清前帶巡防營紀律廢弛缺曠
亦多升用都司葛屏藩前帶巡防營不守正規營
務敗壞南康營都司劉鴻章任性放蕩不守營規
羊角營都司米生富縱兵擾民不知約束橫岡營
都司林祖武收受賄規紀律懈弛豐城汛把總李
仕煐民怨甚深新城汛把總涂英蘭任性妄為著
一併革職試用知府楊德鋆前辦贛州官銀分號
迂懦無能耗損公款尚無營私肥己情事著以同
知降補龍泉縣知縣陳瑞鼎書吏招搖不能約束
著開缺另補試用知縣徐孝泰辦理樂平稅卡短
收甚鉅著摘去頂戴勒限賠繳署瀘溪縣試用知
縣朱兆麟署峽江縣試用知縣錢之鏡財政報冊
逾限均著交部議處餘著照所議辦理該部知道
欽此

軍機大臣署名

1348

臣奕 臣世 臣鹿 臣那 臣戴

鈐章

軍機大臣欽奉

諭旨御史蕭丙炎奏各省徵收丁漕未能持平辦理
請通飭嚴加整頓一摺著度支部議奏欽此

軍機大臣署名

臣奕 臣世 臣鹿 臣那 臣戴

十二月十八日

1349

鈐章

宣統元年十二月十九日内閣奉

上諭陝西布政使許涵度著開缺來京另候簡用欽此

軍機大臣署名

臣奕 臣世 臣鹿 臣那 臣戴

1350

鈐章

宣統元年十二月十九日内閣奉

上諭恩壽奏特參庸劣不職各員一摺陝西米脂縣
知縣潘松不恤民隱强復舊捐署安定縣試用知
縣涂宗濂徇劣縱刁斂捐違衆均著即行革職綏
德直隸州知州張銘坤才識平庸難資表率著以
府經縣丞降補洵陽縣知縣盧秉鈞因循用事聽
斷不明郃陽縣知縣李漢源約束不嚴重聽誤事
鎮安縣知縣李麟圖學務廢弛難與更新紫陽縣
知縣張銑年紀太輕才欠穩練均著開缺留省察
看甯羌州學正曹欽生嗜利忘義洋縣教諭郝欲
修年老氣衰鳳縣訓導米樹棻才具平庸保安縣
訓導高廷鏞聲名平常略陽縣訓導蔣善訓人欠
安詳略陽縣典史金松林取巧規避乾州吏目斯
樹梅欺飾營私延長縣典史馬朝覲操守難信試
用巡檢蔣沃堃膽大妄爲試用從九徐福昌聲名
惡劣均著即行革職餘著照所議辦理該部知道
欽此

軍機大臣署名

臣奕 臣世 臣鹿 臣那 臣戴

1351

鈐章

宣統元年十二月十九日内閣奉

上諭楊文鼎奏勘明湖北各屬被淹受旱輕重情形

請分別蠲緩新舊錢糧漕南銀米等項開單呈覽一摺湖北本年入夏以來川襄二水迭次泛漲低窪田禾被淹秋後襄水復漲垸堤多有潰決田禾復遭淹浸高阜之區間受乾旱收成均形歉薄若將應徵錢糧漕米等項照常徵收民力實有未逮加恩著照所請將被災之石首等各廳州縣村莊應徵新賦錢糧漕米等項並原緩節年銀米酌量輕重情形分別蠲緩以紓民力該護督即按照單開詳細數目刊刻謄黃徧行曉諭務使實惠均霑毋任吏胥舞弊用副朝廷軫念民艱至意餘著照所議辦理該部知道單二件併發欽此

軍機大臣署名

臣奕 臣世 臣鹿 臣那 臣載

1352

鈐章

宣統元年十二月十九日內閣奉

上諭馮汝騤奏查明江西被災各屬分別緩徵遞緩新舊錢漕等項開單呈覽一摺江西南昌等府各屬本年入夏以來雨水過多山谿暴發河湖並漲沿河禾苗多被淹浸又因晴霽日久天氣亢暘晚禾雜糧漸形黄萎收成均甚歉薄若將應徵新舊錢漕等項照常徵收民力實有未逮加恩著照所請所有勘實被災之新建等廳縣並九江府同知所轄之南九二衛均著將應徵新舊錢漕蘆課屯餘分別緩徵遞緩以紓民力該撫即按照原單所開各廳縣村莊頃畝分數暨應緩銀兩米石各數刊刻謄黃徧行曉諭務使實惠均霑毋任吏胥舞弊用副朝廷軫念民艱至意該部知道單併發欽此

軍機大臣署名

臣奕 臣世 臣鹿

臣那
臣戴

1353

鈐章

宣統元年十二月十九日内閣奉
上諭輔國公溥棻奏請創辦籌助軍餉修理官房一
摺前經降旨諭令建言諸臣不准懷挾私見及毛
舉細故不知大體乃該輔國公所奏各節意圖攬
捐徒滋紛擾且自稱聯合男爵志福等先籌集股
並請頒發關防尤屬荒謬所請著不准行溥棻並
交宗人府議處欽此

軍機大臣署名

臣奕
臣世
臣鹿
臣那
臣戴

1354

鈐章

軍機大臣欽奉
諭旨度支部奏議覆孫寶琦奏山東布政使朱其煊
報効稅契銀兩一片朱其煊著交部議敍欽此

軍機大臣署名

臣奕
臣世
臣鹿
臣那
臣戴

十二月十九日

1355

鈐章

宣統元年十二月二十日内閣奉
上諭憲政編查館奏核訂民政部修訂法律大臣會
奏禁煙條例開單呈覽一摺禁除鴉片最為中國
自强要政歷奉
先朝諭旨飭令嚴行查禁並節經頒定章程俾資遵守
本年復重申誡諭責成京外各衙門認真辦理所

為加以訓勉示以防制者不為不至現在各省奏
報種植罌粟淨盡者已有多處人民戒除者亦逐
漸加增亟應明定懲戒之法方足以清蠹害而維
久遠查閱所擬核訂禁煙條例於應行懲罰諸端
尚為周備應即宣布京外一體實行所有未報種
植禁絕各省分該督撫務須督飭地方官將禁種
罌粟設法酌縮年限以圖及早廓清已報禁絕者
尤當隨時查察如果毒卉復萌即屬違背定章自
必按照條例施以懲戒其京師各衙門歷次奏定
禁煙章程並各省奏請變通年限曾經允行者均
應作為定章如有違背概照條例治罪京外大臣有
統轄地方官吏之責者儻敢始勤終怠陽奉陰違
亦必予以懲處總期痼習漸次湔除民生日臻強
盛實有厚望焉欽此

軍機大臣署名

臣奕 臣世 臣鹿 臣那 臣載

1356

鈐章

宣統元年十二月二十日內閣奉

上諭陳夔龍奏直隸布政使崔永安呈請開缺送親
回旗籍便省墓據情代奏一摺崔永安著准其開
缺欽此

軍機大臣署名

臣奕 臣世 臣鹿 臣那 臣載

1357

鈐章

宣統元年十二月二十日內閣奉

上諭直隸布政使著淩福彭補授欽此

軍機大臣署名

臣奕 臣世 臣鹿

臣那
臣戴

1358

鈐章

宣統元年十二月二十日内閣奉

上諭學部左侍郎嚴修奏請假修墓一摺學部左侍郎嚴修著賞假兩箇月學部左侍郎著李家駒署理欽此

軍機大臣署名

臣奕
臣世
臣鹿
臣那
臣戴

1359

鈐章

宣統元年十二月二十日内閣奉

上諭直隸按察使著齊耀琳補授欽此

軍機大臣署名

臣奕
臣世
臣鹿
臣那
臣戴

1360

鈐章

宣統元年十二月二十日内閣奉

上諭陝西布政使著余誠格補授欽此

軍機大臣署名

臣奕
臣世
臣鹿
臣那
臣戴

1361

鈐章

宣統元年十二月二十日内閣奉

上諭順天府府尹著王乃徵補授未到任以前著錢

能訓署理欽此

軍機大臣署名

臣奕

臣世

臣鹿

臣那

臣載

1362

鈐章

宣統元年十二月二十日内閣奉

上諭吏部奏遵議江西巡撫馮汝騤處分一摺馮汝騤應得降二級留任處分著不准抵銷安徽巡撫朱家寶查辦此案於馮汝騤應奏不奏一節漏未聲明殊屬不合朱家寶著交部議處欽此

軍機大臣署名

臣奕

臣世

臣鹿

臣那

臣載

1363

鈐章

宣統元年十二月二十日内閣奉

上諭據都察院奏代遞直隸各省諮議局議員孫洪伊等呈請速開國會一摺披覽均悉具見愛國悃忱朝廷深為嘉悦朕仰承

先朝付託之重於預備立憲之要政當御極之初即布告内外仍以宣統八年為限業經明定國是上體

聖懷下慰薄海維新之企望欽惟我

孝欽顯皇后

德宗景皇帝前降

諭旨實係斷自

宸衷定以九年預備為大清帝國君權立憲政體並

諭曰大權統於朝廷庶政公諸輿論此天下臣民所共見共聞也今朝廷宵旰憂勞勤求上理已迭次申

諭責成京外各該衙門切實依限次第辦理深冀

議院早為成立以固邦基惟我國幅員遼闊籌備既未完全國民智識程度又未畫一如一時遽開

議院恐反致紛擾不安適足為憲政前程之累非

特朕無以慰
先朝在天之靈試問爾請願代表諸人其何以對我四
萬萬國民之衆乎朕開誠布公無所隱飾總之憲
政必立議院必開所慎籌者緩急先後之序耳夫
行遠者必求穩步圖大者不爭近功現在各省諮
議局均已舉行明年資政院亦即開辦所以為議
院基礎者具在於此但願我臣民各勤職務計日
程功毋騖虛名而隳實效茲特明白宣示俟將來
九年預備業已完全國民教育普及屆時朕必毅
然降旨定期召集議院庶於勵精圖治之中更寓
慎重籌維之意將此通諭知之欽此

軍機大臣署名
臣奕
臣世
臣鹿
臣那
臣戴

1364

鈐章
軍機大臣欽奉
諭旨都察院奏代遞總檢察廳廳丞王世琪等請開
復已故湖南巡撫陳寶箴原官呈一件陳寶箴著
加恩開復原官又據翰林院編修史寶安為原任
浙江布政使沈兆澐請入祀河南名宦祠呈一件
著禮部議奏又據翰林院檢討區大原等請加恩
褒卹已故廣東巡撫馬丕瑤呈一件著毋庸議欽此

軍機大臣署名
臣奕
臣世
臣鹿
臣那
臣戴

十二月二十日

1365

鈐章
軍機大臣欽奉
諭旨都察院奏赴院呈訴被參冤抑人員現據各省

查覆並無冤抑請照例交部議處一摺著依議欽此

軍機大臣署名

臣奕 臣世 臣鹿 臣那 臣戴

十二月二十日

1366

鈐章

軍機大臣欽奉

諭旨憲政編查館奏請飭京外各衙門設立憲政籌備處並將十月十三日上諭恭書懸挂一摺又奏議覆增韞奏留在籍編修陳敬第等續辦地方自治免扣資俸一摺均著依議欽此

軍機大臣署名

臣奕 臣世 臣鹿

臣那 臣戴

十二月二十日

1367

鈐章

軍機大臣欽奉

諭旨都察院奏代遞大清銀行副監督黎大鈞等鄂境粵漢川漢鐵路籌有的款請准予商辦呈一件著郵傳部知道欽此

軍機大臣署名

臣奕 臣世 臣鹿 臣那 臣戴

十二月二十日

1368

鈐章

軍機大臣欽奉

諭旨都察院奏代遞署學部右參議柯劭忞等東省
鹽務違章私銷亟宜整理呈一件著該衙門議奏
欽此

軍機大臣署名

臣奕 臣世 臣鹿 臣那 臣戴

十二月二十日

1369

鈐章

宣統元年十二月二十日奉
旨此次續行查辦文職廢員圈出之已革廣西興業
縣知縣唐汝霖等五員著吏部帶領引見欽此

軍機大臣署名

臣奕 臣世 臣鹿

臣那 臣戴

1370

鈐章

宣統元年十二月二十一日内閣奉
上諭直隸天津道員缺著謝崇基補授欽此

軍機大臣署名

臣奕 臣世 臣鹿 臣那 臣戴

1371

鈐章

軍機大臣欽奉
諭旨憲政編查館奏彙案會議禁革買賣人口舊習
酌擬辦法繕單呈覽一摺著依議欽此

軍機大臣署名

臣奕

臣世
臣鹿
臣那
臣戴

十二月二十一日

1372

鈐章

軍機大臣欽奉

諭旨侍讀學士延昌奏請將本年閉歇商號所欠票存之款照商律分別追償等語著該衙門知道欽此

軍機大臣署名

臣奕假
臣世
臣鹿
臣那
臣戴

十二月二十二日

1373

鈐章

軍機大臣欽奉

諭旨侍讀學士延昌奏大清銀行關係財政亟宜嚴密稽查俾資整理而免公累一摺著度支部知道欽此

軍機大臣署名

臣奕假
臣世
臣鹿
臣那
臣戴

十二月二十二日

1374

鈐章

軍機大臣欽奉

諭旨民政部奏第一次統計謹繕製表册清單呈覽一摺著憲政編查館知道表單併發欽此

軍機大臣署名

臣奕假

1375

鈐章

宣統元年十二月二十三日内閣奉

上諭陳昭常奏吉林各屬民地暨内外城所屬旗地官莊田禾被災歉收請分別蠲緩開單呈覽各一摺本年六月吉林府等處霪雨滂沱山水暴發沿江上下民田旗地多被淹没若將應徵錢粮照常徵收民力實有未逮加恩着照所請所有勘實被災之吉林府等屬暨省城十旗水師營官莊處所屬各旗地均着將本年應徵民地錢粮旗地租賦分別蠲緩以紓民力該撫即按照單開詳細數目刊刻謄黄徧行曉諭務使實惠均霑毋任吏胥舞弊用副朝廷軫念災區之至意該部知道單二件併發欽此

十二月二十二日

臣世

臣鹿

臣那

臣戴

1376

鈐章

宣統元年十二月二十三日内閣奉

上諭丁寶銓奏查明陽曲等廳州縣被災地畝請分別豁免蠲緩停徵展停遞緩錢糧一摺本年山西省南北各屬夏秋之交陰雨過多霜飛較早兼以冰雹為患成災歉收暨水冲沙醎未能墾復地畝若將應徵新舊糧賦照常徵收民力實有未逮加恩着照所請所有陽曲等八廳州縣應徵新舊錢糧着按照成災分數分別豁免蠲緩停徵展停遞緩以恤民艱該撫即將單開詳細數目刊刻謄黄徧行曉諭務使實惠均霑毋任吏胥舞弊用副朝廷軫念災區之至意餘着照所議辦理該部知道

軍機大臣署名

臣奕

臣世

臣鹿

臣那

臣戴

單併發欽此

軍機大臣署名

臣奕　臣世　臣鹿　臣那　臣戴

1377

鈐章

軍機大臣欽奉

諭旨唐景崇奏查勘要工分別緩急請派員督飭脩理一摺著派林紹年敬謹承脩又奏查驗回乾各樹及補栽賠栽成活分數均與原報相符一片知道了欽此

軍機大臣署名

臣奕　臣世　臣鹿　臣那

臣戴

十二月二十三日

1378

鈐章

軍機大臣欽奉

諭旨修訂法律大臣會同法部具奏修正刑律草案告成繕單呈覽一摺著憲政編查館查覈覆奏欽此

軍機大臣署名

臣奕　臣世　臣鹿　臣那　臣戴

十二月二十三日

1379

鈐章

軍機大臣欽奉

諭旨憲政編查館奏核定京師地方自治章程暨選舉章程繕單呈覽一摺又奏核議沈家本等奏編

定現行刑律告竣繕册呈覽一摺又奏請飭修訂
法律大臣考核中外制度另訂現行律一編進呈
一片又奏議覆吴士鑑奏請申明議案權限一摺
又奏議覆各省行政司法官吏宜慎擇人一片又
奏議覆各省議員限制兼差一片均著依議欽此

軍機大臣署名

臣奕
臣世
臣鹿
臣那
臣戴

十二月二十四日

1380

鈐章

軍機大臣欽奉

諭旨御史陳善同奏鹽務現經歸部直接管理謹擬
辦法請飭核議一摺又奏整頓鹽務請先由淮北
試辦一片均著該衙門知道 又奏監禁人犯
請飭分別查辦一片法部知道欽此

軍機大臣署名

臣奕
臣世
臣鹿
臣那
臣戴

十二月二十四日

1381

鈐章

宣統元年十二月二十四日內閣奉

上諭吴重憙奏勘明河南被災各州縣請緩徵舊欠
錢漕一摺本年開封等府州所屬地方春夏以來
雨澤稀少秋後又陰雨連綿以致旱晚秋禾收成
歉薄若將新舊錢漕同時並徵民力實有未逮加
恩著照所請所有祥符等四十一州縣民欠舊賦
均予緩徵以紓民力該撫即按照單開各州縣村
莊頃畝銀兩米石各數刊刻謄黃徧行曉諭務使
實惠均沾毋任吏胥舞弊用副朝廷軫念民艱至意
該部知道單併發欽此

軍機大臣署名

臣奕 臣世 臣鹿 臣那 臣戴

1382

鈐章

宣統元年十二月二十四日內閣奉

上諭本月二十日都察院代遞直隸各省諮議員孫洪伊等呈請速開國會等因業經開布公誠剴切

宣示當為內外臣民所共悉乃昨據御史趙熙奏大臣苟要世譽貽累君父請旨嚴懲一摺覽奏殊堪駭異朝廷籌備憲政最為注意將來召集議院期在必行特循次圖功自有秩序朕與軍機大臣等籌畫詳慎並經再三垂問詢謀僉同機務既預贊襄即功過無所推諉該大臣等受恩深重具有天良歸過朝廷之心朕可信其必無何得摭拾浮言遽加詆毀所奏殊屬失當特此明白曉諭知之

欽此

軍機大臣署名

臣奕 臣世 臣鹿 臣那 臣戴

1383

鈐章

宣統元年十二月二十四日內閣奉

上諭左翼總兵著鶴春補授欽此

軍機大臣署名

臣奕 臣世 臣鹿 臣那 臣戴

1384

鈐章

宣統元年十二月二十四日奉

旨此次續行查辦武職廢員圈出之已革山東副將
張永洪等六員著陸軍部帶領引見欽此
軍機大臣署名
臣奕
臣世
臣鹿
臣那
臣載

1385
鈐章
宣統元年十二月二十五日內閣奉
上諭甘肅甘涼道員缺著張毅補授欽此
軍機大臣署名
臣奕
臣世
臣鹿
臣那
臣載

1386
鈐章
軍機大臣欽奉
諭旨理藩部代奏喀喇沁札薩克輔國公銜頭等塔
布囊幹噜札布因入貴冑法政學堂呈請在京當
差等語著准其在京當差欽此
軍機大臣署名
臣奕
臣世
臣鹿
臣那
臣戴

十二月二十五日

1387
鈐章
軍機大臣欽奉
諭旨會議政務處奏續議太醫院遞升官階一摺
著依議欽此
軍機大臣署名
臣奕

1388

諭旨資政院奏籌設速記學堂擬定章程繕單呈覽一摺著依議又奏現擬修築資政院工程情形一片知道了欽此

鈐章

軍機大臣欽奉

軍機大臣署名

臣奕
臣世
臣鹿
臣那
臣戴

十二月二十五日

臣世
臣鹿
臣那
臣戴

十二月二十五日

1389

諭旨陸軍部奏第一次統計完竣酌擬接次辦法一摺著該衙門知道餘依議欽此

鈐章

軍機大臣欽奉

軍機大臣署名

臣奕
臣世
臣鹿
臣那
臣戴

十二月二十五日

1390

諭旨步軍統領衙門奏酌保恭備要差出力人員繕單呈覽各摺片總兵王文煥著交部議敘餘依議欽此

鈐章

軍機大臣欽奉

軍機大臣署名

臣奕

十二月二十五日

臣世 臣鹿 臣那 臣戴

1391

鈐章

宣統元年十二月二十六日内閣奉

上諭直隸密雲副都統豐陞阿由行伍於咸豐年間投効軍營從征直隸安徽陝西河南等省曾著勞績賞給侍衛並識勇巴圖魯名號簡授副都統克勤厥職茲聞溘逝軫惜殊深加恩著照副都統例賜䘏任内一切處分悉予開復應得䘏典該衙門查例具奏欽此

軍機大臣署名

臣奕 臣世 臣鹿 臣那 臣戴

1392

光緒三十三年十二月初二日内閣奉

上諭浙江乍浦副都統柏梁於同治年間投效軍營從征江蘇安徽河南山東湖北等省曾著勞績簡授副都統克勤厥職茲聞溘逝軫惜殊深加恩著照副都統例賜䘏任内一切處分悉予開復應得䘏典該衙門查例具奏欽此

1393

鈐章

宣統元年十二月二十六日内閣奉

上諭廣東碣石鎮總兵員缺著吳祥達調補陸建章著補授廣東高州鎮總兵欽此

軍機大臣署名

臣奕 臣世 臣鹿 臣那 臣戴 假

1394

鈐章

宣統元年十二月二十六日内閣奉

上諭趙爾巽奏舉劾屬員一摺四川署甯遠府知府陳廷緒夔州府知府成昌署越嶲廳同知劉思慈署邛州直隸州知州路廣鍾署忠州直隸州知州鄧邦造卸署雷波廳通判候補直隸州知州陳廉署漢州知州樓藜然彭山縣知縣調署簡州知州阮開銓署安縣知縣孫錫祺西充縣知縣調署榮縣知縣李淇章署新津縣知縣祿勳署灌縣知縣張溥署大竹縣知縣謝汝霖璧山縣知縣哈銳岳池縣知縣周湘廉署萬縣知縣謝廷騏署蓬溪縣知縣楊開運蒲江縣知縣調署大邑縣知縣胡用霖署冕山縣縣丞徐懷璋江北廳照磨張元璐署瀘州嘉明鎮巡檢何章縉資州羅泉井州判潘廷杓既據該督臚陳政績均著傳旨嘉獎卸署廣安州知州吴豐不矜細行因循貽害卸署大足縣知縣酈國元剖裂契尾無辭解免署南溪縣知縣劉應鎬昌言不辯蠶桑人亦庸瑣威遠縣知縣德奇優柔玩忽幾釀大亂另補知縣梁鴻翥不能治下

試用知縣梅承礽借放漁利試用鹽大使吕研聲名齷齪準補瀘州嘉明鎮巡檢徐振鏞罔利營私署涪州鶴游坪州同本任冕山縣丞程杏書馭下不嚴致釀控案鄧井關縣丞陸維城怠惰自安大足縣典史楊煥文聲名素劣署阿所拉巡檢易繼祖藉案勒索璧山縣典史龍錫鉞性質粗庸所如不合試用典史洪震浮夸難任均著即行革職眉州學正温翰棻遂甯縣典史李諒試用典史吴維鏞王龍章試用未入邵繼雍均屬戒煙不力著革職永不敘用忠州直隸州知州張增蔚性情迂緩精神不振崇慶州知州章國霖才識平庸難勝繁劇射洪縣知縣陶大墳事少斷決治理無聞三臺縣知縣黃應泰性懦民玩人地不宜南溪縣知縣韓光敬才識庸闇均連縣知縣韓家駿拘迂縱弛定遠縣知縣蕭家駿性近因循均著開缺另補富順縣典史施德釗清溪縣泥頭典史陳思泉名山縣典史張鈺均年力衰邁著勒令休致該部知道

欽此

軍機大臣署名

臣奕
臣世
臣鹿
臣那
臣戴 假

1395

鈐章

宣統元年十二月二十六日内閣奉
上諭錫良等奏查明奉省新民遼陽等屬旗民各項
地畝被災分數懇恩蠲緩糧租一摺奉天新民等
處本年夏間霪雨連綿各屬地方多受水患該省
連年荒歉尚未復元茲復被災實堪軫念加恩著
照所請所有新民遼陽等十七府廳州縣並各城
旗界地畝著按照單開各村屯被災分數分別蠲
緩如未經奏請以前業經花户長完者准其流抵
次年正賦其未被災之輯安縣秋成歉薄幷著將
此項地畝展緩起科以紓民力該督等即刊刻謄
黄徧行曉諭務使實惠均霑毋令吏胥舞弊用副
朝廷軫念民艱至意餘著照所議辦理該部知
道單併發欽此

軍機大臣署名

臣奕
臣世
臣鹿
臣那
臣戴 假

1396

鈐章

宣統元年十二月二十七日内閣奉
上諭本日憲政編查館奏覆核府廳州縣地方自治
章程並府廳州縣議事會議員選舉章程繕單呈
覽一摺朕詳加披覽尚屬周妥府廳州縣各官為
國家親民之吏兼為執行上級自治之職此次所
定章程與城鎮鄉地方自治章程相輔而行即著
民政部會同各督撫按照定章督飭各該地方官
切實施行各該地方紳民於自治事宜休戚相關
尤當恪守範圍公同協議務期官民交勉治理日
隆用副朝廷實行憲政樂利同民之至意餘著照
所議辦理欽此

軍機大臣署名
臣奕 假
臣世
臣鹿
臣那
臣戴 假

1397

鈐章

宣統元年十二月二十七日内閣奉

上諭朱家寶奏查明各屬秋禾歉收請分別徵緩漕糧一摺本年安徽省各屬被水被旱被風田畝收成歉薄本日已經降旨將錢糧分別徵緩以示體恤若將應徵漕糧照常徵收民力仍有未逮加恩著照所請所有被灾較重之五河通境新漕並泗州之舊虹鄉通境新舊漕糧同靈壁等三十二州縣應徵新漕及節年灾緩舊欠漕米均著分別流抵緩徵以紓民力餘著照所議辦理該撫即一併刊刻謄黃並將各該州縣區圖村莊分晰徵緩詳細刊明徧行曉諭務使實惠均霑毋任吏胥舞弊用副朝廷軫念民艱至意該部知道欽此

軍機大臣署名
臣奕 假
臣世
臣鹿
臣那
臣戴 假

1398

鈐章

宣統元年十二月二十七日内閣奉

上諭朱家寶奏查明安徽各屬秋禾歉收請分別緩徵錢糧一摺本年五河等三十九州縣被水被旱被風秋禾收成均形歉薄若將應徵民衞丁漕各款照常徵收民力實有未逮加恩著照所請將被灾各州縣分別輕重緩征以紓民力該撫即刊刻謄黃徧行曉諭務使實惠均霑毋任吏胥舞弊用副朝廷軫念民艱至意餘著照所議辦理該部知道單併發欽此

軍機大臣署名

臣奕假
臣世
臣鹿
臣那
臣戴假

1399

鈐章

宣統元年十二月二十八日内閣奉
上諭本日憲政編查館奏核訂法院編制法並另擬
法官考試任用司法區域分劃及初級暨地方審
判廳管轄案件各暫行章程繕單呈覽一摺朕詳
加披閱均係參考列邦之制度體察中國之情形
斟酌釐定尚屬周妥立憲政體必使司法行政各
官權限分明責任乃無諉卸亦不得互越範圍自
此次頒布法院編制法後所有司法之行政事務
著法部認真督理審判事務著大理院以下審判
各衙門各按國家法律審理從前部院權限未清
之處即著遵照此次奏定各節切實劃分其應欽
遵逐年籌備事宜清單籌辦各級審判廳並責成
法部會同各督撫督率提法司切實籌設應需司
法經費著該部會同度支部隨時妥籌規畫以期
早日觀成至考用法官尤關重要該部堂官務須
破除情面振刷精神欽遵定章舉辦嗣後各審判
衙門朝廷既予以獨立執法之權行政各官即不
准違法干涉該審判官吏等遇有民刑訴訟案件
尤當恪遵國法聽斷公平設或不知檢束或犯有
贓私各款一經覺察必當按律治罪以示懲儆而
維法紀其有關宗室案件著另訂細則辦法奏明
請旨餘著照所議辦理欽此

軍機大臣署名

臣奕
臣世
臣鹿
臣那
臣戴

1400

鈐章

軍機大臣欽奉

諭旨學部奏遵章陳明次年籌備事宜一摺著憲政
編查館知道欽此

軍機大臣署名

臣奕　臣世　臣鹿　臣那　臣戴

十二月二十八日

1401

鈐章

軍機大臣欽奉

諭旨學部奏酌擬曲阜學堂辦法並請派員充當監
督一摺應需經費著度支部核議具奏餘依議欽此

軍機大臣署名

臣奕　臣世　臣鹿　臣那　臣戴

十二月二十八日

1402

鈐章

軍機大臣欽奉

諭旨學部奏增訂學堂管理通則繕單呈覽一摺着
依議欽此

軍機大臣署名

臣奕　臣世　臣鹿　臣那　臣戴

十二月二十八日

1403

鈐章

宣統元年十二月二十八日内閣奉

上諭廣東鹽運使員缺著蔣式芬補授欽此

軍機大臣署名

臣奕

臣世

臣鹿

臣那

臣戴

1404

鈐章

宣統元年十二月二十八日内閣奉

上諭廣東鹽運使丁乃揚著開缺送部帶領引見欽此

軍機大臣署名

臣奕

臣世

臣鹿

臣那

臣戴

1405

鈐章

宣統元年十二月二十八日内閣奉

上諭前據御史江春霖奏參江西巡撫馮汝騤聲名狼藉安徽巡撫朱家寶朋比謾欺當經張人駿查明覆奏馮汝騤有應奏不奏事件朱家寶漏未聲明並將馮汝騤朱家寶分別予以應得處分業經明降諭旨朝廷賞功罰罪一秉至公遇有奏參之案凡關繫國計民生者刻即諭令查辦如果屬實無不加以懲處惟各省疆臣尤於平日官聲政績深加考核酌量輕重或宥過之中寓策勵之意此中自有權衡斷不能以一人之咎牽及多人致滋紛擾政體所關亦向無此辦法該御史彈章迭上均已飭查核辦其中有參張人駿查覆延遲者該督隨即登奏又有參朱家寶賄託幕友關說者並未指明無從根究至始則謂朱家寶為馮汝騤謾欺繼則謂張人駿為朱家寶謾欺無非以兩次覆查不能如該御史所指有意深文挾持成見本屬非是朝廷優待言官不欲明白宣

示茲該御史又以是非不明進退失據乞將前後疏章飭部平議齗齗不休並敘及母老妻故旁無婢妾歸隱林泉感且不朽等語無非博一己戇直之名貽朝廷拒諫之過人臣竭忠效誠自當舉其大者遠者剴切直陳如以一二處分牽連冒瀆翻以一去為得計撫衷自問何以自安乎本應予以處分姑從寬免江春霖著傳旨申飭欽此

軍機大臣署名

臣奕

臣世

臣鹿

臣那

臣戴

1406

鈐章

宣統元年十二月二十八日內閣奉

上諭袁樹勛奏考察屬員分別舉劾一摺署廣東廣州府正任韶州府知府嚴家熾潮州府知府陳兆棠候補知府吳宗禹前署化州知州候補知州朱紘署東莞縣知縣試用知縣徐慶元長樂縣知縣調補新會縣知縣王景沂署鎮平縣知縣試用知縣張延慶既據該署督臚陳政績均著傳旨嘉獎候補道易鳳修聲名惡劣同僚不齒准補欽州直隸州知州番禺縣知縣周汝敦緝捕不力承審命案玩疲模糊德慶州知州章茂林才識昏庸不孚衆望聲名貪鄙控案甚多前署東莞縣知縣補用知縣李祖湘驗案草率居心欺詐歷官所至民有怨聲順德縣知縣饒澤春審理命案諸多顢頇勒繳花紅罔知政體前署英德縣知縣補用知縣劉培椿漠視劫案久匿不報形同聾聵心地糊塗信宜縣知縣黃炳文擅釋匪犯任意捏飾居心險狡欺罔行私署開平縣知縣大挑知縣馮秉經袒吏殃民縱弁婪索被控有據怨讟繁興前署海康縣知縣補用知縣秦廣綬縱容差役苛擾病民漁利營私操守難信前署遂溪縣知縣試用通判范鼎得賄縱匪頗滋物議前任三水縣正任永安縣知縣洪錫疇顢頇因循玩視民瘼前署新甯縣知縣試用知縣倪祖培聲名卑劣輿論不孚試用知縣

陸琦苛細病商怨聲載道藍口司巡檢王守正係
民交惡淩祿司巡檢試用從九劉近光行同市儈
佛岡同知司獄朱錫輝擅離職守均著即行革職
李祖湘黃炳文馮秉經並著歸案查辦劉近光有
縱米出洋情事著俟結案後遞回原籍交地方官
管束候補道李光宇才識平庸操守難信升用道
員前署番禺縣知縣劉慶鏜小有才能遇事取巧
玩視命案延不詳報雷州府知府元瑞識闇才庸
難資表率均著以同知降補嘉應州知州鄒增祜
性情偏執聽斷糊塗潮陽縣知縣崔炳炎短於吏
才辦事操切惟文理尚優均著以教職歸部銓選
增城縣知縣胡光鏞才具竭蹶人地未宜著開缺
另補新甯縣知縣鍾蕚廣甯縣知縣張鼎勘報災
情俱有不實均著撤省察看又片奏現署水師左
營遊擊請補香山協副將黃占元縱容子姪兇暴
傷人龍門協副將李慶雲約兵不嚴操守難信准
補平海營參將施光廷前署新會營參將任內查
辦鬭案縱弁妄為現署潮州鎮中軍游擊准補新
會營參將劉輝南聲名惡劣心地糊塗水師營儘

先游擊吳祥光前在碣石右營都司任內遇事取
巧緝捕不力現署廣州協右營都司連濠營守備
高厚慈聽任匪線妄拿良民管帶水師親軍左營
千總淦雲欽朦混曠餉有心欺飾署開平縣城守
把總李鈞籍案勒詐娶取多贓啟新營哨官六品
軍功鄧思成隨同辦案任勇搶掠均著即行革職
高厚慈心尤狠毒並著永不敘用不准投赴各營
効力記名提督總兵吳貴年實任崖州協副將王
世明督標儘先副將劉先科海安營守備王本華
久已離省查無下落均著勒令休致餘著照所請
辦理該部知道欽此

軍機大臣署名

臣奕
臣世
臣鹿
臣那
臣戴

1407

鈐章

宣統元年十二月二十八日內閣奉

上諭前據御史趙熙奏參部臣貪贓亂法錯亂紀綱請飭查辦當經諭令那桐葛寶華確查茲據查明覆奏原參楊文鼎行賄部臣得贓及該部侍郎分付從輕比照致有爭執各節或無從根究或係傳聞之誤即著無庸置議惟該部議處楊文鼎在服官省分置買田宅以該司業已升任即將解任一層置而不議并不聲明請旨辦理實有未協吏部堂官及承辦此案司員著交都察院照例議處至楊文鼎在服官省分置買田宅業經得有處分著免其解任欽此

軍機大臣署名

臣奕 臣世 臣鹿 臣那 臣戴

1408

鈐章

宣統元年十二月二十九日內閣奉

上諭前據翰林院侍讀榮光奏山東陽穀縣境內委員杜秉寅等妄指民田作為官荒等語當經諭令孫寶琦確查茲據查明覆奏墾務局委員候補道杜秉寅院幕杜賢書典史章錫元均查無劣跡著免其置議准補即墨縣栲栳島巡檢武恪忠前在陽穀縣委辦墾務貪鄙妄為不知自愛著即革職代理陽穀縣知縣候補通判吳繼高於李萬吉劉永月二案濫押無辜得贓有據請予革職又據片奏該員納賄營私不可枚舉僅予革職不足蔽辜著革職發往軍台効力贖罪以為貪墨不職者戒仍勒令交出門丁張貴潘鈞高姓等三人研訊詐贓分別定擬該縣劣幕羊讞行止卑污著查明驅逐回籍東阿墾務委員候補府經歷周書城收受賄賂匿地不報又復假公濟私扶同欺隱著一併革職該部知道欽此

軍機大臣署名

臣奕

臣世
臣鹿
臣那
臣戴

1409
鈐章
軍機大臣欽奉
諭旨民政部奏遵擬次年籌備事項實行辦法先期
陳明一摺著憲政編查館知道欽此
軍機大臣署名
臣奕
臣世
臣鹿
臣那
臣戴
十二月二十九日

1410
鈐章
軍機大臣欽奉
諭旨廣東京官梁敦彥等奏粵商包鹽加餉流弊滋
多請飭詳細核議一摺著該衙門歸併前案妥議
具奏欽此
軍機大臣署名
臣奕
臣世
臣鹿
臣那
臣戴
十二月二十九日

1411
鈐章
軍機大臣欽奉
諭旨憲政編查館奏續訂統計表式並附解說繕單
請旨頒行一摺著依議又奏派員充統計局副科
員等差一片又奏派員充編制局副科員等差一
片均知道了欽此
軍機大臣署名
臣奕

臣世
臣鹿
臣那
臣載
十二月二十九日

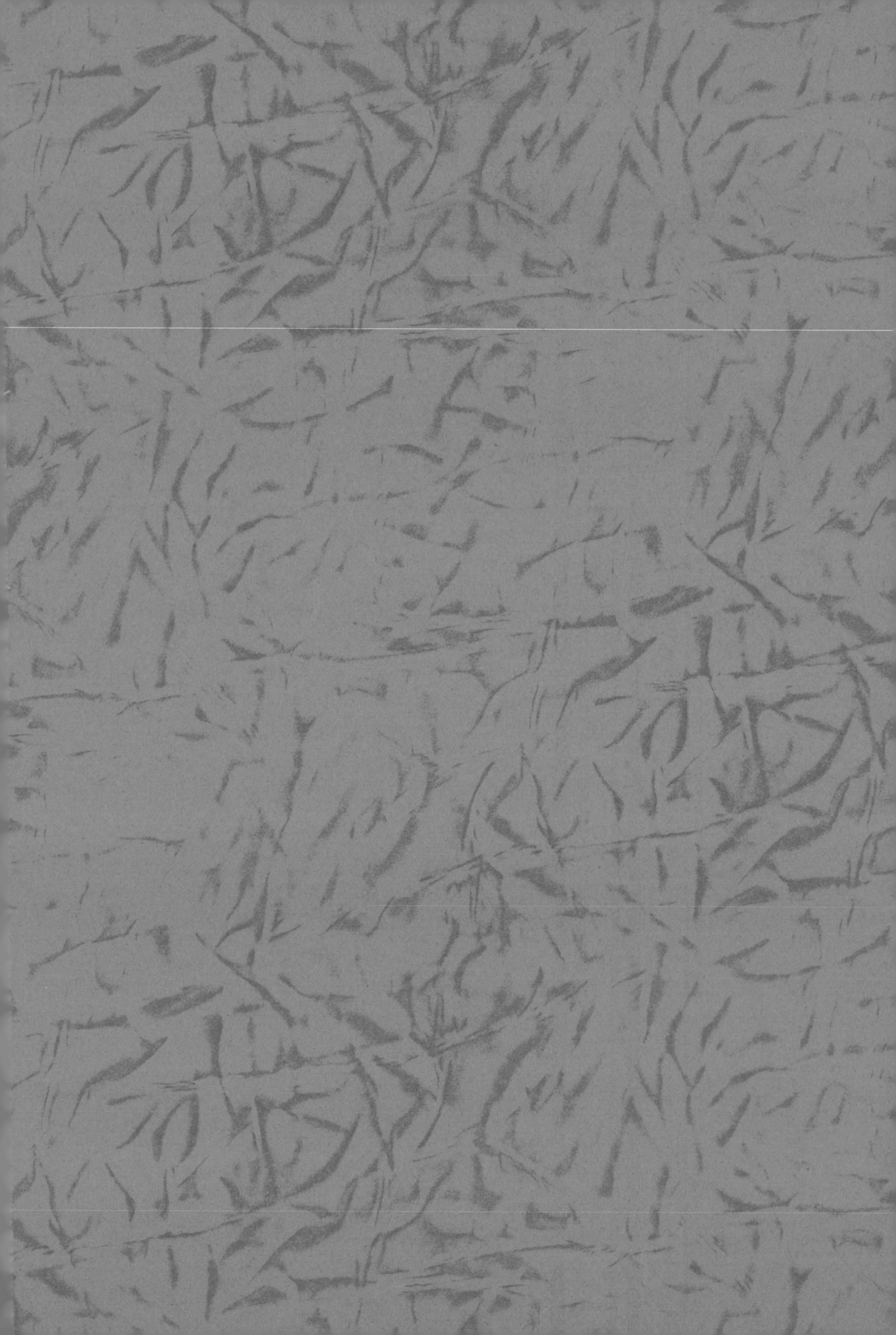